Axel Gruner | Burkhard von Freyberg | Moritz Euchner

GASTRONOMIE MANAGEN – UMSATZCHANCEN NUTZEN, KOSTENFALLEN MEIDEN

dfv Matthaes Verlag

ISBN 978-3-87515-308-8

Konzept und Gestaltung: die basis | Ideenwerk. Kommunikation. Design.
Lektorat: Brigitte Karch MA

Printed in Germany

Axel Gruner | Burkhard von Freyberg | Moritz Euchner

GASTRONOMIE MANAGEN

UMSATZCHANCEN NUTZEN, KOSTENFALLEN MEIDEN

MATTHAES VERLAG GMBH
Ein Unternehmen der dfv Mediengruppe

GRUSSWORT

Der Einstieg in die Gastronomie, aber auch das Betreiben eines etablierten Restaurants ist nicht so einfach, wie Gäste oftmals vermuten, wenn sie sagen: »Ein Bier zapfen und ein Schnitzel oder einen Burger braten kann ich auch.« Über die Hälfte aller Gastronomie-Eröffnungen schließt nach maximal zwei Jahren. Zurück bleiben oft hohe Schulden und die Erfahrung des Scheiterns. Unternehmensgründer sollten vor dem Einstieg mehrere Jahre Berufspraxis gesammelt und so viel Kapital auf der Seite haben, dass sie mindestens zwei Jahre ohne Betriebseinnahmen auskommen können. Doch selbst, wenn dies der Fall ist, dürfen sich Existenzgründer zu Beginn keine größeren unternehmerischen Fehler leisten.

Aufgaben wie die regelmäßige Überprüfung der Betriebsabläufe, der Einkauf, die Optimierung der einzelnen Betriebsbereiche, das Kostenmanagement, das Formulieren der Vorgaben sowie Marketing und Kommunikation gehören ebenso zu einem erfolgreichen gastronomischen Konzept wie die Fähigkeit, marktgerechte Speisen und Getränke anzubieten.

Zudem sollte sehr viel Wert auf eine optimale Auswahl und Ausbildung des Teams gelegt werden, um die Philosophie wie auch die Qualitätsstandards des Unternehmens zu erfüllen.

Wie der (angehende) Wirt strategisch und operativ vorgeht, wie unnötig anfallende Kosten vermieden sowie Umsatzchancen genutzt werden, zeigt das Buch Gastronomie managen in hervorragender Weise auf. Eine Pflichtlektüre für Gastronomen!

Thomas Hirschberger, Mehrheitsgesellschafter der Sausalitos Holding GmbH und Geschäftsführer der Hans im Glück Franchise GmbH

INHALTSVERZEICHNIS

VORWORT

Die Gastronomie als Profitcenter! Oder wie Sie mit Bewirtung Geld verdienen! Das Buch zeigt auf, wie Sie unnötig anfallende Kosten vermeiden sowie Umsatzchancen nutzen. Zudem dienen wertvolle Praxistipps erfolgreicher Gastronomen der Veranschaulichung. Diese Impulse sollen Sie in besonderem Maße als (angehenden) Gastgeber dabei unterstützen, entsprechende Handlungsempfehlungen im Betrieb umzusetzen. Durch die Orientierung am Produktlebenszyklus einer Unternehmung werden Sie von den Anfängen über die Revitalisierung bis zur potenziellen Schließung eines Betriebes begleitet. Dies soll Ihnen je nach individueller Phase des eigenen Betriebes aufzeigen, welche Optimierungsmaßnahmen Sie jeweils ergreifen können.

So verlockend es für einen Gastronomen in Zeiten hartumkämpfter Märkte auch sein mag, Kosten zu sparen, sollten Sie bei der Lektüre dieses Buches jedoch stets im Hinterkopf behalten, dass Qualität ihren Preis hat. Demnach lassen sich Kosten auch nur so weit reduzieren, wie es die Konzeption und der individuelle Service- und Qualitätsstandard zulassen. Diese Meinung teilen auch weitgehend die Wirte, die für dieses Buch befragt wurden. Übereinstimmend kamen sie zu dem Ergebnis, dass Umsatzoptimierung wichtiger ist als Kostensenkung.

Bloße Einsparungen mögen zwar kurzfristig auf der Kostenseite zum Erfolg führen, langfristig jedoch quittiert der Gast Qualitätsrückgänge mit dem Wechsel zur Konkurrenz. Im Verlauf dieses Buches wird Ihnen aufgezeigt, dass gerade der bewusste Schritt gegen Kostenoptimierung zu Gewinnsteigerungen führen kann. Dennoch gibt es in gastronomischen Betrieben an vielen Stellen Möglichkeiten, überhöhte oder gar unnötige Kosten zu vermeiden, die praxisnah dargelegt werden.

Sie als (angestellter) Unternehmer müssen Ihr Konzept täglich hinterfragen und die Stellschrauben marktgerecht justieren. Es muss Ihnen richtig Spaß bereiten, die betrieblichen Abläufe zu optimieren und somit höhere Margen zu generieren. Es wird Sie innerlich, nicht nur ökonomisch freuen, wenn Sie besser sind als Ihre Marktbegleiter. Die Lektüre dieses Ratgebers ist einer der maßgeblichen Schritte zu Ihrem langfristigen Unternehmenserfolg und ergänzt unsere bisherigen Publikationen zur erfolgreichen Führung von gastgewerblichen Betrieben, Erlebnisinszenierung und Nachhaltigkeit.

München, im Februar 2016

Axel Gruner   Burkhard von Freyberg   Moritz Euchner

DIE **DEUTSCHE GASTRONOMIE** IM ÜBERBLICK

Struktur und Umsatzzahlen

Ein Blick in den Statista Branchenreport für Gastronomie 2015[1] identifiziert einige strukturelle Besonderheiten des Gaststättengewerbes. Die Marktstruktur weist demnach eine starke Fragmentierung auf. So dominieren Kleinstbetriebe mit weniger als zehn Beschäftigten. Besonders speiseorientierte Einrichtungen wie Restaurants, Gaststätten, Imbissstuben und Cafés tragen einen gewichtigen Anteil zur wirtschaftlichen Bedeutung und dem Erscheinungsbild des Gaststättengewerbes bei. Rund 92 Prozent der Branche generiert im Laufe des Geschäftsjahres Umsätze bis 500.000 € und sorgt damit knapp für die Hälfte des Branchenumsatzes. Im Vergleich zu anderen Branchen spielen Großunternehmen im Gaststättengewerbe eine eher untergeordnete Rolle, wobei eine Entwicklung hin zu größeren Betriebsstrukturen zu beobachten ist. Lediglich 0,01 Prozent der gastronomischen Betriebe können einen Umsatz von über 100 Mio. € aufweisen, dennoch kommt ihnen mit einem Anteil von rund 8 Prozent am gesamten Branchenumsatz eine durchaus wichtige wirtschaftliche Bedeutung zu. In der Gesamtwirtschaft hingegen tragen Unternehmen mit Umsätzen dieser Größenordnung mit über 50 Prozent zum Gesamtumsatz bei. Die EBT-Marge[2] im Gastgewerbe ist im Jahre 2012 auf 3,7 Prozent gesunken und befindet sich damit im Vergleich zu anderen Dienstleistungsbranchen im Mittelfeld. Auffallend ist, dass mit zunehmender Unternehmensgröße die EBT-Marge kleiner wird – so weisen Unternehmen mit einem Umsatz von weniger als 2 Mio. € die größte EBT-Marge von 5 Prozent auf (Janßen et al. 2015 S. 12ff; Maack et al. 2013 S. 7). Auch wenn die Statistik Gastronomiebetriebe zu normieren und zu kategorisieren versucht, sind deren unterschiedliche Ausprägungen ähnlich zahlreich wie die Sandkörner des Nordseestrandes. Letztendlich ist es der Betreiber bzw. der Wirt, der den Unterschied macht. Herbert Seckler, Inhaber der Sansibar Sylt im Interview, fasst das Konzept der Sansibar zusammen: »Wir verkaufen Urlaub. Dafür brauche ich kein Konzept, sondern ein gutes Bauchgefühl dafür, was unsere Gäste glücklich macht; denn nur begeisterte Gäste kommen immer wieder – und erzählen den anderen, was für ein Erlebnis es war, in der Sansibar zu sein (Gruner et al. 2014 S. 159).«

Anstieg der Systemgastronomie und Caterer

Die sich ändernden Konsumgewohnheiten befördern das Wachstum der Systemgastronomie und stellen die traditionelle Gastronomie vor Herausforderungen. Obwohl nur 10–15 Prozent der Gastronomiebetriebe zur Systemgastronomie zählen, ist ihr Anteil an den Branchenumsätzen mit mehr als 30 Prozent deutlich größer (Maack et al. 2013 S. 7). Zudem erwiesen sich die systemgastronomischen Unternehmen in den letzten Jahren als »krisenfester«. So konnte dort selbst in den vergangenen, wirtschaftlich schwierigen, Jahren, in welchen das Gastgewerbe deutliche Verluste hinzunehmen hatte, stets ein prozentualer Umsatzzuwachs verzeichnet

[1] Grundlage und Quellen für den Branchenreport Gastronomie der Statista GmbH sind Ergebnisse und Werte von: Statistisches Bundesamt, Deutsche Bundesbank, Bundesagentur für Arbeit, Statistisches Amt der Europäischen Union (Eurostat), Allgemeine Hotel- und Gastronomiezeitung, DEHOGA, Deutscher Industrie- und Handelskammertag, Deutscher Tourismusverband, Wirtschafts-Woche, Internationaler Währungsfonds

[2] Zur Berechnung des EBT (Earnings before taxes; Gewinn vor Ertragssteuern) wird der Umsatzerlös um den Material- und Personalaufwand, weitere betriebliche Aufwendungen sowie Abschreibungen auf das Anlagevermögen bereinigt. Zum Umsatz hinzugerechnet werden sonstige betriebliche Erträge sowie Zuschreibungen zum Anlagevermögen. Der daraus resultierende operative Gewinn berücksichtigt zusätzlich das Finanzergebnis (Janßen et al. 2015 S. 14).

werden. (DEHOGA. n. d. Umsatzentwicklung im Gaststättengewerbe insgesamt und der Systemgastronomie von 2003 bis 2014). Ähnlich positive Zahlen konnten die Subbranche der Caterer und Erbringung sonstiger Verpflegungsdienstleistungen, Cafés und Imbissstuben verbuchen (Janßen et al. 2015 S. 13). Gerade die Systemgastronomie weist eine extreme Konzentration hinsichtlich der Umsatzzahlen auf. So setzen die beiden Branchengrößen McDonald's und Burger King knapp ein Viertel des gesamten systemgastronomischen Umsatzes um (BdS. n. d. Ranking der umsatzstärksten systemgastronomischen Marken in Deutschland von 2012 bis 2014 (in Millionen Euro). Den Großteil erwirtschaftet dem genannten Ranking zufolge das Quickservice-Segment (z. B. McDonald's, Burger King, Nordsee) mit einem Anteil von über 50 Prozent, gefolgt von der Verkehrsgastronomie (z. B. LSG, Autogrill, Yorma's) mit knapp 25 Prozent. Weitere Segmente wie der Fullservice- (z. B. Block House, L'Osteria, Hans im Glück), Freizeit- (Enchilada, Europa Park, Mitchells & Butlers), Handel- (z. B. IKEA, Le Buffet, Metro Group) und Event-Catering-Bereich (z. B. Kofler & Kompanie, Do & Co, Käfer) teilen sich die verbliebenen Prozentpunkte auf (DEHOGA. n. d. Umsatzverteilung in der Systemgastronomie im Jahr 2014 nach Segmenten, DEHOGA 2015 S. 2ff).

Neuanmeldungen rückläufig, Beschäftigtenzahlen steigend

Trotz rückläufiger Anzahl der steuerpflichtigen Unternehmen sowie einem konstanten Rückgang der Gewerbeanmeldungen der Branche, lassen konstante Wachstumsraten und positive Prognosen auf gute Entwicklungen hoffen. Ebenso positiv zu nennen ist der Rückgang von Insolvenzanträgen, die 2013 im Vergleich zum Vorjahr um 17,2 Prozent verringert werden konnten. Weitere Rückgänge waren bei der Forderungshöhe und der von der Insolvenz betroffenen Beschäftigten zu erkennen (Statista. n. d. Prognostizierte Umsatzentwicklung in der Gastronomie in Deutschland in den Jahren von 2007 bis 2018 (in Milliarden Euro); o.V. 2015 S. 17ff; Janßen et al. 2015 S. 19ff).

Mit rund zwei Millionen Erwerbstätigen im gesamten Gastgewerbe bzw. rund 350.000 sozialversicherungspflichtig Beschäftigten in der Gastronomie gehört die Branche mit zu den beschäftigungsintensivsten in Deutschland. Die Anzahl der Beschäftigten in der Gastronomie wächst stetig, wenn auch geprägt von saisonbedingten Schwankungen. Kennzeichnend hier sind die geringen akademischen Hintergründe sowie die hohe Konzentration (knapp 70 Prozent) der Altersstruktur auf die Altersklassen zwischen 25 und 50 Jahren (Statistisches Bundesamt. n. d. Anzahl der Erwerbstätigen im Gastgewerbe in Deutschland von 1991 bis 2014 (in 1.000); Bundesagentur für Arbeit. n. d. Anzahl der sozialversicherungspflichtig Beschäftigten in der Gastronomie in Deutschland von 2012 bis 2014).

Während die Zuwachsraten unter den Beschäftigten konstant bleiben, nimmt die Zahl der Ausbildungsverhältnisse im Gastgewerbe weiter rapide ab. Mehr als 10.000 Ausbildungsplätze waren im Jahre 2015 unbesetzt: jeder dritte Platz für Restaurantfachkräfte und fast jeder fünfte für

Köche. Gleichzeitig brach fast die Hälfte der jungen Leute die Ausbildung zum Koch ab. Fast 40 Prozent waren es bei den Hotelfachkräften. Bei den Top 25 der am häufigsten gewählten Ausbildungsberufe belegt das Gastgewerbe seit mehreren Jahren die letzten Plätze. Gründe sind häufig die fachliche Qualität der Ausbildung, regelmäßige Überstunden und die Unwissenheit der Vorgesetzten über den Umgang mit der Generation Y.

Geografisch betrachtet siedelt sich der Großteil der Gastronomiebetriebe besonders in West- und Süddeutschland an, was jedoch wohl auf die höhere Bevölkerungsdichte im Westen des Landes zurückgeführt werden kann.

Weiterhin geringes Lohnniveau
Auch wenn in den vergangenen Jahren eine kleine Gehaltserhöhung verzeichnet werden konnte, so ist nach wie vor die im Vergleich zu vielen anderen Branchen eher niedrige Bezahlung ein weitverbreitetes Thema. Hinzu kamen deutliche Gehaltsunterschiede zwischen den Geschlechtern und Leistungsgruppen wie z. B. von Arbeitnehmern in leitender Funktion und ungelernten Arbeitnehmern sowie den jeweiligen Subbranchen. Demnach verdienen Frauen im Durchschnitt, ungeachtet der Qualifikation, weniger als die männlichen Kollegen. Zudem konnte die Subbranche der Caterer und Erbringer sonstiger Verpflegungsdienstleistungen durchschnittlich mehr Monatsbruttoverdienst aufweisen als Restaurants und Gaststätten (Maack et al. 2013 S. 153; Janßen et al. 2015 S. 24ff).

SO SIND GASTRONOMISCHE BETRIEBE STRUKTURIERT

Um das Gaststättengewerbe treffend zu kennzeichnen und einen anschaulichen, strukturierten Überblick zu erlangen, werden nachfolgend die diversen Organisationsformen dargelegt.

Organisationsformen

Zur Einordnung der verschiedenen Organisationsformen in der Gastronomie lassen sich fünf grobe Unterteilungen treffen. Ein wichtiges Einordnungskriterium ist die jeweils unterschiedliche Nachfrage, welche sich durch die diversen Bedürfnisse und Situationen widerspiegelt. So besteht z.B. ein bedeutender Unterschied zwischen der Freiheit der Auswahl der Altenheimverpflegung und der bewussten Entscheidung für ein Restaurant. Cousins unterscheidet hier zwischen »captive markets, semi-captive [und] non-captive markets«. Demnach hat der Konsument entweder gar keine Auswahl wie beispielsweise ein Krankenhauspatient, eine eingeschränkte Auswahl wie z.B. ein Flugzeug-/ oder ein Bahnreisender oder eine gänzlich freie Auswahl wie z.B. der Verbraucher bei der Frage, welches Restaurant er auswählen möchte (Cousins et al. 2002 S. 11).

Individualgastronomie	*Systemgastronomie*	*Hotelgastronomie*	*Handelsgastronomie*	*Gemeinschaftsverpflegung*
Konzept, Betreiber und Standort spielen eine wichtige Rolle	Standardisierung ermöglicht große Ausbringungsmengen, weithin Bekanntheit und Expansionsmöglichkeit in Form von Franchise- oder Filialmodellen	Gastronomie als zusätzliches Leistungsangebot und Umsatzbringer des Hotels	Zumeist in Warenhäusern, um in erster Linie Hunger und Durst der Kunden zu stillen, um ein Abwandern zu vermeiden	Versorgung möglichst vieler Menschen in Großbetrieben wie z.B. Kantinen, Krankenhäuser, Pflegeheime

Organisationsformen der Gastronomie
Quelle: Eigene Darstellung

• Individualgastronomie: Betriebe der Individualgastronomie sind beispielsweise Gaststätten, Bars, Cafés, die keiner gastronomischen Marke (beispielsweise McDonald's, Pizza Hut, Coffee Fellows) angehören. Einen großen Stellenwert nimmt hier die Persönlichkeit, das qualitative Angebot sowie das individuelle Konzept des jeweiligen Betreibers ein (Gruner/von Freyberg 2013 S. 11). Der Gastwirt selbst trägt die Verantwortung für den Erfolg des Unternehmens. Probleme und Risiken können in mangelnder Erfahrung und/oder Inkompetenz des Betreibers liegen, jedoch auch in unzureichenden finanziellen Möglichkeiten (von Freyberg 2015 S. 82).

• Systemgastronomie: Kennzeichnend für Betriebe der Systemgastronomie ist die entgeltliche Abgabe von Getränken und/oder Speisen, welche an Ort und Stelle verzehrt werden können. Derartige Betriebsstätten verfügen über ein standardisiertes und multipliziertes Konzept, welches zentral gesteuert wird (Gruner 2008, S. 322). Nach Bestimmung des DEHOGA bedarf es mindestens drei Betriebe eines Unternehmens um als Systemgastronomie zu gelten.

• Hotelgastronomie: Laut DEHOGA ist ein Hotel »ein Beherbergungsbetrieb mit angeschlossenem Verpflegungsbereich« (Gugg/Hank-Haase 1999 S. 6) und wird demnach häufig eher als »Zusatzleistung« anstatt als erfolgreiches Profitcenter[3] gesehen. Höhere Zimmerpreise sollen den Erfolg des Hotels garan-

[3] Ein Profitcenter ist ein »organisatorischer Teilbereich eines Unternehmens, für den ein eigener Periodenerfolg ermittelt wird, indem der Erlös eines Geschäftsbereichs den entsprechenden Kosten gegenübergestellt wird«. (Gruner 2008, S. 284)

tieren und zugleich die angehängte Gastronomie subventionieren. In der Realität sollte jedoch das Gegenteil der Fall sein: Mindestens kostendeckend arbeitende Gastronomiebetriebe können und sollten das Image eines Hotels positiv fördern und dazu beitragen, externe Umsatzbringer wie lokales Publikum ins Haus zu holen. Zudem birgt das Bankettgeschäft mit Vorteilen wie Planbarkeit und großem Gästeaufkommen ein hohes Gewinnpotenzial (Gruner/von Freyberg 2013 S. 12). Vermehrt zu beobachten ist eine größer werdende organisatorische Unabhängigkeit gastronomischer Einheiten von Hotels und somit eine steigende eigene Kosten- und Umsatzverantwortung (Fuchs In: Hänssler 2008 S. 129).

• Handelsgastronomie: Hierbei handelt es sich um gastronomische Outlets in Handelseinrichtungen wie Waren- und Möbelhäusern (z.B. IKEA, Perfetto Karstadt), die in erster Linie dazu dienen, Hunger und Durst zu stillen. Primär soll der Gast auf diese Weise im Geschäft gehalten werden, um dort weiterhin Einkäufe zu tätigen. Besondere gastronomische Konzepte der Handelsgastronomie ermöglichen es zudem, sich gegen Wettbewerber zu profilieren (Gruner/von Freyberg 2013 S. 13).

• Gemeinschaftsverpflegung: Die Gemeinschaftsverpflegung ist in erster Linie gekennzeichnet durch die Versorgung einer großen Anzahl von Verbrauchern in dafür vorgesehenen Einrichtungen wie Kantinen, Krankenhäusern oder Mensen mit Speisen und Getränken. Durch steigende Qualitäts- und Gesundheitsansprüche ist ein Trend von vormals ausschließlich funktionalen Einrichtungen hin zu gesundheitsorientierten und inszenierten Einrichtungen erkennbar (Gruner 2008 S. 132). Wichtige Unternehmen der Gemeinschaftsverpflegung sind die Compass Group (Eurest, Piccorante, Food affairs), Sodexo oder auch Studentenwerke.

Im Folgenden wird aus Gründen des Umfangs bewusst auf eine tiefergehende Betrachtung der Handelsgastronomie und Gemeinschaftsverpflegung verzichtet. Dies lässt sich damit begründen, dass, wie im ersten Kapitel bereits erwähnt, der Großteil der Gastronomie durch kleine, individuelle Betriebe geprägt wird.

Betriebsarten

Das Erscheinungsbild deutscher Betriebe im Gaststättengewerbe ist vorwiegend geprägt von speiseorientierten Restaurants mit oder ohne Bedienung, wenn auch in abnehmender Tendenz. Während hier die Anzahl rückläufig ist, ist ein Zuwachs bei Cafés und so genannten Imbissbuden erkennbar.

Nachfolgend werden einige der bedeutendsten Betriebsarten und ihre Unterschiede aufgezeigt. Besonders signifikant äußern sich diese durch Hinzuziehen des Marketing-Mixes für Dienstleistungen (»7 P's«). Demnach spielen meist unterschiedliche Bedürfnisse wie z. B. das reine Erlebnis (z. B. bei einer Gala), der Urlaub vom Alltag oder die bloße Nahrungsaufnahme eine gewichtige Rolle bei der Wahl der jeweiligen Betriebsart. Entsprechend ist die Produkt-, Preis- oder Lokalitätsauswahl unterschiedlich ausgeprägt und je nach Situation von unterschiedlicher Relevanz (Gruner 2015 S. 14ff).

Instrumente des Marketing-Mix

Product (Angebots- und Servicepolitik)	Angebotsportfolio, Angebots- und Servicequalität
Price (Preis- und Konditionenpolitik)	Preisstrategie, Zahlungsmodalitäten
Place (Distributions- und Standortpolitik)	Vertriebswege, Standortwahl
Promotion (Kommunikationspolitik)	Werbung, Öffentlichkeitsarbeit
Process (Prozesspolitik)	Dienstleistungsprozesse von der Auftragsgewinnung bis zur Rechnungserstellung
People (Personalpolitik)	Mitarbeiter als »Trägermedium«, welche die Dienstleistung erbringen und den Betrieb repräsentieren
Physical Environment (Ausstattungspolitik)	Ausstattung intern (Mitarbeiterbereich) sowie extern (Gästebereich)

Quelle: von Freyberg et al. S. 28

Der DEHOGA kennzeichnet die verschiedenen Betriebsarten sinngemäß wie folgt:

- Restaurant: Bei Restaurants handelt es sich um »Bewirtungsstätten mit Verkauf von Speisen, im Allgemeinen zum Verzehr an Ort und Stelle, sowie damit verbundenem Verkauf von Getränken, unter Umständen auch mit begleitendem Unterhaltungsprogramm« (www.dehoga-bundesverband.de/zahlen-fakten/betriebsarten/). Es kann in der Form mit oder ohne Bedienung in Erscheinung treten. Kennzeichnend sind häufig auch eine gehobene Küche, gelerntes Fachpersonal sowie bestimmte Themenbezüge wie beispielsweise eine Unterteilung nach Länderküchen (z. B. thailändisches, französisches oder italienisches Restaurant) (Gruner 2008 S. 299).

• Schankwirtschaft: Als Schankwirtschaft gelten gastronomische Betriebe, welche den Ausschank von Getränken zum Verzehr an Ort und Stelle anbieten.

• Imbisshallen: Als Imbisshallen oder Imbissbuden werden Bewirtungsstätten bezeichnet, die keine bzw. nur wenige Sitzmöglichkeiten haben und ein dünnes Sortimentsangebot von Speisen mit oder ohne Getränkeausschank bieten. Die schnell zubereiteten Speisen werden häufig im Stehen oder gar im Gehen zu sich genommen (z.B. die klassische Currywurstbude). Vorteile für den Gast liegen in der schnellen Verfügbarkeit des Produktes, während der Gastronom Kosten sowohl beim Wareneinsatz als auch beim Personal sparen kann (www.dehoga-bundesverband.de/zahlen-fakten/betriebsarten/; Gruner/von Freyberg 2013 S. 14ff). Neue Aufmerksamkeit bekommt diese Betriebsart durch die steigende Nachfrage nach Streetfood, vielerorts serviert von Foodtrucks nach amerikanischem Vorbild.

• Cafés: Cafés sind Bewirtungsbetriebe, welche den Verkauf von Speisen, in der Regel insbesondere Konditoreierzeugnisse und weitere kalte Speisen (z. B. belegte Sandwiches, Bagels), anbieten. Ergänzt wird dies durch den zusätzlichen Verkauf von Aufgussgetränken, deren Verzehr generell an Ort und Stelle stattfindet. Cafés können zum einen stark individuell geprägt sein wie z. B. das klassische Café »um die Ecke«, treten jedoch auch häufig in Form vieler systemgastronomischer »Coffee House«-Einrichtungen wie Starbucks oder Coffee Fellows in Erscheinung (Gruner/von Freyberg 2013 S. 14ff).

• Eisdielen / Eissalons: Hierbei handelt es sich um Betriebsstätten, die in erster Linie Speiseeis sowie eine ggf. kleine Auswahl von Getränken zum Verzehr an Ort und Stelle oder aber auch zum Mitnehmen anbieten.

• Bars und Vergnügungslokale; Discotheken und Tanzlokale: Diese sind Lokale, bei denen der Verkauf von Getränken zum Verzehr an Ort und Stelle angeboten wird und meistens ein begleitendes Unterhaltungsprogramm im Vordergrund steht.

• Caterer: Durch die bereits vorab verzehrfertig hergestellten Speisen und ggf. Getränke in einer zentralen Produktionsstätte, können bestimmte Institutionen und Personengruppen wie z. B. Fluggesellschaften, Party- oder Messegäste von Caterern in größeren Mengen und in relativ kurzer Zeit beliefert werden.

• Kantinen: Diese Betriebsart der Gemeinschaftsverpflegung bietet in der Regel Speisen und Getränke zum Verzehr an Ort und Stelle an, die häufig zu vergünstigten Konditionen für bestimmte Personengruppen angeboten werden. Konsumenten können beispielsweise Betriebsmitarbeiter, Schüler, Studenten, Messebesucher oder Armeeangehörige sein (www.dehoga-bundesverband.de/zahlen-fakten/betriebsarten/).

AKTUELLE HERAUSFORDERUNGEN UND PROBLEMFELDER

Situation laut DEHOGA Branchenbericht im Frühjahr 2015[4]
Hohe Kosten stellen die Gastronomen unverändert vor große Herausforderungen. Während über ein Drittel der befragten Unternehmer Umsatzrückgänge zu verzeichnen hatte, gaben mit 47,4 Prozent knapp die Hälfte an, Einbußen bei den Erträgen zu erleiden. Als Hauptursachen hierfür wurden die hohen Betriebskosten sowie der starke Preisdruck genannt. Hinzu kommen die Personalkosten und der mit dem Mindestlohn verbundene bürokratische Aufwand, welcher für die Betriebe eine zusätzliche Belastung darstellt. Negativ auf die Betriebskosten wirkt sich auch die jüngst eingeführte Allergenkennzeichnungspflicht aus, die für viele Gastronomen als bürokratische Last empfunden wird. In der Konsequenz sahen sich daher viele Betriebe gezwungen, ihre Preise anzupassen.

[4] Grundlage für den Branchenbericht sind Antworten von 4.000 Hoteliers und Gastronomen in ganz Deutschland. Die Befragung wurde vom Institut für Management und Tourismus der Fachhochschule Westküste in Heide durchgeführt. Die Beurteilung der Konjunkturentwicklung bezieht sich auf die Geschäftslage im Zeitraum Oktober 2014 bis März 2015 sowie die Geschäftserwartungen für die Monate April bis September 2015.

Aufgrund der eingeführten Neuregelung des Mindestlohnes nannten die Befragten die im Zuge dessen geforderte Arbeitszeitdokumentation als die größte Herausforderung im Betriebsalltag (49 Prozent). Eine weiterhin starke Bedrohung sehen die Bewirtungswirte im Fachkräftemangel und dem damit verbundenen Problem, nur schwer gutes Personal gewinnen zu können.

Diese Herausforderungen wirken sich dementsprechend auf die Zukunftsaussichten der Branche aus. So rechnet ein Viertel der Befragten mit Verlusten für das kommende Jahr, während rund zwei Fünftel, aufgrund des hohen Kostendrucks und des großen Verdrängungswettbewerbs, von sinkenden Erträgen ausgeht. Um diesen entgegenzuwirken, planen 40 Prozent der Gastronomen Preiserhöhungen vorzunehmen, um die Wirtschaftlichkeit des Betriebes gewährleisten zu können.

Signifikant unterschiedliche Perspektiven zeigen sich bei den genannten Herausforderungen zwischen Gastronomiebetrieben mit einem klaren Markenprofil und solchen ohne eine eindeutige Positionierung. Dies verdeutlicht die Relevanz von Alleinstellungsmerkmalen und einem attraktiven Angebot in der Gastronomie, auf die im weiteren Verlauf noch näher eingegangen wird.

Durch die sich stark ändernden Verzehrgewohnheiten und dem wachsenden Trend zu schnellen Snacks und To-go-Mahlzeiten entsteht für die Gastwirte eine neue Herausforderung. Denn zum Nachteil der Branche profitieren von dieser Entwicklung vor allem der Lebensmitteleinzelhandel, Bäckereien, Metzgereien, Imbisse und Tankstellen. Obwohl diese beim Außer-Haus-Verkauf von einem steuerlichen Vorteil von derzeit 12 Prozent profitieren können, kann sich zukunftsorientierten Gastronomen zugleich eine Chance bieten, auf diese Gewohnheiten reagieren zu können (DEHOGA 2015 S. 2ff).

Eigene Erhebung: Online-Umfrage unter 41 Gastronomen
Um die Thesen des Branchenreports des DEHOGA sowie der Statista GmbH zu stützen bzw. zu widerlegen, wurde im Rahmen dieses Buches eine eigene Erhebung durchgeführt. Diese wurde per Online-Umfrage unter deutschen Gastronomen erhoben. Ziel dieser Umfrage war es, die Herausforderungen und Probleme der Gastronomie in Deutschland zu identifizieren. Dabei wurden 445 gastronomische Betriebe zufällig und unabhängig von ihrer Betriebsart im gesamten Bundesgebiet Deutschland per E-Mail angeschrieben. Insgesamt gab es 85 so genannte Kontakte, also Teilnehmer, die den Fragebogen zwar geöffnet bzw. das Vorwort gesehen, dabei aber keine Fragen beantwortet haben. 41 Personen (n=41) haben an der Erhebung teilgenommen, indem sie mindestens eine Frage beantwortet haben. Dies entspricht einer Rücklaufquote von 9,21 Prozent, wobei 6,3 Prozent auch tatsächlich die letzte Antwort ausgefüllt haben. Von insgesamt 14 Fragen wurden durchschnittlich 12 beantwortet, während es durchschnittlich zwei »Missing Items« (fehlende Antworten) pro Proband gab.

Bei der Erhebung handelte es sich um eine offen durchgeführte Umfrage, d.h. dass der Link frei zugänglich war und weitergeleitet werden konnte. Die Absicht war es, auf diese Weise mehr Teilnehmer zu erreichen. Die mehrfache Teilnahme eines Probanden wurde durch eine Cookie-Sperre ausgeschlossen. Der Zeitraum der Befragung lag zwischen dem 02.07.2015 und 05.09.2015.

Die an der Umfrage teilnehmenden Betriebe spiegelten das Erscheinungsbild der Branche in Deutschland treffend wider. Demnach waren 86 Prozent der teilnehmenden Gastwirte Betreiber eines Restaurants mit bzw. ohne Bedienung, während über die Hälfte der teilnehmenden Betriebe lediglich 1–10 Mitarbeiter besaßen.

Die Ergebnisse der Standardauswertung belegen weitgehend die Aussagen des Branchenreportes des DEHOGA. Demnach sehen die teilnehmenden Gastronomen Personalmanagement/-beschaffung, Personalkosten und behördliche Auflagen als die größten betrieblichen Herausforderungen. 61 Prozent stützen demnach zudem die These des DEHOGA, wonach Personal-, Energie- und Betriebskosten die drei größten Problemfelder darstellen. Mit 74 Prozent stellen die Personalkosten bei gut ¾ der Teilnehmer den größten Kostenblock dar. Um diesen erfolgreich zu begegnen, sieht ein Großteil Prozessoptimierungen im Serviceablauf als geeignetste Maßnahme. Ferner sehen die meisten der teilnehmenden Gastronomen kaum Verbesserungsbedarf in den Bereichen Einkauf, Lagerhaltung, Zubereitung und Verkauf. Ebenfalls knapp 75 Prozent der Befragten stehen dem Einsatz von Convenience-Produkten durch externe Zulieferer wie z.B. Block Menü eher skeptisch gegenüber. Grundsätzlich kommen bei über der Hälfte der Befragten bereits feste Rezepturen und/oder (digitale) Rezeptkarten zum Einsatz z.B. um Standardisierung zu erhöhen.

Bezüglich der Preisfindung wählt rund ein Drittel eine Mischung aus Kalkulation und Marktorientierung. Eher wenig Verwendung findet hierbei das Prime-Cost-Verfahren.

Auf die Frage, welche Veränderungen bestimmter Beispiele um 10 Prozent die größten Auswirkungen auf den Gewinn hätten, sehen jeweils 28 Prozent (bei n=36 für diese Frage) die »Erhöhung der Gästeanzahl um 10 Prozent« bzw. die »Reduzierung des Personalaufwandes um 10 Prozent« als die größten Einflussfaktoren. Gefolgt werden diese Aussagen von Erhöhungen des Umsatzes pro Gast durch Verkaufsförderung bzw. Preiserhöhung um 10 Prozent (siehe hierzu Tabelle S. 70).

Jeweils über die Hälfte (bei n=36 für diese Frage) sind zufrieden mit den Kennzahlen Wareneinsatz Speisen, Wareneinsatz Getränke sowie der Betriebskostenquote. Anders sieht es mit der Personalkostenquote aus, mit der sich wiederum über die Hälfte als »unzufrieden« gibt.

Zusammenfassend lassen sich folgende Herausforderungen für die Gastronomie identifizieren:

- Hohe Personal-, Energie- und allgemeine Betriebskosten
- Sich änderndes Konsumverhalten zugunsten von beispielsweise Bäckereien, Metzgern, Imbissbetrieben (erschwert durch die steuerliche Differenz von 12 Prozent)
- Hohe Abhängigkeit der Branche von Bevölkerungseinkommen und Konjunktur
- Starker Wettbewerbsdruck und damit verbundene Einschränkung zur Durchsetzung höherer Preise am Markt
- Gestiegene Ansprüche der Gäste und hohe Preissensibilität
- Fachkräftemangel und Personalgewinnung
- Behördliche Auflagen und damit verbundener bürokratischer Mehraufwand (z.B. Mindestlohn; Allergenkennzeichnungspflicht) (Janßen et al. 2015 S. 7)

Strengths / Stärken
- Erschließung neuer Potenziale: Orientierung des Gastgewerbes für Gruppen mit speziellen Anforderungen (z. B. Allergiker, Vegetarier oder Veganer) oder lokale Gerichte.
- 25 Prozent mehr Sterne-Restaurants als noch vor fünf Jahren: Die deutsche Gastronomie ist extrem dynamisch und zählt zu den besten in Europa und weltweit. Insgesamt sind 286 Betriebe in Deutschland mit einem oder mehreren Michelin-Sternen ausgezeichnet (Stand Februar 2016).
- Regionale Produkte: Gefragt sind frische, regionale und saisonale Spezialitäten auf der Speisekarte. Die Vielfalt der deutschen Küche bietet zahlreiche Möglichkeiten die Gäste zu begeistern.

Weaknesses / Schwächen
- Hohe Abhängigkeit der Branche von Einkommen der Bevölkerung und der wirtschaftlichen Konjunktur
- Starker Wettbewerbsdruck: Die Ertragssituation der Gastronomie ist weiterhin angespannt. Hauptursache hierfür sind die hohen Betriebskosten und der starke Preisdruck. Der Wettbewerbsdruck machte es den meisten Betrieben unmöglich, höhere Preise am Markt durchzusetzen.
- Gestiegene Ansprüche und eine hohe Preissensibilität: Die Gäste von heute wissen mehr, sind mobiler, internationaler und haben mehr Auswahlmöglichkeiten.

Opportunities / Chancen
- Positive Verbraucherstimmung in der Gastronomiebranche: Hohe Binnennachfrage durch steigende Einkommen und sinkende Arbeitslosenzahlen in Deutschland.
- Das zurzeit günstige Zinsniveau für Kredite ermöglicht die Tätigung von Investitionen trotz einer weiterhin kritischen Ertragssituation der Betriebe.
- Starke Zuwachsraten im Branchensegment »Take-away«: Die Nachfrage nach Snacks und Speisen »To go« wächst. Höhere Mobilität, zunehmende Flexibilität und wechselnde Arbeitswelten der Kunden erklären den Trend im Außer-Haus-Segment; insbesondere Bäckereien und Fastfoodbetriebe profitieren.
- Markengastronomie im Aufwind: Eine klare Positionierung und Profilierung am Markt bieten auch in konjunkturell schwierigen Zeiten Wettbewerbsvorteile.

Threats / Risiken
- Neben weiterhin hohen Energiekosten stellen insbesondere steigende Personalkosten die Unternehmen vor eine große Herausforderung.
- Fachkräftemangel: Die Branche fordert die Anerkennung gastgewerblicher Berufe auf der Liste der Mangelberufe.
- Zur Beseitigung des Fachkräftemangels könnte dann auch auf Arbeitnehmer aus Nicht-EU- Ländern zugegriffen werden.
- Ungleiche Besteuerung von Speisen: Die Art der Zubereitung und der Ortes des Verzehrs beeinflussen des Steuersatz. Z. B. müssen Bäcker und Metzger nur 7% Mehrwertsteuer aufschlagen und genießen gegenüber der Gastronomie einen Vorteil von 12 Prozentpunkten.

SWOT-Analyse

Quelle: Statista Branchenreport

Ausgehend von den erfassten Herausforderungen soll dieses Buch ganz gezielt auf die genannten Hauptproblemfelder eingehen und dem Gastronomen möglichst gezielt Lösungsvorschläge bieten.

DER PRODUKTLEBENSZYKLUS IN DER GASTRONOMIE

Unternehmen, die langfristig am Markt bestehen wollen, müssen ihr Produkt- und Leistungsangebot permanent überprüfen und erneuern. Nur so kann ein dauerhafter Erfolg des Betriebes gewährleistet werden. Hierbei unterstellt die Theorie jedem Produkt einen Lebenszyklus, der sich am Zyklus eines Lebewesens orientiert, »der von der Entstehung über eine Blütezeit hin zum Verfall reicht« (Meffert et al. 2012 S. 430). Demnach geht man davon aus, ein Produkt nicht unbegrenzt lang auf dem Markt anbieten zu können, strebt jedoch an, die investierten Bemühungen und Risiken durch angemessenen Gewinn kompensieren zu können. Dabei unterstellt man dem Produkt oder der Unternehmung eine typische, S-förmige Kurve, die sich in sechs Phasen unterteilt.[5] Die Dauer sowie die Verlaufskurven des gesamten Zyklusses bzw. der einzelnen Phasen sind im Vorhinein jedoch nicht bekannt bzw. nur schwer pauschal vorhersehbar.

[5] Die Literatur hat hierzu unterschiedliche Auffassungen. Während Meffert fünf Phasen identifiziert, die Pre-Opening-Phase jedoch nicht beachtet, definiert Kotler zwar auch fünf Phasen, fügt hier jedoch die Reife- und Sättigungsphase in einem Schritt zusammen, wobei er jedoch die Zeit vor Einführung als ersten Schritt festlegt. Aufgrund dessen wird in diesem Buch auf sechs Phasen verwiesen, die sowohl die Pre-Opening-Phase beachtet, aber auch Reife- und Sättigungsphase getrennt sieht.

Auf einige Produkte, die meist »Modeerscheinungen« sind, lässt sich der Zyklus womöglich nicht gänzlich anwenden. Häufig erfolgt hier die Einführung des Produktes genauso schnell wie sie auch wieder vom Markt verschwindet (Kotler et al. 2006 S. 700ff). Als gastronomisches Beispiel lässt sich das Angebot »Bubble Tea« nennen, welches kurzzeitig eine hohe Nachfrage generierte und ebenso abrupt wieder vom Markt verschwand. Dennoch werden immer wieder Unternehmen gegründet, welche die in der Gastronomie schwierigen ersten Jahre überstehen und teils über mehrere Jahrzehnte erfolgreich am Markt bestehen wie die Block Gruppe aus Hamburg, das Restaurant Sansibar auf Sylt oder das Ikarus im Hangar-7 in Salzburg und weitere bekannte und unbekannte Marktbegleiter.

Schema des Produktlebenszyklusses

Quelle: Eigene Darstellung

Lebenszyklusphasen

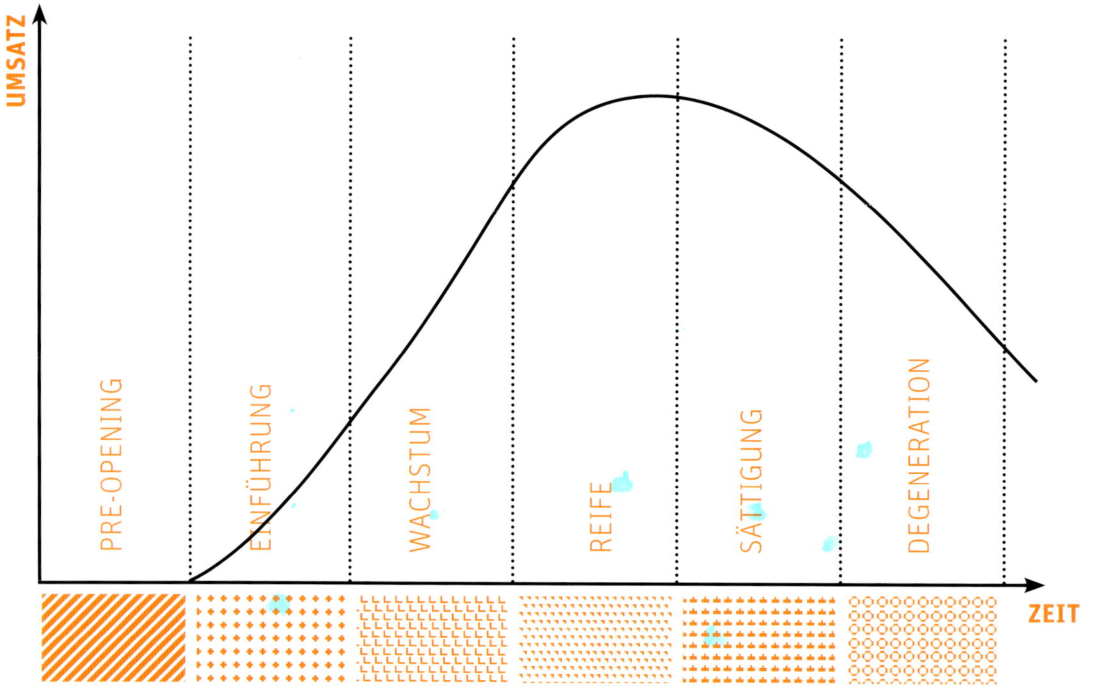

1) Die Pre-Opening-Phase: Diese Phase beginnt, sobald sich ein Betreiber dazu entschließt, ein Unternehmen zu eröffnen. Hier werden die Grundlagen wie die Frage der Konzeption oder des Standortes gelegt. Während dieser Produktentwicklungsphase stehen oftmals hohe Investitionen noch ausbleibenden Verkaufserlösen gegenüber.

2) Die Einführungsphase: Die Einführungsphase läuft an, sobald ein neues Produkt bzw. der Betrieb erstmals auf dem Markt vorgestellt wird, im Normalfall dem Zeitpunkt der Eröffnung. Bedingt durch die meist noch geringe Bekanntheit und die hohen Marktinvestitionen, kommt es in dieser Phase nur zögerlich zu wachsendem Absatz und somit zu meist negativen oder nur sehr niedrigen Gewinnen. Denn hoher (Werbe-)Aufwand, dessen es häufig bedarf, um Verbraucher auf das eigene Angebot aufmerksam zu machen, ermöglicht vorerst noch keine Fokussierung auf Absatzsteigerung. Erschwerend kommen so genannte »Kinderkrankheiten« (d.h. beispielsweise zu optimierende Betriebsabläufe) hinzu, die aufgrund des noch jungen Betriebes meist noch nicht gänzlich zu vermeiden sind. Mit Erreichen der Gewinnschwelle folgt der Eintritt in die nächste Phase.

3) Die Wachstumsphase: Als Ergebnis vorangegangener Maßnahmen, Medienresonanz, Tests und Mund-zu-Mund-Propaganda steigt nun die Bekanntheit des Betriebes und der damit verbundenen angebotenen Leistungen. Je nach Innovationsgrad des angebotenen Produktes (sog. Pionierstrategie) differenzieren hier aufkeimende Nachahmer Preis, Erscheinung und Qualität die eigene Leistung und dehnen damit den Markt aus. Die Umsatzzuwachsraten steigen nun signifikant und stabilisieren sich zumeist nach einigen Jahren wieder bei einem bestimmten Prozentsatz. Mit steigender Produktionsmenge und kontinuierlichen Optimierungsmaßnahmen lassen sich dann die Fertigungsstückkosten senken. Um diese Phase möglichst in die Breite zu ziehen, empfiehlt es sich, die Produktqualität zu erhöhen sowie ggf. neue Produkteigenschaften und Vertriebskanäle hinzukommen zu lassen. Mit Erreichen des Wendepunktes der Umsatzkurve folgt der Übergang in die nächste Stufe des Zyklusses.

4) Die Reifephase: Die Reifephase ist gekennzeichnet durch absolute Marktausdehnung sowie Rückgängen von Umsatzzuwachsraten und -rentabilität. Steigender Wettbewerbsdruck und damit verbundene Herausforderungen wie Preiskampf, falsch getätigte Investitionen oder überhöhte Werbeausgaben können bei schwächeren Unternehmen zu einem Ausscheiden aus dem Markt führen, da sie die Gewinnrückgänge oftmals nicht kompensieren können. Demnach herrschen in dieser Phase hohe Anforderungen an das Marketing. Erfolgreiche Unternehmen erwecken häufig den Anschein lange das Gleiche zu bieten, während sie sich aber

fortwährend den sich ändernden Kundenbedürfnissen anpassen. Kotler spricht gar davon, dass «Produktinnovation [..] zumeist die beste Verteidigung des Unternehmens« (Kotler et al. 2006 S. 712) ist. Für eine erfolgreiche Implementierung dessen lassen sich drei Ausrichtungen identifizieren: die Marktentwicklung, die Produktentwicklung sowie eine Anpassung des Marketing Mixes. Mit dem Ende des absoluten Umsatzwachstums beginnt die Sättigungsphase, wobei oftmals konjunkturelle Einflüsse ein vorzeitiges Eintreten vortäuschen können.

5) Die Sättigungsphase: Mit der Umsatzkurve am Maximum und sinkenden, oft gar negativen Grenzumsätzen befindet sich das Unternehmen nun in der Phase der Sättigung. Da in den meisten Fällen das Marktpotenzial bereits erschöpft wurde, sind zudem Gewinn und Deckungsbeitrag rückläufig. Es gilt nun die Umsätze stabil zu halten, da der Absatz mit dem aktuellen Angebot nicht mehr zu steigern ist. Demnach empfiehlt es sich jetzt, Marktanteile aufzubauen, um sich vor dem folgenden Abschwung »krisenfest« zu machen, gleichwohl es in dieser Phase besonders schwer fällt, die Linien zwischen den angrenzenden Stufen zu ziehen.

6) Die Degenerationsphase: Einbrechende Umsätze, bessere und/oder günstigere Konkurrenzangebote, eventuelle staatliche Regulierungen, kein bzw. nur wenig Marketingaufwand; all dies sind Attribute der Abschwungphase. Beispielhaft reagiert die Automobilindustrie bei Produkten in dieser Phase, die nun von neuen Modellen überholt wurden, mit Sonderaktionen und Rabatten für Vorgängermodelle.

Es gibt mehrere Optionen dieser Entwicklung entgegenzusteuern wie z.B. dem Rückzug in Form einer Geschäftsaufgabe oder einer gezielten Bereinigung des Sortiments, beispielsweise durch weniger angebotene Varianten in Verbindung mit niedrigeren Preisen. Die meisten Unternehmen entscheiden sich für eine Revitalisierung in Form eines so genannten Relaunches. Dies zeigt sich durch den Austausch der Dekoration und des Geschirrs, Teile der Einrichtung sowie des Speise- und Getränkeangebots, oftmals verbunden mit Prozessoptimierungen, um die Personalkosten zu senken.

Grundsätzlich bleibt festzuhalten, dass es sich in besonderem Maße in diesem Stadium empfiehlt, ein wenig nachgefragtes Angebot umfassend auf seine Stärken und Schwächen zu prüfen. Denn es drohen dem Gastwirt mitunter schwere materielle sowie immaterielle Verluste, sollte ein schwaches Sortiment zu lange erfolglos am Markt gehalten werden (Kotler et al. 2006 S. 705ff; Meffert et al. 2012 S. 430ff).

Check: Wo stehe ich?

Wie bereits erwähnt, vermag die Identifizierung der konkreten Phase häufig nur schwer realisierbar sein. Auch der Übergang zur nächsten Stufe kann mitunter schwer greifbar erscheinen, da sie meist fließend ineinander übergehen (Kotler et al. 2006 S. 703).

Mithilfe einer eingehenden Analyse folgender acht externer Faktoren des Lebenszyklusses kann eine Annäherung an die jeweilige Position des Betriebes erreicht werden:

»Nur wer selbst brennt, kann Feuer in anderen entfachen.«
(Augustinus von Hippo)

1. Wie steht es um das generelle Marktwachstum?
2. Besteht weiteres Potenzial für Wachstum?
3. Wie breit ist das Sortiment?
4. Wie hoch ist die Anzahl der Mitbewerber?
5. Was sind die eigenen Marktanteile unter den Mitbewerbern?
6. Besteht bei etablierten Betrieben ein hohes Maß an Kundentreue und/oder Stammgästen?
7. Wie hoch sind die Eintrittsbarrieren für neue Wettbewerber?
8. Sind die verwendete Technologie und Ausstattung sowie Serviceintensität zeitgemäß?

(Cousins et al. 2002 S. 281ff)

Zusätzlich zu den genannten externen Faktoren, die sich auf die Marktsicht beziehen, spielen weitere Lebenskurven relevante Rollen: die des Betriebes selbst sowie die eigene, persönliche Lebenskurve. Alle drei gemeinsam spielen eine wichtige Rolle, sollten jedoch stets getrennt betrachtet werden, was unter anderem durch die jeweils unterschiedlichen Ablaufgeschwindigkeiten bedingt ist.

Relevant:
Lebenskurve
- des Marktes
- des Betriebes
- des Handelnden

Für die Frage nach der Konstitution des Betriebes ist folglich herauszufinden, ob es gerade »steil bergauf« geht oder der größte Ansturm bereits vorbei ist und es »gerade ganz gut läuft« oder ob sogar schon deutliche Alterserscheinungen und »Risse im Fundament« zu erkennen sind. Je nach Phase werden entsprechend andere Entscheidungen und Maßnahmen zu tätigen sein.

In Bezug auf die eigene Lebensphase stellen sich die Fragen, ob der Betrieb tatsächlich die Verwirklichung des lang ersehnten Lebenszieles ist, auf welches man so lange hin gespart hat, oder ob man mit einem ersten eigenen Laden den Start in die Selbstständigkeit wagen möchte, ohne dabei größere finanzielle Risiken einzugehen. Nicht nur finanzielle, sondern auch physische und psychische Aspekte (vgl. S. 48) sind hier von Bedeutung und sollten eingehend hinterfragt werden (Schumacher 2010 S. 10ff).

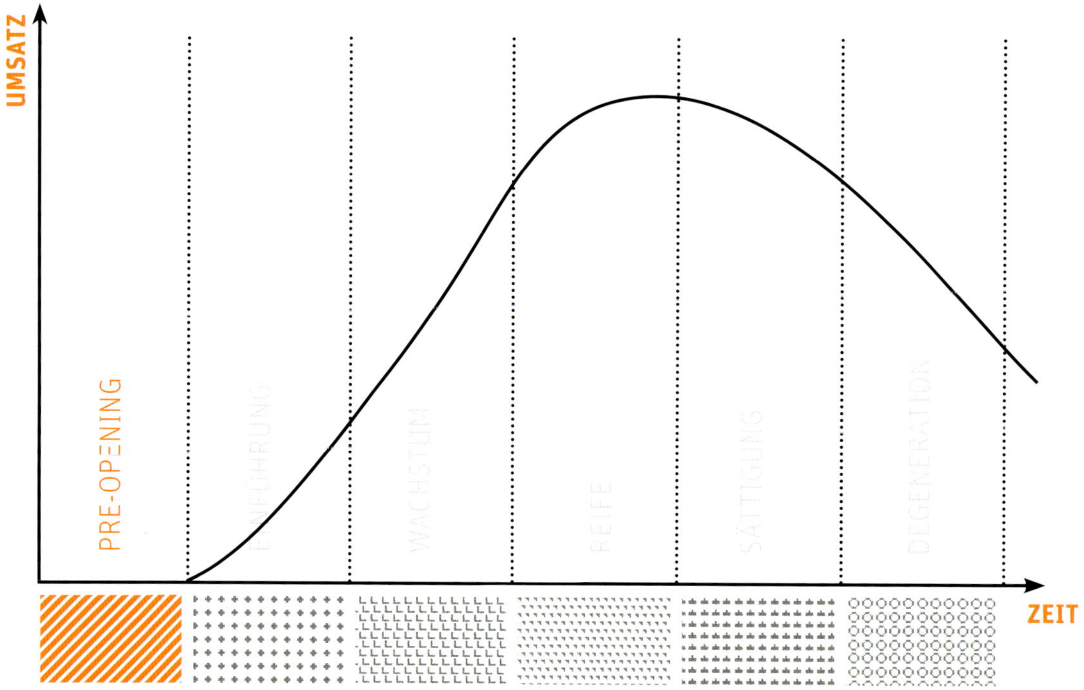
UMSATZ
ZEIT
PRE-OPENING
EINFÜHRUNG
WACHSTUM
REIFE
SÄTTIGUNG
DEGENERATION

DIE **PRE-OPENING**-PHASE – DIE WEICHEN STELLEN!

Für nicht abgegrenzte zielgruppenspezifische Konzepte wird es zunehmend schwerer, am Markt zu bestehen. Deshalb sind eine klare, authentische Positionierung und die Herausstellung von Alleinstellungsmerkmalen (USPs) unabdingbar. Sie müssen klar kommuniziert werden, um sie für den Gast greifbar zu machen. Denn nur, wenn er das Gastronomiekonzept mit den Vorteilen für sich erkennt, wird er es auch aufsuchen. Spezialisierte Gastronomiekonzepte, die dem Gast einen Zusatznutzen bieten, werden sich erfolgreich am Markt behaupten. Es macht wenig Sinn, gegenüber dem Wettbewerb zu resignieren. Sinnvoller ist es, den Wettbewerb erst gar nicht zu suchen. Wer sich der Vergleichbarkeit entzieht, legt den Grundstein für wirksame Mund-zu-Mund-Propaganda: Die Gäste reden über den Betrieb und empfehlen ihn persönlich und in ihren sozialen Netzwerken weiter, Medien berichten gerne über Unternehmer, die Neues sowie Außergewöhnliches wagen. Auch ihre Mitarbeiter sind motivierter, da sie Teil der Erfolgsgeschichte sind. In diesem Zusammenhang ist es heutzutage bereits in der Pre-Opening-Phase wichtig, den Gästekreis nicht anhand von demographischen Kriterien zu definieren, sondern an Lebensstilkriterien zu orientieren. Für die Segmentierung empfiehlt es sich, die GfK Roper Consumer Styles oder die Sinus-Milieus des Sinus-Instituts heranzuziehen. Dasselbe Geschlecht, gleiches Alter und ähnliche Kaufkraft bedeuten in dieser Zeit nicht, dass dieselben Angebote nachgefragt werden. Ein 60-Jähriger kann durchaus denselben Lebensstil wie ein 30-Jähriger leben (und umgekehrt) – auch spielt es eine Rolle, in welcher spezifischen Situation sich der betreffende Gast befindet: Ist er gerade der Familienvater, der Geschäftsreisende, der frisch Verliebte oder der Sporttreibende, welcher im Lokal einkehrt. Der Wirt muss sich im Klaren sein, welche Lebensstilgruppe er mit welchen gastronomischen Leistungen ansprechen möchte, die natürlich entsprechende Investitionen bedingen.

Fragen, die sich (angehende) Gastronomen stellen müssen lauten:

- **Wie kann ich Gäste dazu bewegen, meine Dienstleistung nachzufragen?**
- **Weshalb sollen Gäste meinen Betrieb bevorzugen?**
- **Was bindet die Gäste an mein Konzept?**
- **Wie gestalte ich Prozesse möglichst effizient unter Berücksichtigung von Kosten- und Zeitersparnis?**

Für Gastgeber ist es notwendig, ihren zukünftigen Gästekreis zu kennen, ihr Verhalten vorherzusagen und ihre Wünsche zu antizipieren. Das ausschließliche Befassen mit aktuellen Modeerscheinungen sowie Trends der Branche reicht zumeist nicht aus. Gastronomen sollten sich zunehmend damit auseinandersetzen, wie sich das Gästeverhalten der letzten Jahre verändert hat, um ein Gespür dafür zu entwickeln, wie die eigene Zielgruppe funktioniert.

Viele Konzepte funktionieren ausschließlich mit einem Betreiber, der sich mit den Jahren ein soziales Netzwerk aufgebaut hat, und als eine Art Institution gilt. Gäste kommen des Gastgebers wegen in die Gaststätte, das Restaurant oder besuchen den Imbiss von XY. Die Persönlichkeit des Wirts ist in Bezug auf Erlebnisinszenierung sowie Mitarbeiter- und Gästebindung von höchster Bedeutung. Er motiviert seine Mitarbeiter und Gäste, stellt die Umsetzung aller Maßnahmen sicher, und tritt als Vertreter des Konzeptes auf.

Da in der Phase vor der Eröffnung einige Kostenfallen entstehen können, sei vorab erwähnt, dass eine vorsichtige Umsatzplanung mit entsprechend angepassten Kosten sinnvoll ist. Denn eine zu optimistische Planung kann dazu führen, dass man im weiteren Verlauf unveränderbare Fixkosten auffangen muss. Gleiches gilt für überflüssige oder überhöhte Ausgaben, welche durch eventuelle Fehleinschätzungen hervorgerufen wurden. Diese finanziellen Mittel fehlen dann meistens, wobei sie aber gerade in der Anfangsphase häufig dringend benötigt und erst mal »hart erarbeitet« werden müssen (Fischl/Fischer 2012 S. 38).

Als Grundvoraussetzung gilt außerdem, eine gute strukturelle Basis zu schaffen, mit der es sich im Fortgang des Betriebes effizient arbeiten lässt. Nur mit einem gut organisierten, einwandfrei funktionierendem System und zeitgemäßem Equipment können in der Folge die notwendigen Arbeiten zügig und meist stressfreier durchgeführt werden. Die in der Praxis häufig ohnehin schon spärlich aufgewendete Zeit für grundlegende strategische und verwaltungstechnische Angelegenheiten sollte nicht noch zusätzlich durch funktionsuntüchtige Drucker, langsamen Internetzugang oder chronische Unordnung unnötig erschwert werden.

VORSICHT KOSTENFALLEN!

Schon bevor die ersten Umsätze realisiert werden können, sehen sich Gastronomen einigen notwendigen Investitionen und Kosten ausgesetzt, die gut überlegt sein sollten. In vielen Fällen haben diese außerdem langfristige Auswirkungen auf den wirtschaftlichen Erfolg des Betriebes. Denn fixe Kosten sind vom Unternehmer monatlich zu zahlen, unabhängig davon, wie viel monatlicher Umsatz jeweils erwirtschaftet werden konnte. Im Folgenden werden die wichtigsten und häufigsten Kostenfallen aufgezeigt, auf die es in ganz besonderem Maße zu achten gilt.

Kosten: Verträge mit langfristiger Erfolgsauswirkung

Der Pachtvertrag

Wie eingangs des Kapitels bereits erwähnt, sollten bei der Finanzierungsplanung auf Anlaufkosten (und ggf. -verluste) sowie auf den allgemeinen Betriebsmittelbedarf besonderes Augenmerk gelegt werden. Gleiches gilt bei der Preisfestsetzung der Pachthöhe. Hierbei kommt dem vertraglich vereinbarten Pachtzins besondere Bedeutung zu, wobei zwischen drei verschiedenen Gestaltungsformen unterschieden werden kann: die Festpacht, die Umsatzpacht und die Mischpacht (Gugg/Hank-Haase 1999 S. 29; Wolf 2009 S. 49ff). Es empfiehlt sich, schon allein aufgrund der meist langfristigen Laufzeit eines Pachtvertrages von fünf bis zehn Jahren, genau hinzusehen und die schriftlich festgehaltenen Vereinbarungen genauestens zu prüfen. Sollte dies versäumt werden, drohen durch übersehene Klauseln o.ä. unnötige und oft dauerhaft anfallende Kosten. Dies kann schwerwiegende Folgen haben, da Pachtkosten meist fixe Kosten sind, die immer eingefordert werden, unabhängig vom momentanen Erfolg des Betriebes.

Ferner sollte vorab darauf geachtet werden, dass auch sämtliche mündliche Abmachungen schriftlich festgehalten sein sollten. Nachfolgend einige zu beachtende Punkte:

- Wie lange ist die vertragliche Laufzeit?
- Handelt es sich um ein Pachtverhältnis, bei dem der Verpächter in den bestehenden Vertrag eingreifen kann wie z. B. bei einem Bierlieferungsvertrag? (Der Verpächter kann so ggf. eine Ausdehnung der Öffnungszeiten erwirken oder gar die Untersagung einer Betriebsschließung wegen Urlaubes; eine einzustellende Urlaubsvertretung könnte weitere, kostenintensive Folgen haben).
- Gibt es Regelungen bzgl. einer möglichen Pachterhöhung?
- Wie werden die Pachtnebenkosten zwischen Verpächter und Pächter aufgeteilt, z. B. wer zahlt welche Steuern?
- Welche Versicherungen sind nötig und wer zahlt diese?
- Welche sonstigen Kosten sind in einem Mehrparteienobjekt aufzuteilen, z. B. Kaminkehrer, Strom?
- Entspricht der Pachtzins dem vergleichbarer Betriebe (ca. 10 % Richtwert)?
- Gibt es eine Begrenzung der Instandhaltungskosten?
- Gibt es eine Festlegung eines Haftungsausschlusses für eventuelle Verbindlichkeiten des Verpächters?
- Wurden gewisse Zusatzbedingungen vertraglich festgehalten, z. B. ist eine Schließung wegen Urlaub möglich? (Wolf 2009 S. 46ff)
- Unabdingbar: Eine eingehende Prüfung des Objektes vor Unterschrift des Vertrages hinsichtlich beispielsweise Beschaffenheit, Zustand, Ausstattung (INTERHOGA 1999 S. 21)!

Der Bierlieferungsvertrag

Bei dieser besonderen Art langfristiger Lieferantenbeziehung sollten Gastronomen in ganz besonderem Maße sämtliche Inhalte und Abmachungen genauestens überprüfen und am besten fachkundigen Institutionen wie z. B. der jeweils zuständigen DEHOGA-Stelle oder spezialisierten Unternehmensberatung zur Vorlage geben. Da sich der Bierlieferungsvertrag in der Vergangenheit häufig als Nachteil für den Gastwirt herausgestellt hat, sollte genauestens zwischen den von der Brauerei angebotenen Sach-und/oder Geldleistungen und den entstehenden Verpflichtungen abgewogen werden. Grundsätzlich sollte jeweils eingehend geprüft werden, ob solch ein Brauereidarlehen vorteilhafter ist als die angebotenen Darlehen der Hausbank. Im Hinterkopf sollte man auch behalten, dass Brauereien diese Vertragsform in erster Linie zur Absatzvergrößerung nutzen. Die Kredithöhe orientiert sich dabei meist am möglichen und zu erwartenden Bierumsatz sowie der vom Antragssteller vorgelegten Konzeption und dessen Erfahrung. Generell ist es auch hier ratsam, sowohl bei den freien Banken als auch bei den (konkurrierenden) Brauereien ein Leistungsangebot einzuholen und zu vergleichen (Gugg/Hank-Haase 1999 S. 39-135).

Aufbau des Bierlieferungsvertrags:

Die Brauerei stellt dem Gastronomen beispielsweise ein Rückvergütungs-, zinsgünstiges oder zinsloses Darlehen sowie leihweise das Gaststätteninventar zur Verfügung. Alternativ kann sie auch lediglich den Abschluss eines Pachtvertrages für ein Objekt anbieten. Im Gegenzug verpflichtet sich der Wirt mitunter, das Bier ausschließlich von dieser Brauerei abzunehmen. Die Vertragsdauer beträgt nach den kartellrechtlichen Bestimmungen der EU maximal zehn Jahre. Wird ein Vertrag über Bier und alkoholfreie Getränke abgeschlossen, beträgt die maximale Laufzeit fünf Jahre. Durch eine Mindestabnahmemenge, zu der sich der Gastwirt verpflichtet, können vielfache Wettbewerbsnachteile (z. B. hohe Abnahmekisten, keine Flexibilität bei Getränketrends) entstehen. Die Brauerei hat hier die Möglichkeit, pro nicht abgenommenen Hektoliter einen pauschalisierten Schadensersatz zu fordern. Da die Verträge meist eine bestimmte, vorab vereinbarte Laufzeit haben (brauereigebundener Betrieb), ist zudem eine ordentliche Kündigung meist nicht möglich und beispielsweise auch eine Weiterverpachtung bei Geschäftsaufgabe schwierig (Hänssler 2008 S. 453ff).

Vorteile:

- Überlassung der Immobilie bei brauereieigenen Betrieben
- Unterstützung durch (anfangs häufig benötigtem) Inventar und somit Ersparnis von teils hohen Investitionen
- Sichere Lieferungsbedingungen
- Zurverfügungstellung von Bierbänken, Zelten o. ä. für Veranstaltungen
- Miet-/Pachtausfallbürgschaft

- Unterstützung bei Marketingaktivitäten
- Brauereieigene Schulungsprogramme
- Zinsgünstige/-lose Darlehen

Nachteile:

- Bezug der Getränke zu einem Mehrpreis im Vergleich zum Erwerb auf dem freien Markt
- Verpflichtung auch andere Produkte der Brauerei anzubieten
- Festlegung einer Mindestabnahmemenge, die in vielen Fällen kaum umgesetzt werden kann; hier kommt es bisweilen zu teils unangenehmen Rechtsfolgen
- Umsatzeinbußen durch »unbeliebte« Biermarken aufgrund von Image oder Geschmack
- Inflexibilität bzgl. des Angebotes aktueller Trends durch das Festlegen auf bestimmte Biersorten (z.B. Craft Beer)
- Erschwertes Abheben vom Wettbewerb durch gesponserte Ausstattung, da die Konkurrenz ein ähnliches Erscheinungsbild prägen kann
- Brauereigebundene Betriebe erschweren Weiterverpachtung bei vorzeitiger Vertragskündigung (u.a. Fischl/Fischer 2012 S. 186ff)

EXPERTENTIPP: »*Bei einem unserer Betriebe haben wir einen Bierlieferungsvertrag, der im Grundbuch bereits verankert ist, es bleibt also keine Wahl. In diesem Grundbuch verstecken sich bisweilen sicherlich weitere Kostenfallen, also sollte man prüfen, was im Grundbuch verankert ist. Dabei geht es dann um die so genannte Grunddienstbarkeit, aus der man nur heraus kommt, sofern man beabsichtigen würde, das Gebäude eines Tages zu kaufen. In unserem Fall sind wir demnach zum Ausschank einer bestimmten Biersorte verpflichtet. Das ist in den meisten Fällen von Nachteil, nicht nur wegen der eventuell schlechten (unbefriedigenden) Qualität, sondern auch, weil man deren Preise akzeptieren muss bzw. nicht erreichbaren Abnahmemengen ausgesetzt ist. So ist man über einen langen Zeitraum, meist zehn Jahre, gebunden. Bei unseren kürzlich ausgelösten Verträgen stellen wir erst jetzt langsam fest, wie viel günstiger wir eigentlich beziehen können. Dennoch ist das natürlich auch eine Frage des Investitionsvolumens: Plant man ein Objekt mit sehr hohen Investitionen wie z.B. bei uns dem Brenner Grill, dann ist man eventuell zwangsweise auf anderweitige finanzielle Unterstützung angewiesen.*« Andreas Salger, Kull & Weinzierl

Ressourcen schonen, Kosten minimieren

Als eine der meistgenannten Herausforderungen, sowohl laut Branchenbericht des DEHOGA als auch der eigens von den Autoren durchgeführten Umfrage, werden steigende Betriebskosten genannt. So identifiziert die Konjunkturumfrage des DEHOGA im Sommer 2014 die hohen Energiekosten und allgemeinen Betriebskosten mit 42 Prozent bzw. 38 Prozent als durchaus ernstzunehmendes Problemfeld für Gastronomen (DEHOGA 2014 S. 12). Erschwerend kommt hinzu, dass die steigenden Mehrkosten in Verbindung mit steigendem Energieverbrauch mittlerweile kaum noch in Form von Preiserhöhungen an den Gast weiter gegeben werden können. Die oftmals verwirrenden und schwer zu durchblickenden diversen Angebote der Anbieter verstärken die Komplexität dieses Themas, welches mit häufig 5–10 Prozent des Umsatzes in nicht zu vernachlässigendem Maße zu Buche schlägt. Betriebliches Umdenken, Preisvergleiche und neue Technik können also bares Geld bringen. Doch nicht nur rein ökonomische, auch ökologische und ressourcenschonende Aspekte sollten Anreiz sein, hier nachzubessern (Camphausen 2013 S. 19; www.energiekampagne-gastgewerbe.de).

Was tun bei der Übernahme?

Es empfiehlt sich zu prüfen, ob bei Telefon, Internet, Strom und Wasser Leasing- oder Altverträge bestehen, welche bereits per Vertragsabschluss übernommen wurden. Gleiches gilt für etwaige Wartungsverträge, die mitunter hohe Kosten nach sich ziehen können. Zählerstände sollten umgehend abgelesen und dem Anbieter mitgeteilt werden. Somit weiß der Anbieter rechtzeitig vom Betreiberwechsel und kann entsprechend

EXPERTENTIPP: »*Nachdem wir beispielsweise einen Betrieb bereits zweieinhalb Jahre geöffnet hatten, erreichte uns eine Stromnachzahlung in fünfstelliger Höhe. Offenbar wurde die Pauschale des Vorgängers und somit eine falsche Bemessungsgrundlage weiterverwendet. Grund war die Annahme, der Verbrauch unseres Betriebes sei vergleichbar mit dem des Vorgängers. Da wir aber in z. B. Konvektomaten, Kühlhaus, Herdplatten und Kühlschränke investiert haben und uns konzeptionell vom Vorgänger unterschieden, war der Verbrauch folglich deutlich höher. Durch eine Verkettung von Umständen dauerte das Ausstellen der Abrechnung, mit der man hätte einsehen können, wo wir verbrauchsmäßig stehen, deutlich länger als gewöhnlich. Schließlich erreichte uns eine auf drei Jahre ausgelegte Nachberechnung. Eine Forderung in solch unerwarteter Höhe stellte für den Betrieb natürlich eine große Herausforderung dar. Das Einzige, was davor schützt, sind Rücklagen, die wir Gott sei Dank vorher getätigt hatten. Aber viele Betriebe gehen mit solch unerwartet hohen Forderungen schnell mal insolvent.*«

Klaus St. Rainer, Goldene Bar

Rechnungen zustellen (Hein 2003 S. 43). Auch empfiehlt es sich zu prüfen, welcher Betreiber vorher die Immobilie gepachtet hatte. Sollte sich das vorherige Gewerbe grob von dem eigenen Konzept unterscheiden oder gar einer ganz anderen Branche zuzuordnen sein, so sollte man beachten, dass die nun neuen Verbrauchswerte um ein Vielfaches höher sein könnten. Wird hierbei eine frühzeitige Mitteilung an den jeweiligen Anbieter versäumt, kann dies teure Folgen haben, wie auch Klaus St. Rainer bereits erfahren musste (siehe S. 35).

Was kann getan werden?

Da diese Kosten wie auch die Pacht von dem Betrieb monatlich und umsatzunabhängig erhoben werden, sind Gastronomen gut beraten hier genauer hinzusehen. Allgemein sollten sämtliche Bereiche des Betriebes gänzlich auf Effizienz und Einsparungspotenzial überprüft werden. Darauf sollten auch Mitarbeiter und Gäste achten, was nicht nur das Image, sondern auch eine aktive Mitarbeit aller Beteiligten fördert (Gugg/Hank-Haase 2004 S. 36). Die Erfahrung hat gezeigt, dass teils 10–20 Prozent Einsparungen möglich sind, natürlich auch in Abhängigkeit von Zustand und Ausstattung der Räumlichkeiten und des Gebäudes. Die Ermittlung des Energieverbrauchs bietet die Grundlage für weitere Kontrollen, kontinuierliche Anpassungen und Verbesserungen. Für Gastwirte, denen hohe Investitionen in Sanierung und Erneuerung (vorerst) nicht möglich sind, werden nachfolgend einige Tipps dargelegt, wie mit wenig Aufwand und etwas Umdenken dennoch einige Prozentpunkte einzusparen sind (von Freyberg et al. 2015 S. 24ff).

CHECKLISTE: Kostensenken Energie

Strom

[ ] Gibt es Licht in Räumlichkeiten, in denen es nicht zwingend erforderlich ist?

[ ] Bleiben die Kochplatten (aus Gewohnheit) zwischen den Nutzungen angeschaltet und könnten u. U. öfters ausgeschaltet werden?

[ ] Sind undichte Kühlschranktüren oder verschmutzte Lüftungsfilter vorhanden, die unnötig Energie verbrauchen?

[ ] Sind Zeitschaltuhren auch wirklich auf die tatsächlichen Bedarfszeiten geschaltet?

[ ] Lassen sich bei energieintensiven Küchenhilfen wie Herd und Fritteuse Arbeitsabläufe dahin gehend optimieren, dass ein zeitgleicher Betrieb vermieden werden kann?

[ ] Wo können ggf. sinnvoll Bewegungsmelder angebracht werden z. B. in Toiletten, Lager, Fluren?

[ ] Lassen sich Leuchtmittel durch sparsamere Lampen mit z. B. LED Technik ersetzen? Die Kosteneinsparungen beim Austausch einer Halogenleuchte mit 50W gegen eine LED mit 7W und 40000 h Lebensdauer belaufen sich

während der gesamten Lebensdauer und bei einem Strompreis von 0,25 €/ KWh auf beachtliche 428 €. Dennoch sollte hier stets beachtet werden, dass sich LED-Leuchten im Gästebereich in vielen Fällen negativ auf die Atmosphäre auswirken können (www.energiekampagne-gastgewerbe.de/images/stories/PDF/ES_Tipp/Energiespartipp_LED-Rhren.pdf).

[ ] Lassen sich schaltbare Steckdosenleisten zur Vermeidung von Stand-By-Stromverbrauch einsetzen?

[ ] Gibt es effiziente Elektrogeräte mit EU Energielabel A++ bzw. A+++?

[ ] Lassen sich möglicherweise Photovoltaikanlagen oder Blockheizkraftwerke zur Stromeigenversorgung installieren?

[ ] Könnten Recyclingpapier-Tücher elektrische Händetrockner auf den Toiletten ersetzen?

[ ] Wäre es sinnvoll Verhaltensschulungen zum Thema Stromsparen für Mitarbeiter durchzuführen und ggf. auch Gäste für das Thema zu sensibilisieren bzw. zur Beteiligung zu ermuntern? (Camphausen 2013 S. 19; von Freyberg et al. 2015 S. 24ff)

[ ] Wird der Frühjahrsputz wörtlich genommen? Durch Reinigung von Lampen, Fenstern, Lüftungsanlagen und Heizelementen wird der durch die Verschmutzung zusätzliche Energieverbrauch reduziert. Auch abgetaute Gefrierschränke oder entkalkte Wasserkocher haben einen deutlich niedrigeren Verbrauch, sofern diese regelmäßig geputzt und gewartet werden (www.energiekampagne-gastgewerbe.de/images/stories/PDF/ES_Tipp/Energiespartipp_Fruehjahrsputz.pdf).

Heizung

[ ] Wärmeschutzisolierung durch Gebäudesanierung

[ ] Einsatz effizienter Heizanlagen und Heizungspumpen

[ ] Nutzung erneuerbarer Energien wie z. B. solarthermische Anlagen oder Biomasseheizungen

[ ] Automatisierung bei Heizanlagen, bedarfsgerechte Steuerung der Heizanlagen; automatische Abschaltfunktion bei offenen Fenstern (von Freyberg et al. 2015 S. 25)

[ ] Einsatz elektronischer Heizkörperthermostate; diese sind günstig in der Anschaffung und amortisieren sich bereits meist nach kurzer Zeit. Pro Thermostatventil belaufen sich die Kosten auf ca. 30 €, während eine Heizkostenersparnis von 10–15 Prozent zu erwarten ist. Generell gilt: Jedes eingesparte Grad Celsius spart etwa 6 Prozent der Heizkosten (www.energiekampagne-gastgewerbe.de/images/stories/PDF/ES_Tipp/Energiespartipp_Heizkrper_Thermostate.pdf).

CHECKLISTE: Wasserkosten senken

[ ] Einsatz von Perlatoren: Ohne Qualitätsverlust können solche Durchflussbegrenzer den Verbrauch um ca. 50 Prozent senken: Kostenpunkt ca. 5–10 €. Auch ein WC Spülkasten mit »Stopp-Funktion« reduziert unnötige Kosten (www.energiekampagne-gastgewerbe.de/images/stories/PDF/ES_Tipp/Energiespartipp_Warmwasser.pdf).

[ ] Anschaffung sensorgesteuerter Armaturen.

[ ] Tägliche Kontrolle der Wasserhähne, Spülkästen – tropft etwas?
[ ] Einsatz wassersparender und energieeffizienter Spülmaschinen – nutze ich diese unter optimaler Auslastung? (von Freyberg et al. 2015 S. 27f).

CHECKLISTE: Effizient Abfall vermeiden

[ ] Lässt sich durch Abfüllung aus großen Behältern die Verwendung kleiner Portionsverpackungen (z. B. Zucker, Salz, Ketchup) vermeiden? Denn: Abfall der nicht anfällt, muss nicht teuer entsorgt werden.
[ ] Ist es generell möglich, auf größere Gebinde umzusteigen wie z. B. bei lang haltbaren und häufig benötigten Lebensmitteln wie Nudeln, Reis, Konserven?
[ ] Lassen sich in Cafés mit z. B. hohem Take-Away-Geschäft wiederverwertbare und gebrandete Becher zum Verkauf anbieten? Dies fördert neben der Abfallvermeidung auch Kundenbindung und Image des Betriebs.
[ ] Können durch getrennte Sammlung und Wiederverwertung bei der Abfallentsorgung Entsorgungskosten reduziert werden? Ein guter Überblick über die Betriebsabläufe lässt hier häufig Optimierungspotenzial erkennen (www.bonnorange.de/fileadmin/Dateien/PDF/Faltblatt-Hotels-und-Gastronomie-Web.pdf).

Wer bietet Unterstützung?

Hilfe bzw. Beratung leisten diverse Anbieter und dies in einigen Fällen kostenlos. Zum einen stellt die Energiekampagne des DEHOGA im Rahmen des genannten Programmes Checklisten und Merkblätter zur Verfügung. Nähere Informationen unter www.energiekampagne-gastgewerbe.de. Zum anderen zahlt das Bundesamt für Wirtschaft und Ausfuhrkontrolle (BAFA) seit 1.Januar 2015 hohe Zuschüsse für Vor-Ort-Energieberatungen im eigenen Betrieb. Spartipps, Broschüren und Beratungsangebote speziell für Gewerbetreibende finden sich zudem häufig in den zuständigen Betrieben der jeweiligen Kommunen (z.B. die Abfallberatung für Gewerbe) und Umweltministerien.

Kostenpflichtig, aber mit hohem Optimierungspotenzial, sind qualifizierte Energieberater, z.B. des Deutschen-Energieberater-Netzwerkes, die durch Inanspruchnahme von Zuschüssen für teils wenige hundert Euro konsultiert werden können. Das Angebot des DEHOGA bietet zudem einen Stromtarif- sowie Gastarif-Check an, bei dem auf Basis bisheriger Abrechnungen ermittelt wird, ob sich ein Wechsel lohnen könnte. Mit Förderung gibt es diesen Service standortabhängig ab bereits 118,00 € (www.dehogabw.de/beraten/rechtsberatung/check-service/checks-details/stromtarif-check.html; Camphausen 2013 S. 19).

PRAXISBEISPIEL: Ein Caféhaus halbiert seinen Stromverbrauch

Seit 2006 optimiert das Hamburger Caféhaus LANGES systematisch seine Energiebilanz. Als Konditorei und Kaffeerösterei ist das Unternehmen ein energieintensiver Betrieb, die Energiekosten sind ein relevanter wirtschaftlicher Faktor. Auf Basis detaillierter Analysen des Energieeinsatzes von der Backwarenproduktion bis in den Gastraum hinein realisiert das Caféhaus deshalb ein ganzes Bündel an Maßnahmen. In der Summe wurde der Gesamtstromverbrauch von 110.000 Kilowattstunden (kWh) auf 48.000 kWh pro Jahr gesenkt. Mit Investitionen in Höhe von 38.000 Euro erzielt der Betrieb so eine jährliche Stromkostenersparnis von 16.000 Euro. Wesentliches Ziel war es, die Stromkosten ohne Einbußen bei Qualität, Komfort und Service zu senken. Schritt für Schritt hat das Caféhaus veraltete Geräte und Anlagen durch energieeffiziente Technik ersetzt. Beispielsweise wurden sämtliche Beleuchtungsanlagen in Produktionsräumen, Café, Kuchentresen und für die Außenwerbung auf energiesparende LED-Leuchtmittel umgestellt. Um den Stromverbrauch für die Beleuchtung weiter zu senken, werden die Lampen in den Kühlräumen und auf den Fluren über Präsenz- beziehungsweise Bewegungsmelder gesteuert. Die alten Heizungspumpen wurden durch neue, elektronisch geregelte Modelle der Energieeffizienzklasse A ersetzt. Auch die Abwärme, die bei der Kühlung der Tresen entsteht, wird genutzt, um beispielsweise das Wasser für die Spülmaschinen zu erhitzen. Zusätzlich sorgt eine zentrale Spitzenlastmanagementanlage dafür, dass Stromlastspitzen im Tagesablauf des Gesamtbetriebs wirkungsvoll vermieden werden und Aufschluss über energieintensive Prozesse gibt. Wesentliche Herausforderung, um die bestehenden Energieeffizienzpotenziale auszuschöpfen, war nicht nur der Einsatz energieeffizienter Technik, sondern auch die Anpassung der Betriebsabläufe. Unter der Prämisse, nachhaltig und möglichst umfassend Energie einzusparen, wurden gemeinsam mit den Mitarbeitern die Arbeitsabläufe optimiert und dafür zum Teil vollkommen neu gestaltet. Quelle: www.ahgz.de/unternehmen/ein-cafehaus-halbiert-seinen-stromverbrauch,200012219405.html

Kreditmöglichkeiten

Grundsätzlich gilt auch hier: Bevor es zu einem Vertragsabschluss kommt, sollten sämtliche Angebote eingehend verglichen werden und im Zweifel Rat weiterer (Fach-) Personen hinzugezogen werden. Zusätzlich gibt es jedoch eine Fülle an Unterstützungsangeboten, die Gastwirten bei der Existenzgründung und in der Anfangsphase (meist für einen Drei-Jahreszeitraum) mit vergünstigten Konditionen z.B. KfW-Kredit zur Verfügung stehen.

Vergünstigte Kreditkonditionen

Für Existenzgründer besteht die Möglichkeit über verschiedene Wege an subventioniertes Kapital zu gelangen. Spezielle Konditionen, wie bessere Zinskonditionen oder tilgungsfreie Zeiträume, sind nur einige der möglichen Gestaltungsvarianten, die zugleich die finanziellen Mittel und die Liquidität schonen. Banken bieten hierzu entsprechende Gründungskredite an, die im Vergleich zu normalen Krediten die genannten Vergünstigungen bieten. Für solche Darlehen werden jedoch meist bestimmte Sicherheiten gefordert.

Bürgschaften
Um diese Sicherheiten ermöglichen zu können, verhelfen an dieser Stelle oft Förderanstalten des Landes oder des Bundes jungen Unternehmern zu einer Finanzierung, indem sie für den Gastronomen bürgen. Auf diese Weise gelangt der Existenzgründer an Kredite, für die möglicherweise die nötigen Sicherheiten fehlen würden. Landesbanken oder z. B. die Kreditanstalt für Wiederaufbau (KfW) sind Förderanstalten, an die man sich wenden kann. Bei der KfW kann man das »KfW Startgeld« beantragen, welches auch bei eher geringen Sicherheiten Kleinkredite bis zu 100.000 € vergibt, und das zu einem meist niedrigeren Zinssatz.

Weitere hilfreiche Anlaufstellen für Zuschüsse und Hilfe sind u. a. der Bundesverband Deutscher Kapitalbeteiligungsgesellschaften (BVK), der High-Tech-Gründerfonds, der regionale Seedfond der Bayern Kapital sowie die Förderseite des Bundesministeriums für Wirtschaft und Technologie unter *www.foerderdatenbank.de* (Fischl/Fischer 2012 S. 211ff).

Kreditkartengebühren

Es sollte gut überlegt sein, ob im geplanten Betrieb die Zahlung per Kreditkarte möglich sein soll. Dabei spielt sicherlich die Konzeption und die erwartete Kundschaft eine Rolle. Sofern es für die Zielgruppe vertretbar ist, wäre es ggf. lohnenswert auf diesen Service zu verzichten. Denn auch die auf den ersten Blick niedrigen Prozentsätze pro Transaktion (Disagio) können einen erheblichen Unterschied auf der »Haben-Seite« machen, sollten diese Gebühren nicht abgeführt werden müssen. Die Konditionen unterscheiden sich hier teils stark und sollten verglichen werden. Oftmals bietet die Kooperation mit Einkaufsgenossenschaften deutlich vergünstigte Konditionen (Hein 2003 S. 64).

EXPERTENTIPP: *»Kreditkartengebühren sind ebenfalls ein hoher Faktor, besonders wenn man große Umsatzträger hat. Hier beschäftigen sich sehr viele nicht mit diesem Thema, suchen nach dem größten Anbieter und verschwenden dort unnötige Kosten. Denn bei den Gebühren geht die Spanne sehr weit auseinander. Sollte durch schlechtes Verhandeln 3 Prozent des Umsatzes fehlen, ist das für viele schon eine Menge Geld, das dann fehlt.«* Andreas Salger, Kull & Weinzierl

Beispielhaft wird in der folgenden Tabelle dargestellt, welche Auswirkungen das Verhandeln der Kreditkartenprovision um ein paar Prozentpunkte haben kann, hier 3 Prozent:

Kreditkartenumsatz pro Jahr	70.000,00 €
Umsatz pro Jahr ./. 3 Prozent Gebühren	67.900,00 €
Ersparnis pro Jahr	2.100 €

Quelle: Eigene Darstellung

Für bestimmte, vor allem internationale Gästekreise ist jedoch die Akzeptanz von Kreditkarten unabdingbar. So gilt es abzuwägen.

Weitere standortabhängige Kostenfaktoren

Hinzu kommen Kosten, die Gastwirte in unterschiedlicher Weise z.B. je nach Standort, belasten. So variieren die monatlichen Kosten für eine Fläche von 20 qm Außengastronomie zwischen den einzelnen Bundesländern um teilweise über 100 €. Verglichen mit dem teuersten und dem günstigsten Bundesland kann es jährlich zu einer Kostendifferenz von knapp 1.600 € kommen (ab-in-den-urlaub.de) n.d. Höhe der Gebühren für die Außengastronomie in City-Lage nach Bundesland im Juli 2011 (in Euro je 20 qm pro Monat). Erschwerend hinzukommen immer wieder Entwürfe der Politik, die, am Beispiel Münchens, eine Anhebung der Gebühren um teilweise das Drei- bis Vierfache, vorsehen (www.sueddeutsche.de/muenchen/gastronomie-wirte-muessen-mehr-fuer-freischankflaechen-zahlen-1.2541611). Dies stützt die These der vorsichtigen Kalkulation, um so möglicherweise noch auf ungeplante Kosten reagieren zu können.

Einmalige und oft überhöhte Kosten

Die Ablöse

Im Gegensatz zu Investitionen in Inventar, Ausstattung oder Equipment, wo Preisvergleiche verhältnismäßig einfach sind, hat der angehende Gastwirt häufig weniger Vergleichsmöglichkeiten, in welchem Umfang geforderte Ablösesummen gerechtfertigt sind. Eine doppelte Absicherung durch z.B. einen Sachverständigen sowie eine klare Analyse dessen, was Bestandteil der Ablöse ist und auch tatsächlich später genutzt, wiederverwertet oder ggf. weiterverkauft werden kann, ist äußerst ratsam. Hier sind u.a. das Image, der Gästestamm sowie der Bekanntheitsgrad von Bedeutung.

EXPERTENTIPP: »*Wir kennen ein Objekt, bei dem 250.000 € als Ablöse gefordert wurden. Im Laden selbst war nicht wirklich etwas vorhanden, außer einer Eismaschine und dem [ehemaligen] Kundenstamm. Der Vorpächter war von der geforderten Höhe auch nicht mehr abgerückt, sodass der neue Betreiber gleich eine horrende Kostenfalle zu stemmen hatte.*

Eine Maßnahme gegen die überhöhte Ablöse? Knallhart mit Rotstift prüfen und Bestandsaufnahme machen: Was hat der Betrieb, was kann ich noch nutzen? Oder was kann man ggf. noch verkaufen und zu Geld machen, zu welchem Preis auch immer? Danach lässt sich schon absehen: Inwieweit zahlt man bei der Ablöse für Soft Facts (wie z.B. dem Kundenstamm) oder nur für Hard Facts?«
Andreas Salger, Kull & Weinzierl

Kostenfalle Parkplatzablöse

Ein weiterer, sicherlich trefflich als Kostenfalle zu bezeichnender Aspekt ist die Parkplatzablöse. Einige Städte und Gemeinden sehen eine Mindestanzahl an Parkplätzen für die Gäste eines Betriebes vor, welche sich nach Anzahl der Sitzplätze oder Größe des Betriebes richtet. Gerade bei Unternehmen, die ein Objekt übernehmen, welches vorher eine andere gewerbliche Nutzung hatte, fällt solch eine fiktive Ablöse an. Fiktiv deshalb, da die Parkplätze durch die Ablöse nicht in das Eigentum des Gewerbetreibenden übergehen. Fiktive Ablösen können schnell Kosten im fünfstelligen Bereich betragen! Während *Jochen Kreppel*, Inhaber des *Upper Eat Side* in München, noch Glück hatte, da sein Pachtobjekt bereits über eine bestehende Konzession verfügte, musste »*Der Verrückte Eismacher*« *Matthias Münz* tief in die Tasche greifen:

PRAXISBEISPIEL: »*In meinem Fall war eine große Kostenfalle die Umwandlung meiner Ladenfläche von einem Einzelhandel in ein Eiscafé. Hierfür musste ich einen Architekten beauftragen und fiktive Parkplätze von der Stadt München ablösen – dies hat mich weit über 10.000 € gekostet.*« Matthias Münz, Der Verrückte Eismacher

Das Inventar

Je nach Budget, finanziellen Mitteln und konzeptionellen Voraussetzungen können die Ausgaben für das Inventar äußerst unterschiedlich sein. Allen gemeinsam ist jedoch, dass ein gründlicher Preisvergleich und das Einholen verschiedener Angebote vor der Anschaffung unabdingbar sind.

Eine Möglichkeit, mit wenig monetären Mitteln an Ausstattung wie z. B. Gläser, Kühlschränke o.ä. zu gelangen, ist das Sponsoring durch beispielsweise Getränkehersteller oder Lieferanten in Form von Werbekostenzuschüssen. Auf diese Weise können – ansonsten unabdingbare – Anschaffungskosten verringert und im Bestfall »angesagte« oder populäre Ware akquiriert werden. So macht ein sehr ansprechendes und schönes Glas mit kleinem Logo darauf bezüglich Haptik und Anspruch in der Regel einen besseren Eindruck auf den Gast, als ein unscheinbares, billig wirkendes »Durchschnittsglas«. Kommt das Verwenden gebrandeter Ware aus konzeptionellen Gründen nicht in Betracht, so lohnt sich dennoch die Überlegung, ob diese Ware zumindest für spezielle Veranstaltungen oder Terrassenservice beispielsweise im Sommer geeignet sein könnte, bei denen erfahrungsgemäß häufig Bruchglas entsteht.

Ebenfalls sollte im Hinterkopf behalten werden, dass eventuell teure Maßanfertigungen oder besonders kostspielige Anschaffungen im Falle einer Geschäftsaufgabe schnell an Wert verlieren könnten. Da der Nachpächter nicht mit Ihnen, sondern mit dem Verpächter verhandelt, bleiben oftmals teuer angeschaffte Investitionen zurück, die dann nur noch schwer weiterzuverkaufen sind (Hein 2003 S. 74).

Weitere Anlaufkosten

Erfahrungsgemäß werden bei der Finanzierungsplanung der Umfang und die Höhe der tatsächlich entstehenden Voreröffnungskosten unterschätzt oder teilweise gar nicht erst berücksichtigt. Zudem entstehen häufig Anlaufverluste, die sich kurz nach Eröffnung durch Verfehlen von geplantem Umsatz oder überhöhten Kosten ergeben. Eine Folge dessen kann die Frage sein, auf welche Weise der anlaufbedingte Mittelbedarf finanziert werden soll, sofern dieser in keiner allgemeinen Finanzierung berücksichtigt worden ist. Kosten, die in dieser Phase entstehen und nicht zu vernachlässigen sind, werden im Folgenden aufgelistet:

- Gebühren für Anmeldungen, Beratung, Makler
- Private Lebenshaltungskosten (finanziert aus betrieblichem Ertrag?)
- Ggf. Reise- und Umzugskosten
- Notar- und Gründungskosten
- Bereits anfallende Pachtkosten
- Personalkosten
- Bürokosten
- Werbekosten

(INTERHOGA 1999 S. 28ff)

Hinzu kommen mögliche Grunddienstbarkeiten, die beim Grundbuchamt einzusehen sind. Es empfiehlt sich, dies vor dem Abschließen sämtlicher

Verträge zu prüfen. Sind dort Belastungen wie Nutzungsbeschränkungen, Durchfahrtsrechte Dritter oder Abkommen mit Brauereien (vgl. S. 32) festgelegt, die möglicherweise im Gespräch mit dem Verpächter bislang nicht zur Sprache gekommen sind? Sollten hier etwaige Probleme auftauchen, gilt es zu klären, ob diese einen erfolgreichen Geschäftsbetrieb nachhaltig stören könnten (Hein 2003 S. 30).

Kosten der Unternehmensgründung

Die richtige Gesellschaftsform

Auf die Frage nach der richtigen Gesellschaftsform lässt sich keine allgemeingültige Antwort formulieren.

Überblick über Gesellschaftsformen

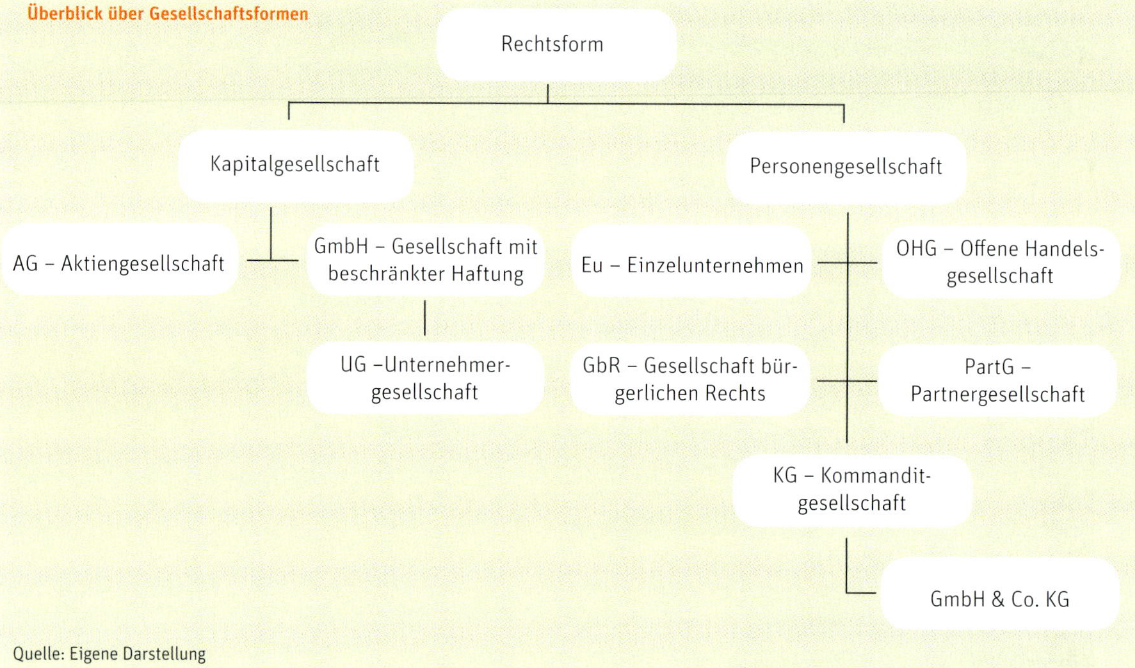

Quelle: Eigene Darstellung

Individuelle Ansprüche, Bedürfnisse und Voraussetzungen sind maßgebliche Faktoren bei der Entscheidungsfindung. Grundsätzlich sind mit der Wahl der verschiedenen Formen unterschiedlich hohe Kosten verbunden, die es, besonders am Anfang, in Betracht zu ziehen gilt.

Fragen vorab

- Soll das Unternehmen aus einer oder mehreren Personen bestehen?
- Wie formiert sich die Unternehmensleitung und wer bringt Kapital in die Unternehmung mit ein?
- Wie gestalten sich die Haftung und das Unternehmensrisiko?
- Bestehen persönliche oder steuerrechtliche Präferenzen für eine bestimmte Unternehmensform? (Wolf 2009 S. 17ff)

Vor- und Nachteile der einzelnen Rechtsform legen IHKs und im Internet frei zugängliche Publikationen dar. Hierbei gilt es insbesondere, seine persönlichen Bedürfnisse und Voraussetzungen zu berücksichtigen.

Anmeldepflichten und Konzession

Anmeldungen

Ablauf der Gründung eines Gastronomiebetriebes am Beispiel München

MIT Alkoholausschank

Erfordernis einer Erlaubnis vom KVR

- Gastwirteunterricht IHK; eintägiges Seminar
- Auszug aus dem Gewerbezentralregister (KVR)
- Polizeiliches Führungszeugnis (KVR)
- Gesundheitsbelehrung (Gesundheitsamt)
- Nachweis über die Erfüllung der baulichen/ technischen Voraussetzungen der Gewerberäume (Bezirksinspektion)
- Essenszubereitung → Gewerbliche Küche ist erforderlich
- Konzession erforderlich → Kosten abhängig von der Fläche etc. → Bezirksinspektion

OHNE Alkoholausschank

Keine Erlaubnis erforderlich, aber ...

- Bekanntgabe hinsichtlich der Nutzung der Gewerberäume
- Gesundheitsbelehrung (Gesundheitsamt)
- Essenszubereitung → gewerbliche Küche erforderlich

BEDARF AN ÖFFENTLICHER FINANZIERUNG?

Inanspruchnahme des Gründerzuschusses bei einer Existenzgründung aus Arbeitslosigkeit?

Gründerzuschuss (Ermessensleistung)

1. Notwendige Voraussetzung: 1 Tag Arbeitslosigkeit und Anspruch auf ALG I, Restanspruch ALG I mind. 150 Tage
2. Anfertigung eines Businessplans, positive Stellungnahme auf den Businessplan von einer fachkundigen Stelle (IHK, Steuerberater, Banken etc.)
3. Antragsstellung vor der Gewerbeanmeldung! (Abholung Antrag = Tag der Antragsstellung)

Nein

Öffentliche Finanzierung

1. Antragstellung vor dem Abschluss von Verträgen und dem Eingehen anderweitiger rechtlicher Verpflichtungen!
2. Hausbankprinzip: Antragsstellung bei einem frei wählbaren Kreditinstitut
3. Businessplan ist erforderlich, insbesondere schlüssiger Finanzplan
4. Öffentliche Förderungsanstalten: KfW und LfA
5. München Fonds: Finanzierungsprogramm für Existenzgründer (Kooperation LH München und SSPK)

Nicht zwingend vor der Gewerbeanmeldung erforderlich, jedoch sinnvoll, falls man auf einen Kredit angewiesen ist!

GEWERBEANMELDUNG BEIM KVR

Schriftlich oder persönlich (Personalausweis/Reisepass erforderlich)

Automatische Benachrichtigung folgender Stellen (u. a.)

- Finanzamt (Zusendung steuerlicher Erfassungsbogen)
- Statistisches Landesamt Bayern
- Industrie und Handelskammer (Beitrag)
- Handwerkskammer
- Bundesagentur für Arbeit
- Berufsgenossenschaft
- Gewerbeaufsichtsamt

- Falls man den steuerlichen Erfassungsbogen nicht innerhalb von drei Monaten zugesendet bekommt, bitte mit dem Finanzamt in Verbindung setzen!
- Bei Beschäftigung von Mitarbeitern bitte die zuständige Berufsgenossenschaft kontaktieren.
- Möglichkeit einer Zwangsmitgliedschaft des Gründers bei einer Berufsgenossenschaft überprüfen.

Quelle: IHK für München und Oberbayern

Konzession

Sollte das Konzept einen Alkoholausschank vorsehen, ist hierfür eine Konzession, die so genannte Erlaubnis nötig. Diese muss bei den zuständigen Ämtern (Ordnungs-, Landratsamt) beantragt werden und wird sowohl auf den Betrieb als auch auf den Betreiber ausgestellt. Die dafür anfallenden Kosten sind standortabhängig. Obwohl hier keine Kosten eingespart werden können, da diese aufgrund gesetzlicher Regelung anfallen, sollten sie unbedingt in die Planungen miteinbezogen werden.

Einmalig anfallende Kosten zur Erlangung der Erlaubnis am Standortbeispiel München stellen sich wie folgt dar:

- Eintägiges Seminar bei der IHK zur Gastwirteunterrichtung, ca. 50 €
- Auszug aus dem Gewerbezentralregister beim KVR, ca. 13 €
- Polizeiliches Führungszeugnis beim KVR, ca. 13 €
- Gesundheitsbelehrung beim Gesundheitsamt, ca. 14 €
- Nachweis über die Erfüllung der baulich/technischen Voraussetzungen der Gewerberäume durch die Bezirksinspektion
- Mögliche zusätzliche Miete einer gewerblichen Küche zur Essenszubereitung
- Kosten der Konzession, je nach Fläche zwischen 550 € und 5.000 €, erhoben durch die Bezirksinspektion
- Gewerbeanmeldung beim KVR, ca. 43 €

Summe: **mind. 683 €**

Diese Summe veranschaulicht, dass auch hier Kosten entstehen, die in Verbindung mit weiteren Gründungskosten mehrere Tausend Euro erreichen können. Demnach sollten auch sie entsprechend in die Budgeterstellung einfließen.

Vorsicht bei diesen Kostenfallen und Stolpersteinen:

- Brauereiverträge: Den Abschluss eines Bierlieferungsvertrags gut durchdenken!
- Vermieter: Eine gute Beziehung zu ihm kann einiges erleichtern.
- Vorpächter: Trägt das Objekt ein schlechtes Image des Vorgängers?
- Gewerbeaufsicht: Sicherheitsvorschriften einhalten!
- Lebensmittelkontrolle: Hygiene zahlt sich aus!
- Nachbarn: Klärende Gespräche vorab, die für ein gutes Verhältnis sorgen, sind von Vorteil! Schnell können ansonsten Klagen wegen Müllentsorgung oder Ruhestörung kommen.
- Grundbuchbelastungen: Gut nach Nutzungsbeschränkungen schauen!
- Parkplatzablösen: Fünfstellige Ablösen sind keine Seltenheit, also Vorsicht!
- Sicherheitsübereignungen: Ist abgelöstes Inventar sicherheitsübereignet?
- Eigentumsprüfung bei Abstandszahlung: Liegen Pfändungen von

abgelöstem Inventar vor? Schriftlich bestätigen lassen, dass dies nicht der Fall ist!

- Steuerberater & Geschäftsführer: Wollen beide gut ausgesucht sein, nicht nur weil es um die eigenen Finanzen geht.
- Geschäftsausstattung und Unternehmerlohn: Unterschiedliche Auffassungen zwischen gründenden Partnern müssen ausdiskutiert werden.

UMSATZPOTENZIALE HEBEN

In der Pre-Opening-Phase gilt es nicht nur erfolgreich potenzielle Kostenfallen zu umgehen, sondern grundlegende und richtungsweisende Entscheidungen für die strategische Ausrichtung des Unternehmens zu treffen. Denn häufige Fehler, wie eine fehlende Marktanalyse, falsche Standortwahl oder Fehleinschätzungen hinsichtlich der Planungen sowie Auswirkungen externer Einflussgrößen, können in diesem Stadium fatale Folgen nach sich ziehen (Fischl/Fischer 2012 S. 35ff).

Die Umsatzpotenziale für den späteren Betrieb werden in dieser Phase durch die genannten Beispiele maßgeblich determiniert.

Den Markt strategisch im Blick haben

Um richtige Einschätzungen zur Planung treffen zu können, sollte sich der angehende Gastronom drei grundlegende Fragen stellen, die helfen die individuellen Möglichkeiten und Ziele besser zu definieren:

Wo stehen wir?
Wo wollen wir hin?
Was ist möglich?

Wo stehen wir?

Diese Frage behandelt in erster Linie persönliche Fragen, die selbstkritisch gestellt werden sollten. Gleiches gilt für eventuelle Mitgesellschafter. Um ein möglichst ehrliches und reales Bild der jeweiligen individuellen Situation zu erhalten, sollten sämtliche Bereiche wie Familie, Finanzen, Zeitmanagement, Zufriedenheit, Lebensstandard hinterfragt und auf Verbesserungsfähigkeit geprüft werden. Tendenziell werden unangenehme oder eher unbefriedigende Bereiche weniger kritisch betrachtet. Doch gerade hier sollte Ehrlichkeit vor Bequemlichkeit kommen. Nur so lässt sich eine ehrliche Bestandsaufnahme der eigenen Persönlichkeit erarbeiten (Schumacher 2010 S. 12ff). Gerade der dem Aufbau dieses Buches zugrundeliegende Produktlebenszyklus mag hier als Veranschaulichung und Unterstützung dienen, bestimmte Phasen und Standpunkte einzuordnen. Zudem sollten die Vor- und Nachteile einer gastronomischen Selbstständigkeit wohl überlegt sein. Die drei meistgenannten Motive zur Selbstständigkeit – beruflicher Erfolg, Unabhängigkeit, Aufbau von »etwas Eigenem« – bergen meist auch Folgen wie finanzielles Risiko, hohe Arbeitsbelastung oder private Entbehrungen. Die Frage, ob man selbst als Unternehmer und Gastronom geeignet ist, sei daher eingehend durchdacht (Metro-Gruppe. n. d. Motivationsfaktoren der Unternehmensgründer im Hotel- und Gastronomiebereich im Jahr 2014; Fischl/Fischer 2012 S. 16ff).

CHECKLISTE: Persönliche Fragen

[ ] Sind Sie körperlich gesund und belastbar?

[ ] Ist Ihre Familie von Ihrem Vorhaben überzeugt und einverstanden?

[ ] Besitzen Sie eine Risikobereitschaft und ein gesundes Maß an Durchsetzungsvermögen?

[ ] Sind Sie gerne unter Menschen und genießen das Zwischenmenschliche eines Gastgebers?

[ ] Besitzen Sie eine kreative und lernfähige Komponente?

[ ] Stellen Sie des Öfteren Schwächen an sich fest?

[ ] Kann Ihr Partner mit diesen Schwächen umgehen und sind Sie sicher, dass die Zusammenarbeit mit diesem auch langfristig funktionieren kann? (INTERHOGA 1999 S. 7)

Wenig wünschenswerte persönliche Eigenschaften, die Hein in »*Willst Du die totale Pleite*« (Hein 2003 S. 13–15) als »Seven Sins«, die sieben Sünden, bezeichnet, sind nachfolgend genannt:

1) Lustlosigkeit: Begeisterung bei der Sache ist durchweg von Nöten. Gäste spüren, ob ein Laden mit Überzeugung und Elan geführt wird oder nicht.

2) Ungepflegtheit: Seriöses und gepflegtes Auftreten ist wichtig; nicht nur das eigene Äußerliche, sondern auch das des Betriebes zählt hierzu!

3) Mangelnde Ausdauer: Der Erfolg des gastronomischen Betriebes bedarf, besonders in den ersten Jahren, einer gewissen Ausdauer und Geduld.

4) Unehrlichkeit: Aufrichtigkeit und Ehrlichkeit sind die Grundlagen für vertrauensvolles Zusammenarbeiten und Partnerschaften z.B. mit Lieferanten.

5) Unbelehrbarkeit: (Professionelle) Ratschläge können äußerst hilfreich sein.

6) Fehlende Durchschlagskraft: Als Chef müssen Sie durchgreifen können und somit auch Grenzen aufzeigen und Regeln festlegen.

7) Geiz: (Buchhalterische) Gewissenhaftigkeit ja, Geiz nein: Ein Espresso aufs Haus muss ab und an drin sein! Schadet keinem Wareneinsatz und fördert das Image.

Wo wollen wir hin?

Aufbauend auf einen Kostenüberblick (siehe: Kapitel »Kosten: Verträge mit langfristiger Erfolgswirkung«), lassen sich nun besser Ziele setzen, da der Betreiber jetzt selbst konkrete Vorstellungen von der eigenen Zukunft und den damit verbundenen Zielen hat (Schumacher 2010 S. 16). Mit Beginn der Unternehmung wird der Betreiber automatisch zur Führungskraft. Auch dieser Aspekt ist nicht zu vernachlässigen, da das Führen von Mitarbeitern einigen grundlegenden Eigenschaften bedarf. Um sich selbst, dem Unternehmen sowie den Mitarbeitern effektive und erfolgsfördernde Ziele zu setzen, helfen die Eigenschaften der in der betriebswirtschaftlichen Theorie angewandten SMART-Regel:

S = strukturiert
M = messbar
A = anspruchsvoll
R = realistisch
T = terminiert

(Fischl/Fischer 2012 S. 129)

Nun muss auch die Entscheidung fallen, ob das Unternehmen zu einer Marke werden soll, die man gerne hat, oder der Betrieb bewusst vergleichbar bleibt. Besondere Betriebe nehmen im Rahmen der Gästewahrnehmung eine unverwechselbare Stellung ein. Eine starke Marke hat einen großen Einfluss auf den Unternehmenserfolg. Sie gibt dem Gast Sicherheit hinsichtlich eines bestimmten Dienstleistungs- und Einrichtungsniveaus sowie des zu erwartenden Gästekreises.

PRAXISBEISPIEL: Schillings Gasthof in Schaprode/Rügen – eine Marke für sich!

»Wenn Sie eine Marke haben, wird alles leichter.« Mathias Schilling, Geschäftsleiter der Ökologischer Landbau Schilling GbR und Inhaber von Schillings Gasthof, stellt das »Storytelling« in den Fokus, welches den Erfolgsfaktor für einen hochwertigen, nachhaltigen Markenaufbau darstellt. Durch seine »Rinder im Wasser«/Salzwiesenfleisch-Kampagne hat er einen Wiedererkennungswert und eine verlässliche Qualität für die Verbraucher geschaffen. Weitere Erfolgsfaktoren sieht er in flachen Hierarchien, der Auslagerung von Teilen der Produktion in lokale Betriebe, strukturierte Abläufe in allen Bereichen sowie der Fokussierung auf das Notwendige. Geschichten und Ideen, die vor den Füßen liegen, wie der Hiddenseer Kutterfisch, greift er auf, um unverwechselbar zu werden.

Was ist möglich?

Sind Ziele nach genanntem Schema definiert, so empfiehlt es sich im Kopf zu behalten, dass diese – besonders in der Gastronomie – mitunter dynamisch und nicht zwangsläufig auf direktem Wege erreicht werden können. Zudem sind die unterschiedlichen Zielarten zu berücksichtigen. Während komplementäre Ziele sich jeweils ergänzen, können konkurrierende Ziele meist nicht gleichzeitig erreicht werden. Indifferente Ziele tangieren sich hingegen überhaupt nicht. Dies ist insofern von Relevanz, als dass Kostenminimierung sowie Umsatzoptimierung in vielen Fällen konkurrierende Vorgaben darstellen. Dies sollte man sich stets vor Augen führen. Denn mit der Devise bedingungslos Kosten zu rationalisieren, wird in den meisten Fällen der Umsatz, zumindest langfristig, nicht gesteigert werden können (Fischl/Fischer 2012 S. 129ff).

Finanzielle Möglichkeiten

Ungeachtet der selbst gesteckten Ziele determinieren in vielen Fällen die finanziellen Gegebenheiten die Ziele und Ambitionen angehender Gastwirte. Meist können diverse Institutionen beim Existenzgründungsvorhaben Unterstützung bieten. Besonders hilfreich sind öffentliche Fördermittel, die das Budget spürbar erhöhen. Gerade in der Phase, in der hohe Kosten und wenig Umsatz dominieren, kann dies die Kostendecke senken. Der Gastronom erhält hierbei einerseits direkte finanzielle Unterstützung in Form des Gründerzuschusses, andererseits können die anfänglichen Lohnkosten mithilfe des Einstellungszuschusses gesenkt werden.

TIPP: **Die Industrie- und Handelskammer (IHK), das Institut für freie Berufe (IfB), die Handwerkskammer (HWK) und das Bundesamt für Wirtschaft und Ausfuhrkontrolle (BAFA) dienen hier als wertvolle Anlaufstellen!**

Eine weitere Option, zumindest für bayerische Gewerbegründer, bietet das Vorgründungs- bzw. Nachfolgecoaching, bei dem 70 Prozent des Netto-Beratungshonorars übernommen werden. Anlaufstelle ist hierfür die IHK.

Auch Programme wie das Gründercoaching für Arbeitslose, das Gründercoaching Deutschland, das Förderprogramm der BAFA oder der Gründerzuschuss bieten zusätzliche finanzielle Entlastung und Zuschüsse (Fischl/Fischer 2012 S. 200ff).

Zunehmender Beliebtheit erfreut sich auch das »Crowdfunding«. Damit haben Existenzgründer über das Internet die Möglichkeit, Startkapital mithilfe vieler kleiner Geldgeber zu sammeln. So können auch auf den ersten Blick unkonventionelle und eher »unsichere« Gründer an Kapital gelangen, welches ihnen bei der Bank mit großer Wahrscheinlichkeit verwehrt worden wäre. Einige erfolgreiche Beispiele dieser neuen Form der Finanzierungshilfe belegen ihr Erfolgspotenzial. So konnten in der Vergangenheit kleine gastronomische Betriebe nötiges Startkapital aufbringen. Dank spendenbasiertem Funding konnten Gastronomen ihren Betrieb gar vor der Insolvenz bewahren (www.cafe-future.net/gastro/branchennews/pages/Berlin--Herzhaft-gefuellte-Germknoedel-machen-haeppie_29538.html; Diez 2015). Die steigende Anzahl der Online-Anbieter in Deutschland zeigt bereits, dass es sich hier nicht nur um eine kurze Modeerscheinung handelt. Die stillen Teilhaber, die meist kleinere dreistellige Beträge beisteuern, erhalten nach erfolgreicher Finanzierung bestimmte kleine Geschenke wie z. B. Genussscheine. Kommt die Finanzierung nicht zustande, wird das Geld an die Teilhaber zurückbezahlt. Bei kapitalintensiveren Vorhaben werden den Geldgebern Unternehmensanteile und damit Anteile am Unternehmensgewinn in Aussicht gestellt (Leibfried 2013 S. 8).

PRAXISBEISPIEL: Erfolgreiche Café-Rettung mit Spenden

Der Stuttgarter Wirt Reiner Bocka hat auf der Crowdfunding-Plattform Startnext.de und über Facebook zur Rettung seines Cafés Galao, das im Süden der Stadt heimisch ist, aufgerufen. Allein über Startnext.de kamen so 37.000 Euro zusammen.
Bocka griff auf das Donation-based Crowdfunding zurück. Dieses basiert auf reinen Spenden oder auf Spende gegen Gegenleistung. Über eine Liste konnte er nach der Aktion genau nachvollziehen, wer wie viel gespendet hatte und welche Gegenleistung dafür fällig wurde.

Die Rettungsaktion sorgte in den örtlichen Medien und sozialen Netzwerken für viel Aufmerksamkeit. Dieser Effekt war fast von größerem Vorteil als das eingesammelte Kapital an sich. Quelle: www.ahgz.de/unternehmen/cafe-rettung-mit-crowdfunding-geglueckt,200012224132.html; Diez 2015

EXPERTENTIPP: »*Seien Sie sich darüber im Klaren, dass Sie Ihr operatives Budget so pessimistisch wie möglich planen sollten. Nur so lassen sich unerwünschte Kostenfallen nach der Eröffnung vermeiden.*« Tim Raue, u. a. Restaurant Tim Raue

Externe Analyse

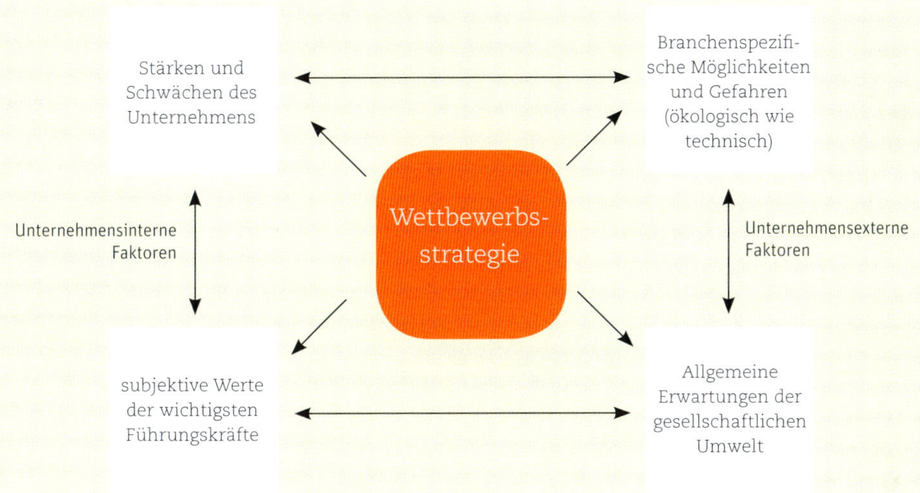

Quelle: Eigene Darstellung

Die Abbildung zeigt, inwiefern die externen Einflüsse auf den Betrieb einwirken. Diese werden aus zwei Eckpunkten – zum einen branchenspezifische Möglichkeiten und ökologische wie technische Gefahren, zum anderen allgemeine Erwartungen der gesellschaftlichen Umwelt – gebildet. Erstere behandeln die Wettbewerbssituation mit den gegebenen Risiken und Ertragschancen. Letztere beziehen sich vorwiegend auf Einflüsse und Strömungen der Gesellschaft, Politik oder sozialen Ebene auf die Branche. Da diese für alle Wettbewerber in gleichem Maße zutreffen, kommt es auf die individuellen Fähigkeiten des Betreibers an, um ihnen erfolgreich entgegenwirken zu können. Grundsätzlich herrscht branchenabhängig eine unterschiedliche Wettbewerbsintensität, die je nach der jeweiligen ökonomischen Struktur variiert (Porter 2014 S. 30ff). Bei der Gastronomie handelt es sich um eine durchaus wettbewerbsintensive Branche. Der Branchenbericht des DEHOGA für das Frühjahr 2015 spricht von einem hohen Anteil an Ertragspessimisten »aufgrund des hohen Kostendrucks und großen Verdrängungswettbewerbs« (DEHOGA 2015 S. 13).

Die Stärke des Wettbewerbs wird nach Porter durch fünf Einflüsse definiert, die das Gewinnpotenzial der Branche, ausgedrückt im langfristigen Ertrag des investierten Kapitals, festlegen und als Triebkräfte des Wettbewerbs bezeichnet werden können.

• Potenzielle neue Konkurrenten	→ stellen Bedrohung dar
• Abnehmer	→ mit Verhandlungsmacht
• Ersatzprodukte	→ stellen Bedrohung dar
• Lieferanten	→ mit Verhandlungsstärke

Diese vier Einflüsse wirken sich auf den fünften Faktor aus, den

• Wettbewerb in der Branche	→ herrschende Rivalität untereinander

Bei der strategischen Planung spielt zudem eine fundierte Marktanalyse eine große Rolle und gilt als wichtiger Bestandteil eines Businessplans. Die Marktanalyse lässt sich in folgende Schritte gliedern:

- Analyse des Gesamtmarktes (z. B. in der jeweiligen Stadt)
- Marktsegmentierung (z. B. Unterteilung in homogene Teilmärkte wie Pizzerien, Asia, Fast-Food)
- Marktpotenzial (zur Feststellung möglicher Umsätze durch Schätzen des potenziellen Umsatzes oder der Kundenanzahl (Fischl/Fischer 2012 S. 74ff)

Während die erwähnten Punkte eine gewisse Planbarkeit aufweisen, gibt es auch eine Reihe vorher nicht planbarer bzw. nicht beeinflussbarer externer Faktoren:

- Änderungen im Kundenverhalten
- Rückläufige Kaufkraft der Zielgruppe
- Logistische Veränderungen aufgrund von kommunalen Entscheidungen
- Neuer Wettbewerber im unmittelbaren Einzugsgebiet
- Neue gesetzliche Regelungen

(Fischl/Fischer 2012 S. 38)

CHECKLISTE angebotsorientiert:

[ ] Wie hoch ist die Dichte der gastronomischen Betriebe, d.h. wie viele Einwohner kommen auf einen Betrieb?

[ ] Welches Preisniveau weisen die einzelnen gastronomischen Betriebstypen auf?

[ ] Welche Qualität bzgl. z. B. Ausstattung, Küche, Service wird geboten?

CHECKLISTE nachfrageorientiert:
[ ] Welche Kaufkraft und Ausgabegewohnheiten liegen vor?
[ ] Welche Umsatzanteile liefern die verschiedenen Gästegruppen?
[ ] Welche Gästestruktur herrscht vor und ist diese passend zur Konzeption?
(INTERHOGA 1999 S. 20)

EXPERTENTIPP: »*Natürlich kommt auch immer mal externer Wettbewerb dazu. Bei unserer Filiale in Regensburg hatten wir einen benachbarten Laden, der vorher kaum besucht wurde. Dann kam dort eine »Hans im Glück«-Filiale hinein. Die hat uns anfangs ca. 5–10 Prozent unseres Umsatzes genommen, aber er hat sich später wieder auf die vorherigen Werte eingependelt.*

Betrachte ich heute z. B. den Markt für Edelitaliener in München, sehe ich hier sehr starke und auch neue Wettbewerber. Alle machen einen guten Job, aber meiner Meinung nach gibt es zu viele für die Zielgruppe, die sie ansprechen. Betrachtet man den Markt Münchens, so stellt man fest, dass bei 1,5 Mio. Einwohnern insgesamt nur ca. 100.000 Menschen affin für diese Art italienischer Restaurants sind und auch gleichzeitig die Zahlungsbereitschaft für die entsprechend hohen Preise mitbringen. Angesichts der Dichte der Wettbewerber, besonders in manchen Stadtteilen, halte ich es für schwierig, langfristig am Markt bestehen zu können.« Klaus Rader, L'Osteria

Interne Analyse

Die Analyse der eigenen Stärken und Schwächen stellen die »Ressourcen und Fähigkeitspotenziale wie auch die sich daraus ergebenden Non-Ressourcen und Non-Fähigkeitspotenziale« des jeweiligen Gastronomiebetriebes dar (Hänssler 2008 S. 212). Die Grundlage dessen bildet eine »selbstkritische und schonungslose Aufnahme des Ist-Zustandes« des geplanten Unternehmens.

Die SWOT-Analyse

Die SWOT-Analyse kann deshalb gut zur strategischen Planung eingesetzt werden, da sie dabei hilft, Herausforderungen, Gefahren und Wettbewerbsvorteile für die geplante Unternehmung zu identifizieren. Während die Stärken und Schwächen betriebsinterner Natur, d.h. beeinflussbar sind, beispielsweise bzgl. des Produktes, des Personals oder der Effizienz, wirken die Gefahren und Chancen von außen auf den Betrieb ein. Bereits bei der Formulierung der eigenen Stärken und Schwächen fällt häufig auf, dass es Unterschiede in der Wahrnehmung der jeweiligen Eigenschaften geben kann. Die Verknüpfung dieser Faktoren hilft dabei Entscheidungen zu treffen und entsprechende Schritte einzuleiten. Dennoch gilt es zu beachten, dass eine einmalige Formulierung nicht ausreicht. Durch ständigen Wandel, besonders im Bereich der Gastronomie, sollten die Faktoren stets beobachtet, überprüft und ggf. angepasst werden (Cousins et al. 2002 S. 272f).

Produkt- und Servicequalität als Garant für Erfolg

Grundsätzlich lässt sich festhalten, dass Qualität wohl als das beste Verkaufsargument gilt. So punktet ein Betrieb nicht nur mit weithin sichtbarer Qualität bei Einrichtung, Service sowie Speisen- und Getränkeangebot, sondern auch mit Leidenschaft und Hingabe zur »Liebe zum Detail«. Sämtliche Details, vom Ambiente bis Hygiene und Service, sollten deshalb auf ihre Notwendigkeit und vor allem qualitative Beschaffenheit (fortwährend) geprüft werden. Indem man eine attraktive Mischung aus diesen verschiedenen Leistungen schafft, können in der Regel die Erwartungen der Gäste erfüllt, wenn nicht gar übertroffen werden. Demnach empfiehlt es sich nur diejenigen Services anzubieten, die auch tatsächlich von der Zielgruppe beachtet und letztlich auch bezahlt werden. Denn alle zusätzlichen Leistungen wirken sich nur belastend aus, insbesondere auf die Personalkosten (Gugg/Hank-Haase 1999 S. 107).

Die vier Erfolgsfaktoren der Gastronomie kennen

Während Peters und Waterman (1982; deutsche Übersetzung: 1986) acht verschiedene Erfolgsmodelle[6] bei Unternehmen identifizieren, lassen sich für gastronomische Betriebe, insbesondere unter dem Aspekt der Standardisierung und Optimierung, vier Erfolgsfaktoren feststellen, die besonders häufig und erfolgreich in der Systemgastronomie angewendet werden. Dennoch empfiehlt es sich auch für Gastronomen anderer Betriebsformen diese Faktoren auf den eigenen Betrieb anzuwenden und als Benchmark heranzuziehen (Gruner 2008 S. 232). Schließlich sprechen die stabilen und vor allem krisenfesten Umsatzzahlen der letzten Jahre der Systemgastronomie, verglichen mit dem (individuellen) Gaststättengewerbe, für die Vorzüge der nachfolgend genannten Faktoren (DEHOGA. n. d. Umsatzentwicklung im Gaststättengewerbe insgesamt und der Systemgastronomie* von 2003 bis 2014). Ritzer (Ritzer 2006 S. 75ff) bezeichnet diese in seinem Buch *»Die McDonaldisierung der Gesellschaft«* wie folgt:

[6] Als die besonders erfolgreichen acht Erfolgsfaktoren identifizieren sie: Den Primat des Handelns, Nähe zum Kunden, Freiraum für Unternehmertum, Produktivität durch Menschen, Sichtbar gelebtes Wertesystem, Bindung an das angestammte Geschäft, Einfacher flexibler Aufbau, Straff lockere Führung

- Effizienz: Die Effizienz, wie sie in vielen systemgastronomischen Betrieben wie beispielsweise McDonald's, Burger King und Nordsee zu finden ist, ist die Suche nach dem optimalen Mittel zum Erreichen eines

Zwecks. Kennzeichen dieser erfolgreichen Effizienzoptimierung sind es u.a. Waren und Dienstleistungen zu vereinfachen, diverse Prozesse stromlinienförmig zu gestalten sowie Kunden für Arbeiten einzusetzen, die bislang von eigenen Mitarbeitern verrichtet wurden. Ray Kroc, Gründer der McDonald's Corporation, war ein früher Verfechter dieser stromlinienförmigen Prozesse und nur schlecht auf Ineffizienz zu sprechen. An vielen Restaurants sah er »Ineffizienz, Verschwendung, launische Köche, nachlässigen Service und Gerichte, deren Qualität nie einheitlich war. Was gebraucht wurde, war ein einfaches Produkt, das von Anfang bis Ende einen *stromlinienförmigen* Weg durchlief«. Diese gastronomischen Missstände sind auch heute noch vielfach anzutreffen. Dort setzt gerade die Systemgastronomie an und schafft es, Prozesse dauerhaft zu perfektionieren und dabei Ausbringungsmenge, Kosten und Umsatz zu optimieren.

- Berechenbarkeit: Kennzeichnend für die Berechenbarkeit ist die Bevorzugung von Quantität vor Qualität. Durch Festlegen zahlenmäßiger Standards können Prozesse und Ergebnisse messbar gemacht und standardisiert werden. Konsequenterweise kann so in nur kurzer Zeit eine besonders hohe Menge (z.B. an Burgern) hergestellt und verfügbar gemacht werden. Bei diesem Fokus auf Quantität leidet in der Regel die Qualität, sei es beim Essen selbst oder der Zufriedenheit der Mitarbeiter. Ein bedeutender Vorteil dieser Berechenbarkeit ist jedoch die Möglichkeit, beispielsweise eine große Anzahl an Produkten zu erhalten, während die Kosten relativ niedrig gehalten werden können.

- Vorhersagbarkeit: Am Fall von McDonald's lassen sich eine Vielzahl von Beispielen darlegen, die auf dem Kennzeichen der Vorhersagbarkeit basieren: das Logo, welches aufgrund seiner Berühmtheit weltweit Kunden wissen lässt, was sie erwartet; die Tatsache, dass es in jeder McDonald's Filiale eine Theke gibt, über der eine beleuchtete, immer gleich lautende Speisekarte angebracht ist und sich dahinter eine Küche befindet, die Einblicke in die Produktionsprozesse gewährt u.v.m. Die Folge hiervon ist, dass Touristen, denen dieses Unternehmen von zuhause bekannt ist, am anderen Ende der Welt »Zuflucht« vor dem »Ungewissen« oder »Unbekanntem« in den ihnen bekannten Fast-Food-Ketten suchen.

- Kontrolle: Da der Mensch als größter Faktor von Unvorhersagbarkeit und Ineffizienz bei Systemrationalisierungen gilt, behandelt der Punkt Kontrolle vorwiegend den Ersatz menschlicher Arbeitskraft durch Technologie.[7] Um Kontrolle verstärkt im Unternehmen zu implementieren, beziehen sich entsprechende Maßnahmen meist auf Mitarbeiter und Kunden. Der Einsatz von Maschinen, die beispielsweise den Mitarbeitern durch Meldung mitteilen, wann ein Getränk den Eichstrich erreicht hat,

[7] Bei dem Terminus Technologie handelt es sich in erster Linie auch um Fähigkeiten, Kenntnisse, Richtlinien, Regeln oder Prozessabläufe (Ritzer 2006).

die Pommes frites fertig sind, sorgt für vermehrte Kontrollmöglichkeiten. Somit können sämtliche Unwägbarkeiten auf ein Minimum reduziert werden. Ein weiteres Beispiel für bessere Kontrollierbarkeit ist die Substitution des herkömmlichen Kochs durch Standardisierungsmethoden, sodass das traditionelle Kochen nun durch *jede* angelernte Kraft erfolgen kann und dabei ggf. von vorgegeben Rezeptkarten zusätzlich erleichtert wird. Somit können die von *Kroc* genannten Unwägbarkeiten, die häufig in Restaurants zu Tage treten, minimiert werden.

Zusammenfassend lässt sich festhalten, dass die vier genannten Erfolgsfaktoren ein großes Erfolgspotenzial, nicht nur für Betriebe der Systemgastronomie, bergen. Dennoch bedarf es Vorsicht bei der vollständigen Umsetzung dieser Kennzeichen, um Vielfalt und Alleinstellungsmerkmale nicht gänzlich aufzugeben.

Effizient und kostengünstig vorab Bedarf wecken

Machen Sie auf sich aufmerksam!

Da in den meisten Fällen die Kostendecke in der Vor-Eröffnungsphase teils stark strapaziert wird, fehlen mitunter die nötigen Mittel, um in teure, klassische Werbung zu investieren. Ein günstiges Medium bieten hier Social-Media-Kanäle wie z.B. *Facebook* oder *Instagram*. Grundsätzlich ist dieser kostenlose Online-Auftritt in der heutigen Zeit in vielen Fällen zu einem Standard und oft gar zu einem Ersatz für die klassische Webseite geworden. Bereits 2010 gaben 20 Prozent der gastronomischen Betriebe an, Web-2.0-Inhalte einzubinden (Finanzgruppe Deutscher Sparkassen- und Giroverband. n. d. Online-Marketingaktivitäten im deutschen Gastgewerbe nach Branche im Jahr 2010).

Gastwirte können so potenzielle Gäste am kompletten Entstehungsprozess teilhaben lassen, von der Übernahme über die Baumaßnahmen bis hin zu den Tagen vor Betriebseröffnung. Der Bedarf und die Neugier

PRAXISBEISPIEL: *Bevor die Bar Herzog eröffnet wurde, fanden sich auf ihrer Facebook-Seite bereits 869 Likes. Während die ersten Fotos der Location und den Bauarbeiten nur zwischen 13 bzw. 19 Likes erhielten, brachten drei Monate später bereits 93 Leute ihre Sympathie unter den aktuelleren Fotos zum Ausdruck (Zeitraum Oktober 2014 bis Januar 2015). Außerdem bot sich auf der Webseite die Möglichkeit zur Eintragung in einen Newsletter, der eine Einladung zur Eröffnung versprach. Durch eine derartige Maßnahme werden nicht nur gratis Kontakte gewonnen, sondern auch nachgefragte und gut besuchte Eröffnungsfeiern ermöglicht.* »Bar Herzog«, München, Quelle: www.facebook.com/herzog.muenchen?fref=ts; www.herzog.bar

kann hier durch einfachste Mittel schnell, einfach und kostenlos geweckt werden. Gleichzeitig können viele Konsumenten erreicht und somit die Bekanntheit gesteigert werden. Diese wiederum stellen potenzielle Kundschaft dar und bedeuten zukünftigen Umsatz.

Eine weitere Möglichkeit, günstig Aufmerksamkeit zu erregen, bieten originell verdeckte, verhüllte oder verdunkelte Schaufenster. Statt des banalen Hinweises: »Hier bauen wir derzeit um« wecken markante Sprüche oder auffällige Farben Neugier bei den Passanten. Diese sind potenziell zugleich Personen, die in Zukunft erneut – natürlich abhängig vom jeweiligen Standort – vorbei kommen und mit »Neugierkäufen« zum ersten Umsatz beitragen könnten (Fischl/Fischer 2012 S. 80).

Ziel muss es sein, mittels überdurchschnittlicher Produkt- und Servicequalität sowie einem außergewöhnlichem Design die Gäste zu begeistern.

Positive Bewertungen in den sozialen Netzwerken, Presseberichte sowie zunehmend loyale Gäste werden sich in Folge einstellen, wenn es der Wirt schafft, mehr zu bieten, als es seine Nachfrager erwarten. Auch ein Gast, der beim ersten Besuch »nur« einen Espresso trinkt, ist zu begeistern, sodass er wiederkommt und seinem sozialen Netzwerk von dem Erlebten erzählt. Nicht der einzelne Vertragswert zählt, sondern welches Umsatzpotenzial der Gast birgt, wenn er den Gastronomiebetrieb einen Teil seines Lebens frequentiert – »Contract Value versus Lifetime Value« ist die Devise.

PRAXISBEISPIEL: Toiletten schaffen Erlebnisse: *WC, Abort, Wasserklosett, Pissoir, stilles Örtchen, Lokus … – diese Wörter meinen denselben profanen Raum. Häufig sind Toiletten wie Fenster, die einem Gast Einblicke in die Kultur eines Landes geben und die Vorstellungen des Wirtes von Gastlichkeit und Hygiene dokumentieren. Die Toiletten eines Gastgebers sind zumeist sogar das Spiegelbild der Küche – zahlreiche Mystery Checks und viele Besuche von gastgewerblichen Einrichtungen belegen diese These der Autoren.*
Tipp: Bei Unsicherheit, ob man in einem bestimmten Betrieb essen möchte, zunächst die Toilette besuchen.

Seit wenigen Jahren zeichnet sich ein Trend zur Inszenierung der Toilettenanlagen ab. Hier können Gastgeber mit niedrigem monetärem Aufwand große Erlebnisse schaffen. Designelemente, Überraschungseffekte (Blick in den Waschraum des anderen Geschlechts etc.), frische Blumen, Guest Ameneties (besondere Seifen etc.), ausgewählte Musik und eine edle oder besonders rustikale Gestaltung lassen den Besuch einer Toilette zum Erlebnis werden.

Im Rhönschaf-Hotel Krone darf fürs Bedürfnis Krenzersm00r aufgesucht werden. Der Weg dorthin führt über einen mit Holzdielen ausgelegten Pfad vorbei an einer idyllischen Holzbank, künstlicher Wiese und Laubwaldkulisse. Quelle: Gruner et al. 2014 S. 32f

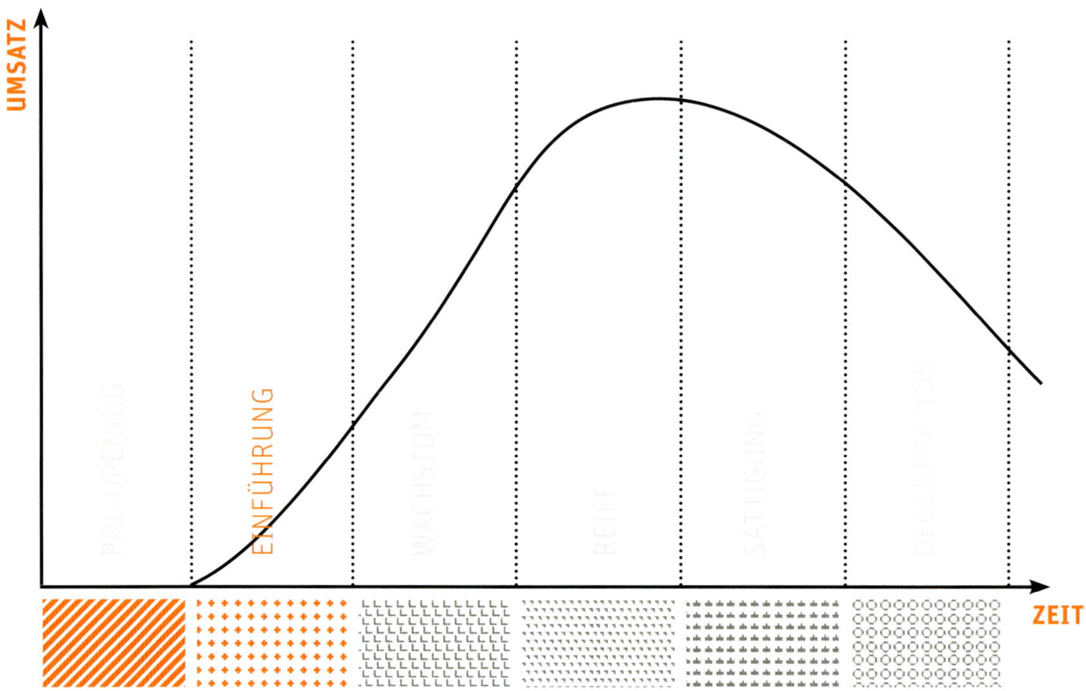
UMSATZ
PRE-OPENING
EINFÜHRUNG
WACHSTUM
REIFE
SÄTTIGUNG
ZEIT

DIE **EINFÜHRUNGSPHASE** – ES GEHT LOS!

DIE NOCH HOHEN KOSTEN SENKEN

Die lange und oft mühsame Pre-Opening-Phase endet mit dem Tag, an dem der Betrieb die langersehnte Eröffnung feiert. Charakteristisch ist in der nun folgenden Zeit, dass vorerst meist nur geringe oder gar negative Deckungsbeiträge erwirtschaftet werden können. Aufgrund der noch geringen Bekanntheit ist auch auf Umsatzseite noch kein großes Wachstum zu erwarten. Dies sollte sich jedoch im Laufe der Zeit durch steigende Akzeptanz und Beliebtheit ändern. Wobei das wichtigste Marketinginstrument die Mund-zu-Mund-Propaganda ist, welche durch eine überdurchschnittliche Produkt- und Servicequalität generiert wird. Auch positive Kommentare in den sozialen Netzwerken bewirken mehr, als traditionelles Anzeigenschalten in den Printmedien. Hierfür notwendig sind häufig kostenintensive Maßnahmen für Marketing und Vertrieb (Gruner 2008 S. 98). Die folgende Tabelle veranschaulicht in welcher Form operativ auf die Deckungsbeitragsrechnung eingewirkt und somit Erfolg erzielt werden kann.

Deckungsbeitragsrechnung;
Quelle: Eigene Darstellung, in Anlehnung an Gruner 2015 S. 59

Deckungsbeitrag I		
Umsatz pro Jahr ./. 3 Prozent Gebühren	Umsatz . /. Warenaufwand . /. Personalaufwand ./. Übriger Aufwand (z. B. Tischsets, Deko, Bruch) **= DB I**	Operative Einflussnahme möglich
Deckungsbeitrag II		
	Deckungsbeitrag I . /. Marketing & Verkauf . /. Energie . /. Verwaltung . /. Reparaturen/Unterhalt **= DB II (Bruttogewinn)**	Operative Einflussnahme möglich
Deckungsbeitrag III		
	Deckungsbeitrag II . /. Miete, Zinsen . /. Abschreibungen . /. Objektsteuern **= DB III (Nettogewinn)**	Führungseinflussnahme möglich

Da Gastronomiebetriebe meist sehr anlage- und personalintensiv sind, hohe Fixkosten aufweisen und folglich nur wenig Variabilität bei den variablen Kosten lässt, ist eine wirtschaftlich nachhaltige Betriebsführung unabdingbar. Mithilfe der Deckungsbeitragsrechnung erhält man Aufschluss darüber, inwiefern einzelne Erlöspositionen zum Gesamterfolg des Unternehmens beitragen. Dabei ist der Deckungsbeitrag der Betrag, welcher dem Betrieb nach Abzug der variablen Kosten vom Umsatz zur Deckung der Fixkosten bleibt (Gugg/Hank-Haase 2004 S. 7).

Der Wareneinsatz – vielseitig beeinflussbar

Die Meinungen der Experten, die für dieses Buch befragt wurden, stimmen weitgehend überein: Der Wareneinsatz ist zusammen mit den Personalkosten der größte Kostenfaktor. *Gugg/Hank-Haase* stützen die These, dass es besonders diese beiden Kennziffern sind, die es in den Griff zu bekommen gilt, wenn man den erhofften Erfolg auch verwirklichen möchte. *Klaus Rader*, Mitbegründer der *FR L'Osteria GmbH*, kommentiert konkrete Richtwerte und empfiehlt, »diese zwei Posten langfristig nicht über 55–60 Prozent [des Umsatzes] kommen zu lassen«. Es gibt eine Vielzahl von Herangehensweisen diese zu minimieren wie z. B. das Outsourcing (die Fremdvergabe von Leistungen an spezialisierte Firmen), verbesserte Abläufe, Reduktion von Verlusten u.v.m., die im Folgenden eingehend erläutert werden (Gugg/Hank-Haase 1999 S. 58).

Was ist der Wareneinsatz und wie wird er beeinflusst?

Der Wareneinsatz ist eine Kennzahl, die das »Verhältnis zwischen den Lebensmittel- oder Getränkekosten und dem Preis bzw. Umsatz ausdrückt« (Gruner 2008 S. 359). Besonders gut eignet sich die Wareneinsatzquote, um einen branchenweiten Vergleich anzustellen, »ob die diesbezügliche wirtschaftliche Ist-Situation dem Sollzustand entspricht«. Als Richtwerte gelten Maximalwerte von 20 Prozent Wareneinsatz im Getränkebereich und 35 Prozent im Speisenbereich. Diese Werte sind dennoch abhängig von Angebot, Betriebsart und -größe sowie der entsprechenden Umsatzstruktur. Denn der Wareneinsatz koppelt sich unmittelbar an den Verkaufsmix. Ein Unternehmen mit Produkten geringerer Güte weist in der Regel eine bessere prozentuale Quote auf, als eines mit hochqualitativem Produktangebot. Hinzu kommt eine saisonale Schwankung (Ausnahme: Non-Food-Artikel), verursacht durch die unterschiedlichen Bezugspreise bei Obst und Gemüse, die durchaus ein paar Prozentpunkte ausmachen können. Auch das sollte bei der Kalkulation berücksichtigt werden (o.V. [1] 2003:o.S.).

EXPERTENTIPP: *»Bei der Saisonalität gibt es auch Kostenfallen. Man sollte darauf achten, dass viele Produkte einer gewissen Saison unterliegen, z. B. ist ein Salat im Sommer deutlich günstiger als im Winter. Wenn man sich bei der Kalkulation auf die momentanen Preise verlässt und diese zugrunde legt, dann sollte man sich überlegen, ob diese Preise auch ganzjährig gelten oder nicht ggf. variieren. Das sind kleine Fehler, die aber in der Summe relativ groß werden können.«* Max von Saurma, Ojo de Agua

Die Berechnung wird grundsätzlich für den gesamten Betrieb herangezogen, kann aber je nach Betriebsgröße eine hohe Aussagekraft bei Unterteilung auf einzelne Sparten wie nach Speisen, Getränken oder (möglicherweise mehreren) »Point of Sales« bedeuten. Auch innerhalb dieser Sparten kann eine erneute Aufteilung sinnvoll sein wie z. B. eine Aufteilung der Getränke in Wein, Bier, AFG (alkoholfreie Getränke). Diese sollte jeder Betrieb für sich selbst entscheiden; bei mehreren unterschiedlichen Produktions- und Verkaufsflächen innerhalb einer Betriebsstätte empfiehlt es sich zunehmend. Grundvoraussetzung für eine gründliche Aufstellung der Zahlen ist die detaillierte Erfassung des jeweiligen Wareneinsatzes sowie der Umsätze.

Berechnung der Wareneinsatzquote:
(Wareneinsatz gesamt : Umsatz) x 100 in %

- Wareneinsatz Speisen:
  (Wareneinsatz Speisen : Umsatz Speisen) x 100 in %
- Wareneinsatz Getränke:
  (Wareneinsatz Getränke : Umsatz Getränke) x 100 in %

(Hänssler 2008 S. 313)

Nähert man sich diesen Formeln aus einem anderen Blickwinkel, so lässt sich folgende Formel festhalten: **M x EP / M x VP**

Dabei lassen sich die einzelnen vier Faktoren *eingekaufte Menge* (das »M« im Zähler), *Einkaufspreis* (EP), *Verkaufsmenge* (das »M« im Nenner) und *Verkaufspreis* (VP) auf eventuelle Versäumnisse prüfen und ermöglichen es somit, entsprechende Maßnahmen zu ergreifen.

Die genannte Formel lässt eine eingehende Analyse der Einflussfaktoren des Wareneinsatzes zu, die sich auf diverse Bereiche im Unternehmen auswirken kann. Beispielsweise betrachtet der Faktor VP die Verkaufspreise. Kommt es hier zu Ungereimtheiten, sollte die Preispolitik der Speise- und Getränkekarten überdacht und womöglich ein Wettbewerberscreening durchgeführt werden (von Freyberg 2015 S. 135ff).

Diese Herangehensweise zur Wareneinsatzreduzierung kommt in den folgenden Kapiteln wiederholt zur Sprache und soll in den verschiedenen Bereichen des Kostenablaufs der Gastronomie grafisch dargestellt werden.

PRAXISBEISPIEL: Wareneinsatz reduzieren

»In unserem zweiten Restaurant gab es Pastagerichte, die wir mit knapp 50 Prozent Wareneinsatz subventionieren mussten, wohingegen es Pasta mit 12 Prozent gab. Wir stellten fest, dass das Gericht mit 12 Prozent Wareneinsatz deutlich besser lief, als das mit 50 Prozent, d.h. dass wir das teurere subventionierten, obwohl es vom Gast kaum nachgefragt wurde. Demnach haben wir die unrentable Pasta von der Karte genommen und die Rezepturen angepasst, um einen günstigeren Wareneinsatz zu erlangen. Und trotzdem können wir noch das anbieten, was die Leute wollen. Und die sehen es noch als preiswert an. Im Bezug auf die Rezepturen kann man bei der Wareneinsatzquote natürlich auch noch einiges rausholen.« Klaus Rader, L'Osteria

Checkliste Wareneinsatzreduktion

Einfach das auf Sie zutreffende Feld ankreuzen und die Punkte zusammenzählen:

	Ja	Teilweise in Planung	nein
Planung – Punkte	2	1	0
1. Erstellen Sie regelmäßig eine Menü- und Speiseplanung?	☐	☐	☐
2. Beziehen Sie Erfahrungswerte aus bisherigen Entwicklungen mit ein?	☐	☐	☐
3. Berücksichtigen Sie Urlaubszeiten und eine saisonbedingte Schwankung bei den prognostizierten Gästezahlen?	☐	☐	☐
4. Behalten Sie den Veranstaltungskalender mit allen Messen, Tagungen, Events Ihrer Umgebung im Auge?	☐	☐	☐
Punkte gesamt ______			
Einkauf – Punkte	2	1	0
1. Gibt es einen Hauptverantwortlichen für den Einkauf?	☐	☐	☐
2. Verwenden Sie eine übersichtliche Einkaufsliste oder eine Software, die die Wareneinsatzkalkulationen erleichtert?	☐	☐	☐
3. Kalkulieren Sie Ihre Lebensmittelmengen bei der Speiseplanung genau und bestellen Sie bedarfsgerecht?	☐	☐	☐
4. Sind zu jedem Zeitpunkt Bestand und Warenfluss überschaubar?	☐	☐	☐
Punkte gesamt ______			
Lieferant – Punkte	2	1	0
1. Bietet Ihr Lieferant variable Abnahmemengen?	☐	☐	☐
2. Liefert er auch kurzfristig und flexibel bzw. just in time?	☐	☐	☐
3. Hat er regionale Produkte im Sortiment?	☐	☐	☐
4. Garantiert Ihr Lieferant stets frische Ware, die möglichst lang haltbar ist?	☐	☐	☐
Punkte gesamt ______			
Lagerung – Punkte	2	1	0
1. Ist eine lückenlose Kühlkette der Speisen und Lebensmittel sichergestellt und wird diese kontrolliert?	☐	☐	☐
2. Verwenden Sie übersichtliche Datumsetiketten und findet eine regelmäßige Prüfung des Mindesthaltbarkeitsdatums statt?	☐	☐	☐
3. Wenden Sie das First-in-First-out-Prinzip an, so dass ältere Ware zuerst verbraucht wird?	☐	☐	☐
4. Setzen Sie ein strukturiertes Lagersystem ein, das z. B. Lebensmittel nach dem Verbrauch oder der Haltbarkeit kategorisiert und sortiert?	☐	☐	☐
Punkte gesamt ______			

Küche	Punkte	2	1	0
1. Findet ein sorgfältiger Umgang mit den Rohstoffen bei der Vorbereitung statt? 2. Ist Ihr Mise en Place an die Gästewünsche, Prognose und Haltbarkeit angepasst? 3. Bereiten Sie nur das vor, was Sie im Rahmen Ihrer Speiseplanung auch sicher brauchen? 4. Setzen Sie Ihre Küchentechnik überlegt ein?		☐	☐	☐
	Punkte gesamt ______			

Controlling	Punkte	2	1	0
1. Legen Sie eine Obergrenze des Wareneinsatzes für einzelne Gerichte fest? 2. Kontrollieren Sie Ihren Wareneinsatz? 3. Nutzen Sie ein getrenntes Müllsystem für die Bereiche Lagerung, Mise en Place und Speisereste? 4. Erfassen Sie Ihre Lebensmittelabfälle?		☐	☐	☐
	Punkte gesamt ______			

Mitarbeiter	Punkte	2	1	0
1. Sensibilisieren Sie Ihre Mitarbeiter für das Thema Lebensmittelverschwendung? 2. Kennen Ihre Mitarbeiter die Vorteile eines guten Abfallmanagements? 3. Verteilen Sie Aufgaben und Verantwortung auf mehreren Schultern? 4. Fragen Sie Ihre Mitarbeiter nach Verbesserungsvorschlägen und beziehen Sie diese mit ein?		☐	☐	☐
	Punkte gesamt ______			

Angebot	Punkte	2	1	0
1. Bieten Sie Ihren Gästen unterschiedliche Portionsgrößen auf der Speisekarte? 2. Ist Ihr Servicepersonal in der Kommunikation mit dem Tischgast gut geschult? 3. Orientieren Sie sich beim Mise en Place nach externen Faktoren (z. B. Reservierungen, Wetter, Feiertagen, Wochenenden)? 4. Nutzen Sie innovative Produktionstechniken, um flexibel auf Nachfrageschwankungen reagieren zu können?		☐	☐	☐
	Punkte gesamt ______			

Speisekarte	Punkte	2	1	0
1. Beziehen Sie saisonale Zutaten mit ein und beachten Sie saisonbedingte Geschmacksvorlieben? 2. Setzen Sie schnell verderbliche Ware in möglichst vielen Gerichten ein? 3. Nehmen Sie ein Gericht bei geringer Nachfrage von der Karte? 4. Verwenden Sie Standard-Rezeptkarten?		☐	☐	☐
	Punkte gesamt ______			

Wiederverwertung/Entsorgung	Punkte	2	1	0
1. Verwerten Sie auch vermeintliche Abfallprodukte, wie z. B. Gemüseabschnitte? 2. Ziehen Sie die richtigen Schlüsse aus Ihren Speiseresten? 3. Entsorgen Sie Ihre Lebensmittel nachhaltig, indem Sie sie z. B. zu Strom, Biodiesel oder Dünger recyceln lassen? 4. Geben Sie Lebensmittelreste karitativen Einrichtungen?		☐	☐	☐
	Punkte gesamt ______			

SUMME ALLER PUNKTE ______

Quelle: www.united-against-waste.de/de/images/broschueren/dehoga-checkliste.pdf

Einkauf und Produktauswahl

Die Kaufmannsweisheit «Im Einkauf liegt der Gewinn« mag manchen heute nicht mehr ganz zeitgemäß erscheinen, auch weil die Zahlen in der folgenden Abbildung anderes aussagen. Dennoch beginnt die Wirtschaftlichkeit eines Gastronomiebetriebes, besonders im Hinblick auf den Wareneinsatz, bereits beim Einkauf (Gugg/Hank-Haase 1999 S. 11). Dies unterstreicht auch die in Kapitel »Der Wareneinsatz – vielseitig beeinflussbar« genannte Formel. Die Menge, multipliziert mit dem Einkaufspreis, hat unmittelbare Auswirkung auf den Wareneinsatz und somit auch auf den Unternehmenserfolg. Die folgende Abbildung zeigt, dass eine Einsparung um 10 Prozent durch günstigeren Einkauf bei sonst gleichbleibenden Parametern zu 60 Prozent mehr Gewinn führen kann. Dort ist zudem gut erkennbar, dass die für dieses Buch befragten Gastronomen die Auswirkungen der Veränderungen anders einschätzen, als es die errechneten Zahlen belegen. Eine Grundfrage mit drei Komponenten stellt sich also jedem Gastronomen: »Was kaufe ich wo und zu welchen Konditionen ein?« Wobei sich die Frage des »Was« auf die Produktauswahl und das gewünschte Angebot bezieht.

Die nachfolgende Tabelle zeigt exemplarisch die Auswirkung der Veränderung der wesentlichen Gewinneinflussfaktoren um 10 Prozent. Es wird transparent, dass eine Reduzierung des Wareneinsatzes um 10 Prozent

Auswirkungen einer Veränderung der Gewinn-Einflussfaktoren um 10 %

VERÄNDERUNG		**Gäste: +10 %**	**Umsatz/ Gast durch Preiserhöhung: +10 %**	**Umsatz/ Gast durch Verkaufsförderung: +10 %**	**Wareneinsatz durch billigeren Einkauf: -10 %**	**Personalaufwand: -10 %**	**Aushilfspersonal: -10 %**	**übriger Betriebsaufwand: -10 %**
Anzahl der Gäste	10.000	11.000	10.000	10.000	10.000	10.000	10.000	10.000
Umsatz/Gast	8,00	8,00	8,80	8,50	8,00	8,00	8,00	8,00
Gesamtumsatz	80.000,00	88.000,00	88.000,00	88.000,00	80.000,00	80.000,00	80.000,00	80.000,00
Wareneinsatz F&B	30.000,00	33.000,00	30.000,00	33.000,00	27.000,00	30.000,00	30.000,00	30.000,00
Personalaufwand	25.000,00	25.000,00	25.000,00	25.000,00	25.000,00	22.500,00	25.000,00	25.000,00
Aushilfskosten	10.000	11.000	10.000	10.000	10.000	10.000	9.000	10.000
übriger betriebl. Aufwand	10.000	10.000	10.000	10.000	10.000	10.000	10.000	9.000
gesamte Aufwendungen	75.000	79.000	75.000	78.000	72.000	72.500	74.000	74.000
Gewinn	5.000	9.000	13.000	10.000	8.000	7.500	6.000	6.000
Gewinnveränderung		80 %	160 %	100 %	60 %	50 %	20 %	20 %

Quelle: Eigene Darstellung

in diesem Beispiel eine Gewinnveränderung von 60 Prozent herbeiführt. Nicht berücksichtigt wird in dieser Darstellung, dass sich eine eventuelle Qualitätsminderung gegebenenfalls auch auf die Gästezufriedenheit auswirkt. Allerdings wird auch aufgezeigt, dass eine Preiserhöhung um 10 Prozent oder intensive Verkaufsförderungsmaßnahmen stärker gewinnrelevant sind. Letztendlich ist es der für den jeweiligen Betriebstyp passende Mix an Maßnahmen, welche die Gewinnmarge bestimmen.

Grundsätzlich kann in der Gastronomie zwischen den Bereichen Speisen, Getränke, Non-Food (z.B. Pappbecher, Servietten) und Einrichtung/Mobiliar unterschieden werden. Schon diesem Umstand geschuldet kommt der Gastwirt in Kontakt mit einer Vielzahl von verschiedenen Anbietern und Lieferanten. Bei dieser werden z.B. unterschiedliche Zahlungsmodalitäten, Lieferkonditionen und -zeiten, Bestellprozesse, Mindestbestellmengen vorzufinden sein. Deshalb lassen sich hier einige Verhaltenstipps nennen, die die Position des Gastronomen stärken und Geld sparen können.

Maßnahmen; worauf muss man achten?

- Sortiment und Produktauswahl: Sortiment und Produktauswahl sollten vorab sorgfältig ausgewählt und ständig auf Sinnhaftigkeit geprüft werden. Je mehr Produkte benötigt werden, desto höher sind auch die Komplexität von Preisvergleichen, die Höhe der Lagerkosten und die Gefahr des Verderbs. Die Frage des »Make-Or-Buy« stellt sich an dieser Stelle ebenso wie die Frage, ob und an welcher Stelle Convenience-Produkte eingesetzt werden sollen.

- Bezugsquellen wählen: Hierbei gibt es heutzutage eine Vielzahl von Möglichkeiten: Beziehe ich direkt vom Erzeuger oder vom (Abhol-) Großmarkt? Oder empfiehlt es sich vom Einzel- oder Zustellgroßhändler zu kaufen? Jede Möglichkeit hat seine Vor- und Nachteile. Auch wenn beim Direktbezug die Ware meistens selbst abgeholt werden muss, so sind hier doch in der Regel die Qualität und der Preis mangels Zwischenhändler deutlich besser. Auch wird hier der persönlichen Beziehung zum Erzeuger und Verhandlungsbereitschaft ein größerer Stellenwert zugeschrieben. Ein Zustellgroßhändler liefert die Produkte zu relativ günstigen Preisen, jedoch hat ein Kleinunternehmer hier wohl eher einen schlechten Stand in der Verhandlungsmacht.

- Die Konditionen mit dem Lieferanten aushandeln: Stehen die Lieferanten fest, bieten sich einige Möglichkeiten Preissenkungen durch Rahmenbedingungen zu vereinbaren. Zu klären sind wichtige Aspekte wie beispielsweise der Zeitpunkt der Lieferung. Ein Restaurant, bei dem der Mittagstisch eine bedeutende Rolle spielt, sollte unter keinen Umständen erst um 11.00 Uhr vormittags beliefert werden, was vorkommen kann, wenn man bei einem Lieferanten nicht auf der Prioritätenliste ganz oben steht, bestätigte auch Max von Saurma im Experteninterview. Günstigere Preiskonditionen ergeben sich beispielsweise durch die Verpflichtung, bestimmte Waren nur bei einem Lieferanten zu beziehen. Gleiches gilt für bestimmte Abnahmemengen in einem vorher vereinbarten Zeitraum. Natürlich steigt hier die Verhandlungsmacht mit zunehmender Unternehmensgröße und Abnahmemenge. Doch auch kleine Betriebe sollten versuchen, potenziell einzusparende Prozente wahrzunehmen und selbstbewusst in Verhandlungen zu treten, weil u.a. bestimmte Produktgruppen, besonders Non-Food-Artikel, an die 10 Prozent Nachlass ausmachen können. Diese Option bieten sich einem Gastwirt insbesondere bei Standardprodukten an, die dauerhaft auf der Karte stehen und einer konstanten Nachfrage unterliegen.

EXPERTENTIPP: *»Bei Artikeln, die man permanent und in größeren Mengen einkauft, sollte man Absprachen mit Lieferanten treffen, sich zusammen setzen, und vereinbaren, dass man z.B. dieses Fleisch in dieser Menge und Qualität das Jahr über beziehen möchte. Besonders wenn man weiß, dass dieser Artikel das ganze Jahr über als Standard auf der Karte ist. Hier verfügt man dann über Verhandlungsmacht und da gibt es dann schnell einiges an Geld zu sparen. Gerade bei teuren Sachen empfiehlt sich das. Wir haben bei Produkten wie unserem »Florentiner Steak« eine vereinbarte Preisbindung, die uns diesen Preis garantiert. Solche Absprachen sind ein gutes und probates Mittel. Sonst hat man als kleiner Betrieb eher Schwierigkeiten.«* Klaus Maran, Gretl am See

Eine weitere Chance bietet die Vereinbarung von Skonto, da hierdurch schnelle Bezahlung mit Preisnachlass belohnt wird (Gugg/Hank-Haase 1999 S. 12ff). Zudem stellen Jahresrückvergütungen, auf die der Gastronom bei den Verhandlungen hinweisen sollte, eine zusätzliche Option dar. Durch diese können dem Betrieb am Jahresende ein vorher auf den Umsatz verhandelter Prozentsatz gutgeschrieben, ausgezahlt oder für das kommende Jahr als Naturalrabatt verrechnet werden. Hierbei schätzt der Gastronom sein zu erwartendes Einkaufsvolumen auf Basis der einzelnen Einkaufskonditionen pro Stück oder Kilogramm. Wird das Volumen mit 30.000 € veranschlagt und eine Jahresrückvergütung von 5 Prozent vereinbart, so kommt am Ende des Jahres eine beachtliche Summe von 1.500 € zustande (Fischl/Fischer 2012 S. 186).

EXPERTENTIPP: *»Grundsätzlich empfehle ich jedem, Konditionen bezüglich Skonto, Rückvergütungen und Zuschüsse auszuhandeln. Bei großen Positionen rechnen sich 2–3 Prozent Skonto schnell. Auch Werbekostenzuschüsse der Lieferanten können, je nach Anbieter, zusätzliches Geld oder Ausstattung bringen.*
Nicht zu vergessen sind auch Rückvergütungen, die, vorher ausgehandelt, bei großen Mengen am Ende vom Jahr einen nicht zu verachtenden Geldbetrag ausmachen können.«
Jochen Kreppel, Upper Eat Side

• Allgemeiner Bestellvorgang: Auch bei den regelmäßigen Bestellungen lassen sich einige Kosten sparen, indem man auf gewisse Punkte achtet. Der Bestellvorgang sollte in enger Zusammenarbeit und Absprache mit dem Küchenchef geschehen, wobei auch die Zusammensetzung der Speisekarte eine Rolle spielt. Sollte diese beispielsweise auf Saisonalität ausgerichtet sein, kann der Bezug nicht saisonaler und folglich auch teurerer Produkte vermieden werden. Bei wenig verderbbaren und häufig verwendeten Lebensmitteln, insbesondere auch bei Non-Food Produkten, können große Gebindegrößen weitere Preisvorteile bieten. Darüber hinaus bergen Preisnachlässe, Rabatt- und Sonderaktionen seitens der Anbieter zusätzliches Einsparpotenzial, welches ein Gastwirt durchaus in Anspruch nehmen sollte. Außerdem gilt es, Händler auf Naturalrabatte bei der Abnahme von größeren Mengen oder bei deren Einführung von Neuprodukten (kostenfreie Probelieferung) anzusprechen.

Einkaufsgemeinschaften

Die erwähnten Preisvorteile für größere Betriebe können in gewissem Maße auch für kleinere Betriebe möglich sein, sofern der Betreiber beim Einkauf mit anderen Gastwirten kooperiert oder sich einer Einkaufgemeinschaft anschließt. Denn die Zusammenarbeit beim Einkauf öffnet auch kleinen Betrieben die Tür zu Großhandelspreisen beziehen zu können, da dadurch erforderliche Umsatzgrößen für Rahmenverträge erzielt werden. Die bekannteste Genossenschaft ist die Hotel- und Gastronomie-Kauf eG (HGK), welche mit rund 470 qualitätsgeprüften Lieferanten zusammenarbeitet, die lokal, regional oder national tätig sind und in welcher 3.200 gastgewerbliche Betriebe organisiert sind. Sie verschafft ihren Mitgliedern Preis- und Konditionsvorteile und bündelt so mehr als 1,6 Mrd. Euro Einkaufsvolumen pro Jahr (Kwidzinski [2] 2015). Im Schnitt liegt der Preisvorteil gegenüber dem eigenen Einkauf zwischen 10–20 Prozent, in der Spitze sogar bis ca. 70 Prozent Ersparnis. Spezifische Produkte wie das HGK Backoffice oder die Best-Price-Gruppe vereinfachen z.B. die händische Abwicklung von Belegen bzw. garantieren günstigste Preise für gewisse Produkte. Mit einer einmaligen Gebühr von 149 € können Gastronomen von vergünstigten Konditionen im Bereich Food, Kleinkücheninventar, Kreditkartengebühren, Mobilfunk, Strom u.v.m. profitieren (www.hgkdirekt.de/cms/wir-ber-uns/index.html#vorteile).

Viele Gastronomen pflegen gute Kontakte zu ihren Lieferanten und sehen darin mehrere Vorteile. Zum einen können daraus pünktliche Lieferzeiten und faire Preise resultieren, zum anderen kann ein Gastronom von Empfehlungen und den guten Kontakten profitieren.

EXPERTENTIPP: »*Einkauf ist für mich ein extrem wichtiger Faktor! Aus heutiger Sicht empfehle ich jedem nicht den erstbesten Lieferanten zu nehmen – am besten alle befragen! Viel Zeit in Recherche nach der besten Qualität investieren sowie persönliche Werte berücksichtigen. Ich kenne heute jeden meiner Lieferanten persönlich. Wir laden sie vierteljährlich zum miteinander Reden und Essen ein, dabei erfahren wir z.B. was es Neues gibt. Dieses Vertrauen und Einkaufstipps helfen auch dabei herauszufinden, wo ich ggf. etwas günstiger bekommen kann. Das hat dazu geführt, dass wir am Markt mittlerweile einer der besten Einkäufer sind, weil wir uns damit auseinandergesetzt haben.*« Haya Molcho, Neni

Den Bestellprozess strategisch planen und verbessern

Grundsätzlich gilt es, in dieser Phase drei wichtige Qualitäts- und Mengenstandards im Einkauf zu entwickeln und Prozesse festzulegen:

- Qualität und Güte der Produkte
- Mengenbedarf der Produkte
- Preise der Produkte, zu welchen bezogen wird

Sind diese Determinanten einmal festgelegt, wird es möglich, Produkte in gewünschter Qualität zum bestmöglichen Preis zu beziehen und dabei die unterschiedlichen Preise verschiedener Lieferanten zu erhalten (Dittmer/Griffin 1999 S. 79ff).

Zuerst heißt es, die Anzahl der Lieferanten dem Bedarf anzupassen und dabei möglichst klein zu halten. Zudem sollte eine sinnvolle und konzeptorientierte Produktauswahl definiert, deren Güte festgelegt und das Kernsortiment mit dem Lieferanten durchgegangen werden. Sollte es dafür im Betrieb keine eigene Abteilung geben, gilt es zu klären, wer für welche Bestellungen wann und bei welchem Lieferanten zuständig ist. Gemäß der Devise der permanenten Verbesserung sollte eine regelmäßige Analyse des Einkaufs- und Bestellablaufes mit der Zielvorgabe durchgeführt werden, um Abläufe und Kosten dauerhaft zu optimieren (Schumacher 2010 S. 38).

Einkauf Kontrollprozess

Quelle: Eigene Darstellung, in Anlehnung an Dittmer S. 81

Warenwirtschaft

Ein weiterer wichtiger Schritt zwischen Einkauf und Produktion sind die in der Warenwirtschaft anfallenden Schritte wie die Warenannahme und -eingangskontrolle, fachgerechte Lagerung sowie die Ausgabe der Ware. Hinzu kommt die Inventur, welche alle Vermögensgegenstände erfasst und bewertet sowie Aufschluss über das Inventar gibt (Gruner 2008 S. 174). Auch dieser Schritt kann eine erhebliche Auswirkung auf den Wareneinsatz haben, da die unsachgemäße Behandlung von Ware nicht nur Kosten für den Betrieb darstellt, sondern womöglich niedrigeren, unter Umständen gar keinen Umsatz nach sich zieht.

Warenannahme

Durch optimalen Einkaufsprozess, jedoch Fehlern bei der Warenannahme, kann der Aufwand, welcher vorab geleistet wurde, wieder zunichte gemacht werden. Es ist unabdingbar, Menge, Qualität, Preis und Beschaffenheit auf die bestellte Richtigkeit zu überprüfen. Folglich ist eine Standardisierung der Warenannahme empfehlenswert. Besonders in kleineren Unternehmen kann dies von Vorteil sein, da hier häufig kein eigens dafür vorgesehener Posten vorhanden ist (Dittmer/Griffin 1999 S. 109ff).

Es empfiehlt sich daher Qualität, Temperatur, Menge und Preis eingehend zu kontrollieren. Ebenso sollten der Lieferschein bzw. die Rechnung mit dem tatsächlich Bestellten verglichen werden. Versäumnisse sind in der Praxis durchaus häufiger der Fall und können dazu führen, Ware verarbeiten zu müssen, die eigentlich nicht im Sortiment ist, oder zu wenig bzw. zu viel Ware vorrätig zu haben. Dies wirkt sich wiederum negativ auf den Umsatz aus oder erhöht die Gefahr von Verderb.

Besonders der Faktor Temperatur spielt bei kühlpflichtiger Frischware eine bedeutende Rolle. Kostenintensives Fleisch sollte genauestens die richtige Temperatur geprüft werden. Überhöhte Temperaturen bei teuren Fleischprodukten können zu bereits verdorbener, angelieferter Ware führen, woran auch eine sachgemäße Einlagerung bei richtiger Temperatur im Betrieb nichts mehr ändern kann. Zudem sollten die Mindesthaltbarkeitsdaten dahingehend gecheckt werden, ob diese vor der geplanten Weiterverarbeitung auch noch haltbar sein werden. Versäumnisse können gerade an dieser Stelle Verderb fördern und den Wareneinsatz unnötig belasten (Gugg/Hank-Haase 1999 S. 113ff). Ist die Ware ordnungsgemäß angenommen worden, sollte sie, falls nötig, vor dem Einräumen ggf. gekennzeichnet werden. Denn Produkte ohne Kennzeichnung können für andere Mitarbeiter möglicherweise nicht identifizierbar sein, sei es hinsichtlich des Produktes selbst oder des Alters bzw. des möglichen Verfallsdatums.

Lagerung

Richtige Lagerung ist wichtig, da allgemein die Bestellung von Waren mit Warenkosten einhergeht. Entsprechend von Bedeutung ist es, sie in Umsatz umzuwandeln und besonders unvorhersehbare Kosten durch Verderb und Schwund zu vermeiden.

Orientiert man sich an fünf Grundregeln richtiger Lagerung, so erhöht man die Wahrscheinlichkeit Verderb zu verringern.

- Ordentlicher Zustand der Kühlzellen und Regaleinheiten; auch hinsichtlich richtiger Temperatur und Hygiene
- Die Ordnung innerhalb des Lagers: Produkte zur schnelleren Auffindbarkeit immer an denselben Stellen lagern und nach *First-In, First-Out Prinzip*[8] einräumen
- Singemäße Aufteilung zwischen Annahme, Lager- und Produktionsfläche und dadurch unnötige Wege vermeiden
- Sicherheit der Lagerräume: um Diebstahl und Schwund zu vermeiden, sollten diese Räume stets abgesperrt und nur für Befugte zugänglich sein
- Eingelagerte Produkte beschriften und mit Datum versehen

(Dittmer/Griffin 1999 S. 124ff)

Generell sollte sich der Gastwirt darüber im Klaren sein, dass Lagerhaltung Kapital bindet und somit Kosten in Form von Zinsen verursacht. Ein zu großes Volumen an gebundenem Kapital kann zuweilen deutliche Auswirkungen auf die Liquidität des Unternehmens haben (Gugg/Hank-Haase 1999 S. 20). Zwar haben viele Betriebe ohnehin eher begrenzte Lagermöglichkeiten und Schwierigkeiten, die beschriebene Warenannahme zu 100 Prozent durchzuführen. Dennoch kommt es vor, dass mitunter – aufgrund schwerer Verfügbarkeit oder Preis-Mengen-Vorteilen – große Mengen bestellt werden, wie folgendes Beispiel zeigt:

[8] Das First-In, First-Out Verfahren bedeutet, dass das »was zuerst eingekauft oder produziert wurde, wird (gedanklich) auch als erstes verbraucht oder wieder verkauft.« (Gruner 2008, S. 110) Dies gewährleistet einen geplanten und gesicherten Frischegrad der Ware.

EXPERTENTIPP: *»Wir beziehen Fleisch und Wein aus eigener Produktion von Dieter Meier in Argentinien. Zwar ist ein Teil seiner Produkte in Deutschland schon ganz gut distribuiert, aber anfangs haben wir noch z. B. mehrere Paletten Wein von Dieter Meier's Betrieb in der Schweiz geholt, was natürlich eine unendliche Kapitalbindung darstellte. Plötzlich hat man knapp 30.000 € in Wein investiert, obwohl man gar nicht wissen kann, ob er sich überhaupt bzw. welcher sich am besten verkauft. Außerdem fehlt das Geld natürlich schnell an anderen Stellen. Wenn man auf solch exklusive Bezüge, wie in unserem Fall den besonderen Wein, zurückgreifen kann, sollte man sich überlegen, ob man dafür nicht einen Dienstleister findet, der diese Aufgabe professionell managt. Mittlerweile haben wir einen Importeur gefunden, der die ganzen Weine für uns aus Argentinien importiert. Das ist zwar etwas teurer, aber es bindet nicht so stark Kapital. Durch die Auslagerung ist zudem Platz im Restaurant entstanden, durch welchen wir fortan mehr Gäste bewirtschaften und mehr Umsatz generieren können. Gleiches gilt fürs Fleisch, das wir direkt aus Argentinien per Importeur beziehen. Da wir einen hohen Monatsbedarf an Fleisch haben, entstehen natürlich schnell sehr große Mengen, die immer direkt und auf einmal geliefert werden. Diese großen Positionen – wir sprechen hier von an die 20.000 € Warenwert – haben wir nun ebenfalls ausgegliedert, da wir auch hier nicht die Kapazität haben, das Fleisch zu lagern.«* Max von Saurma, Ojo de Agua

CHECKLISTE: Richtig Waren annehmen und lagern

- Reduktion von Verderb: auf Mindesthaltbarkeitsdaten, richtige Temperaturen kühlpflichtiger Waren und das First-In, First-Out Prinzip achten
- Eigens produzierte Ware fachgerecht und gut lesbar mit Datum und Inhalt beschriften
- Kühlgeräte haben in der Regel optimale Kühltemperaturen bei 7 °C bzw. -18 °C; niedrigere Temperaturen verbrauchen unnötig Stromkosten
- Diebstahl verringern durch Verriegeln der Lagerräume
- Lagerbestand möglichst gering halten und so Kapitalbindung, Lagerkosten und Risiko der Lagerhaltung reduzieren
- Lagertrennung entsprechend den jeweiligen Produkten betreiben, dabei für ausreichend Ventilation und für einfache Säuberung sorgen (Schaetzing 2010 S. 43)

Ausgabe

In besonders großen Betrieben, häufig auch bei Hotelgastronomie, gibt es eine eigene Abteilung zur Lagerung und Ausgabe, das Magazin. Dort laufen die genannten Prozesse geplanter ab. Aufgrund der in Deutschland vorherrschenden kleinen Gastronomiebetriebe wird hier nicht weiter darauf eingegangen.

Produktion

Auch bei Weiterverarbeitung der Ware und Zubereitung der Speisen lässt sich der Wareneinsatz stark beeinflussen. Durch Beachtung bestimmter Regeln und Maßnahmen kann dieser spürbar minimiert und in den Griff bekommen werden. Zugleich bietet sich hierbei dem Gastronomen enormes Sparpotenzial. Das Bewusstsein unter den Restaurantbetreibern scheint vorhanden zu sein. Immerhin geben 90 Prozent der Befragten laut einer Studie im Rahmen des AHGZ Monitors mit dem Thema Lebensmittelabfälle im Jahr 2015 an, diese auch vermeiden zu wollen. Dabei gibt rund ein Drittel leichtfertigen Warenumgang in der Küche als Ort der Versäumnisse an. Dies äußert sich z.B. durch ineffiziente Verarbeitung oder unzureichende Resteverwertung. Dabei bietet gerade Letztere diverse Möglichkeiten, nicht nur Abfall zu verringern, sondern auch Wirtschaftlichkeit und Geschmack zu verbinden (Lambracht 2015 S. 9).

Richtige Portionierung – Verringerung von Abfall

Bei der genannten Erhebung des AHGZ Monitors gaben knapp ein Viertel der Befragten an, Portionsgrößen falsch zu planen. Dies verdeutlicht die Relevanz, die diese Thematik für Wareneinsatz und Wirtschaftlichkeit eines Betriebes darstellt. Die wohl einfachste Maßnahme ist es, vom Service in die Küche zurückgebrachte Teller zu begutachten. Kommt bei einem Gericht regelmäßig ein bestimmter Teil (z.B. eine bestimmte Beilage, ein Teil vom Schnitzel) wieder zurück, so kann man daraus schließen, dass die Gäste die Portionen als zu groß empfinden. Die Menge, die sonst in den Müll wandert, könnte in Form anderer Portionierung auf einem nächsten Teller landen, weiteren Umsatz generieren sowie das Abfallaufkommen minimieren. Gestützt wird diese These von einem Pilotprojekt der Universität für Bodenkultur, Wien. Darin wurde zum einen festgestellt, dass sich der Prozentanteil der vermeidbaren Lebensmittelabfälle in Relation zu den ausgegebenen Speisen zwischen 5 und 45 Prozent bewegt. Zum anderen wurde eine starke Überproduktion erkannt, die sich besonders bei Suppen und Beilagen äußerte. So könnten kleinere Portionen mit einem aktiven Hinweis gegenüber dem Gast, er könne noch Nachschlag haben, das Wegwerfen reduzieren. Dabei würde sich der Gast durch kleinere Portionen auch weniger »erschlagen« fühlen (o.V. 2015 [1] S. 6f). Eine weitere Möglichkeit, um zu großer Portionierung entgegenzuwirken, ist die Meinung bzw. das Feedback von (Stamm-) Gästen, Freunden oder Bekannten.

Der bei unwirtschaftlicher Zubereitung entstehende Abfall ist nicht nur aus ökologischer und moralischer, sondern freilich auch aus finanzieller Sicht ein Problem. Immerhin schlägt ein Liter Lebensmittelabfall mit ca. 2 € zu Buche. Bei einem Betrieb mit 750 Essen pro Tag lassen sich durch eine Reduzierung der Abfälle um 30 Prozent mehr als 34.000 € im Jahr einsparen, so Torsten van Borstel, Geschäftsführer des Vereins United Against Waste (Eck 2015 S. 7).

Ein weiterer wichtiger Faktor ist die richtige Zubereitung und ökonomische Nutzung der Grundprodukte. Besonders unqualifiziertes Küchenpersonal bedarf hier ggf. der Nachhilfe und Erklärung, um falsche Schnitte und somit unnötige Abfälle zu vermeiden. Gerade bei teuren (Fleisch- oder Fisch-) Produkten bedeuten Zubereitungsverluste mitunter direkt verlorenes Geld.

Je nach Konzeption, Budget und individueller Meinung des Gastwirtes können Convenience-Produkte einen weiteren Beitrag zur Verringerung des Wareneinsatzes und der Personalkosten leisten. Beispielsweise lässt sich bei einem Bedarf von 2,5 kg Erbsen bei konventioneller Produktion mit ca. 6,2 kg Rohware rechnen. Bis diese verzehrfertig geputzt ist, entsteht dabei eingekaufter Abfall in Höhe von 3,7 kg, der zuvor eingekauft, transportiert, gelagert und verarbeitet wurde. So können nachweislich Kosten sowohl für Personal, in Form von Arbeitszeit, als auch Wareneinsatz und Preis pro Portion durch den Einsatz von Convenience-Produkten gesenkt werde. Zweifelsohne lassen sich hierdurch ökonomische Vorteile schaffen, jedoch sollte der Einsatz nach Ansicht je nach Produkt wohl überlegt sein und nur bis zu einem gewissen Maße Einzug in den Betrieb finden. Auf die Vor- und Nachteile von Convenience-Produkten wird aus Gründen des Umfangs nicht weiter eingegangen.

Produktionsplanung und Reduktion von Verderb

Ein gutes Mise-en-Place erleichtert den Arbeitsablauf in der Küche und verringert die Wartezeiten für den Gast. Hierin liegt ein weiterer Faktor, der den Verderb fördert und den Wareneinsatz erhöht. Denn verdorbene, da zu viel vorproduzierte Ware, ist im Grunde teuer eingekaufter Lebensmittelabfall, der dann in Form von Personalkosten zubereitet wird, um schließlich erneut mit Entsorgungskosten auf das Budget zu drücken; und das, ohne dabei einen Cent Umsatz zu generieren! Deshalb empfiehlt es sich, eine grundlegende Produktionsplanung zu führen.

Um dauerhaft eine stabile Küchenrentabilität gewährleisten zu können, bedarf es der Festlegung der erforderlichen Menge an Lebensmitteln, die für die Produktion erforderlich ist und auf diese Weise Überproduktion minimiert. Dazu gibt es einige Parameter und Hinweise, die eine solche Prognose erleichtern. Ein Blick in das Reservierungsbuch, den Wetterbericht, mögliche Sonderveranstaltungen in der Stadt bzw. näheren Umgebung oder auch Gäste- und Umsatzzahlen der letzten Jahre geben meist schon Aufschluss auf die zu erwartende Nachfrage. Für Hotelgastronomie können zudem die Zimmerbelegung oder die durchschnittliche

Aufenthaltsdauer zusätzliche Hinweise geben. Sofern nun eine Gästeanzahl abgeschätzt werden kann, lässt sich darauf aufbauend eine Verkaufsanalyse (Erfassung der verkauften Speisen über einen bestimmten Zeitraum) erstellen. Eine Multiplikation dieser Gästeanzahl mit dem Beliebtheitsgrad der Speisen in Prozent[9] (z.B. untergliedert in Vor-, Haupt- und Nachspeisen) ermöglicht eine vorausberechnete Artikelanzahl, auf deren Grundlage vorproduziert werden kann (Schaetzing 2010 S. 25ff). Zusätzliche Möglichkeiten bieten sich durch standardisierte Rezepturen und eine tägliche Überprüfung des Mise-en-Place.

[9] Der Beliebtheitsgrad der Speisen errechnet sich durch die Anzahl einer bestimmten verkauften Speise : Gesamtzahl aller verkauften Speisen, multipliziert mit 100.

TIPP: Sollten sich noch (Rest-)Produkte vom Vortag bzw. den Vortagen im Kühlschrank befinden, welche noch von guter Qualität sind, können diese auf eine kleine extra Karte kommen, z.B. als Tages-Special, welches der Service aktiv anpreisen sollte. So lassen sich womöglich noch ein paar zusätzliche Couverts verkaufen. Alternativ dazu können sie als Amuse Gueule oder dem Personal angeboten werden. Dies sind Optionen, die Lebensmittel, die keine konkrete Bestimmung mehr haben, vor dem Wegwerfen zu bewahren und ggf. somit noch Umsatz zu generieren.

Die Wiederverwertung von Resten bei der Produktion

Geld lässt sich mit den bei der Fertigung entstehenden Resten wie Parüren, Knochen und Gemüseabschnitten verdienen, indem sie clever weiter verwertet werden. Hierbei sind der Kreativität keine Grenzen gesetzt. Nachfolgend sind einige Vorschläge aufgelistet, die zeigen sollen, welche Optionen sich dem effizienten arbeitenden Gastronomen ergeben können.

PRAXISBEISPIEL: *»Generell sollte man darauf achten, so wenig wie möglich wegzuwerfen. Abgesehen davon können durch die vermeintlichen Abfälle neue Erfahrungen in die Küche miteingebracht werden. Wenn ich z.B. eine Tomate häute, entsorge ich die Tomatenhaut nicht einfach, sondern aromatisiere diese mit etwas Orangenzucker und trockne diese dann. Das bietet sich noch viel mehr an, wenn eventuell der Ofen schon läuft, denn anschließend nutze ich nicht nur die eh schon aufgewendete Energie, sondern habe hiermit noch einen zusätzlichen Nutzen, der auch noch super schmeckt.*
Auch z.B. die Schalen von Zwiebeln lassen sich hervorragend in einem Fond verwenden. Wenn ich z.B. Fischkarkassen einkoche, verwende ich den ersten Teil für mein Restaurant, durch ein weiteres Einkochen bietet sich die Möglichkeit, diesen zum Abfüllen und Verkauf im Restaurant an Gäste anzubieten. Auch lässt sich Kaffee nach dem Aufbrühen aufheben und zu einem Kaffeelikör ansetzen – es ist also etwas Kreativität gefragt!

Ich denke mir immer bei allem, was ich verwende: Muss ich das wegwerfen oder kann ich das noch in irgendeiner Art verarbeiten? Habe ich noch einen Geschmacksnutzen? Kann ich mein Gericht interessanter machen, auch um ganzheitlichere Aromen zu erzeugen? Wenn ich z.B. eine Johannisbeere nehme, versuche ich noch einen Jus aus den Blättern zu kreieren.

Solche Schritte bedeuten natürlich auch mehr Arbeitszeit. Da sollte jeder Betrieb für sich selbst entscheiden, ob sich die Mehrarbeitszeit lohnt oder nicht.

Da ich meine Küche eher der gehobenen Gastronomie zuordne, kaufe ich auch teurere Produkte ein. Das ist okay, aber besonders hier ist es wichtig darauf zu achten, nichts wegwerfen zu müssen.«

Philipp Schmitz, Du Chateau | Quellen: Schmitz 2015; Eck [2] 2015 S. 6

PRAXISBEISPIEL: Aus der Not eine Tugend gemacht: das »Spisehuset Rub&Stub«, Kopenhagen

Die ersten Betreiber, die gezielt der Nahrungsmittelverschwendung entgegenarbeiten, kommen bereits auf den Markt. Das »Spisehuset Rub&Stub« in Kopenhagen macht daraus ein ganzes Konzept. Durch die Verwendung von Zutaten, die in Supermärkten nicht mehr gebraucht – etwa weil sie von Standardformen abweichen oder überschüssige Saisonware sind – und weggeschmissen werden, wird der Essensverschwendung konzeptionell Paroli geboten.

Langfristig soll dank Partnerschaften mit Produzenten, Supermärkten und anderen Firmen in der Nahrungsmittelindustrie versucht werden, immer mehr der verschwendeten Lebensmittel einzusammeln, um diese in ein tolles Restauranterlebnis umzuwandeln. Dabei geht der wirtschaftliche Überschuss an Wohltätigkeitsprojekte.

Das Konzept findet bereits in weiteren Ländern Anklang. Auch das »Instock« in Amsterdam kocht ausschließlich mit »geretteten« Lebensmitteln. In Berlin sind erste derartige Betriebe ebenfalls in Planung. www.spisrubogstub.dk/de; www.instock.nl

Neue Techniken und Hilfen

• Die Sous-vide-Technik als effiziente und geschmackliche Alternative: Im Hinblick auf Effizienz in Verbindung mit Geschmackserhalt erfreut sich die Sous-vide-Technik (Vakuumgaren) – nicht nur in der Gastronomie, sondern auch im Catering und der Gemeinschaftsverpflegung – steigender Beliebtheit. Über die Jahre haben konstante Verbesserungen dieser Garmethode einige Vorteile mit sich gebracht. Der Erhalt von Aromen und Texturen, die Möglichkeit auf den Punkt zu Garen, die Optimierung von Garverlusten und handfeste wirtschaftliche Vorteile sind nur einige positive Effekte, die dazu führen, dass sich das Sous-vide-Garen mehr und mehr zu einer attraktiven Alternative entwickelt hat. In Verbindung mit einem Schockfroster kann so auf Vorrat produziert, gekühlt und wieder regeneriert werden. Generell empfiehlt es sich zu testen, inwieweit der Einsatz von Einfrieren oder anderer neuer Technologien helfen kann, Produkte länger haltbar zu machen ohne dabei Qualität einbüßen zu müssen. Durch die Verbindung von Effizienz und qualitativem Angebot entsteht eine Win-Win-Situation. Dafür sind praktikable Lösungen, die sich gut in die Prozesse einbinden lassen und zugleich Lebensmittelabfälle reduzieren, optimal geeignet (www.united-against-waste.de/de/index.php/fakten/koeche-berichten/6-die-sous-vide-als-attraktive-alternative).

- Das »Abfall-Analyse-Tool« des Vereins United Against Waste: Der Verein »United Against Waste« (UAW) bietet ein kostenloses Lösungspaket, um dabei zu helfen, Abfälle zu reduzieren und Geld zu sparen. Unter der E-Mail *analysetool@uaw-verein.de* kann das »Abfall-Analyse-Tool« angefordert werden. Dabei wird zuerst das tatsächliche Abfallaufkommen ermittelt, daraus Handlungsempfehlungen entwickelt und mögliche Potenziale zur Kostenreduktion erarbeitet. UAW wiederum nutzt die Ergebnisse der teilnehmenden Betriebe zur stetigen Verbesserung bei der Abfallminimierung (Eck [3] 2015 S. 7; www.united-against-waste.de/de/index.php/loesungen).

Vertrauen ist gut ...

Kontrolle ist besser? Oder ist doch eher Kontrolle gut und Vertrauen besser? In der Gastronomie, und besonders in Betrieben mit höherer Mitarbeiterzahl, ist eine gewisse Form von Kontroll- und Überwachungsstrukturen notwendig. Bezugnehmend auf Kapitel »Die noch hohen Kosten senken« genannte Formel **M x EP/ M x VP** wirkt sich die sog. schwarze Kasse auf alle vier Punkte und damit auf fast sämtliche gastronomische Prozesse aus. Es gilt also anhand der Abrechnungen, Rechnungen oder des Bonsystems zu prüfen, an welchen Stellen mögliche Unstimmigkeiten auftreten. Als Maßnahme können Stichproben direkt bei den Service-Mitarbeitern Aufschluss geben. Ein weiterer potenzieller Einflussfaktor des Wareneinsatzes ist der Diebstahl von Waren. Dieser bezieht sich auf die eingekaufte Menge, das »M« im Zähler, und kann nur durch sicherere Maßnahmen und verbesserte Lagerung verhindert werden, was zu einer vollständigen Überwachung des Betriebes führen würde. Zwar lässt sich solch ein Vorgehen in der Theorie sicherlich empfehlen, in der Praxis sei hier jedoch Vorsicht geboten. Die vollständige Kontrolle der Mitarbeiter führt zwar einerseits zu einer Verhinderung von Diebstahl, kann aber eine steigende Unzufriedenheit und ein Gefühl der Überwachung unter den Mitarbeitern zur Folge haben. Die negative Gefühlslage der Mitarbeiter kann sich wiederum auf die Gäste auswirken, wenn z. B. an der Bar ein vom Gast gewünschter »Extra-Schluck« in den Cocktail verwehrt werden muss, da es die Betriebsleitung nicht erlaubt. Somit empfiehlt sich eine gesunde »Mischung aus Disziplin und Entfaltung, aus Kontrolle und Vertrauen« (Jäkel/Ploner 2010 S. 71). Diese Mischung führt in der Regel dazu, dass sich Schwund und korrekte Abrechnung im Rahmen halten.

CHECKLISTE: Gründe für einen überhöhten Wareneinsatz

[ ] Zu große Portionen
[ ] Zu hohe Einkaufspreise
[ ] Zu niedrige Verkaufspreise
[ ] Verderb oder Schwund von Waren
[ ] Verluste beim Ausschank, Parieren, Schälen, Braten, Schmoren, Schneiden
[ ] Diebstahl
[ ] Güte der Lebensmittel, welche für den spezifischen Gastronomiebetrieb benötigt wird (Imbiss oder Sternerestaurant?)
[ ] Überproduktion
[ ] Falsche Portionsgrößen
[ ] Diebstahl
[ ] Falscher Einkauf
[ ] Warenannahme-, Lagerungs- und Ausgabefehler

CHECKLISTE: Reduzierung des Wareneinsatzes

[ ] Regelmäßige Portionsgrößenkontrolle, z. B. mithilfe des Einsatzes von Portionswaagen → Analyse der zurückgehenden Teller: geht viel zurück?
[ ] Verkleinern der Speisekarte auf Grundlage von Verkaufsanalysen
[ ] Berücksichtigung saisonaler und preisgünstiger Angebote bei der Erstellung der Tageskarte → Kontaktaufnahme zum Lieferanten suchen und dessen Expertise und Empfehlungen nutzen
[ ] Vergleich von Angeboten verschiedener Lieferanten
[ ] Einsatz regionaler Produkte → Rentable und traditionelle Gerichte mit einem Twist modernisieren und dabei von günstigem Einkauf und modernen Verkaufspreisen profitieren
[ ] Beachtung von Schwundverlust, Lagerräumlichkeiten, Lagerkosten sowie Kapitalbindung bei günstigen Angeboten für große Quantitäten
[ ] Vermeidung von zu hohen Zubereitungsverlusten
[ ] Verwendung möglichst weniger, gleicher Produkte und Lebensmittel
[ ] Überwachung des Personals
[ ] Einsatz von Convenience-Produkten
[ ] Vermeidung ungünstiger Anlieferungszeiten → Ggf. lässt sich die Annahme mit Arbeitszeitlücken decken, also jenseits starker Geschäftszeiten
[ ] Verfehlung der optimalen Bestellmenge → Zu viel bestellte Menge kann zu überfüllten Lagern führen; zu wenig zu einem überteuerten Einkauf im »Supermarkt nebenan«
[ ] Einsatz von Einkaufslisten mit doppelten Bestelllisten → Ermöglicht den Vergleich von Soll/Ist-Bedarf; so entdeckt man mögliche Unregelmäßigkeiten wie Schwund oder falsche Lieferungen (Gruner 2015 S. 71; www.unileverfoodsolutions.de/unsere-services/kostenmanagement/wareneinsatz-gastronomie; Hein 2003 S. 54)

Kostenintensiv und elementar wichtig: das richtige Personal

Wie auch beim Thema Wareneinsatz decken sich die Ergebnisse von allgemeinen Umfragen und Studien mit den für dieses Buch durchgeführten Experteninterviews. So sehen 47 Prozent der Befragten im DEHOGA Branchenbericht Sommer 2014 die Personalkosten als größtes Hauptproblemfeld (DEHOGA 2014 S. 12). Da die Gastronomie zumeist von schwer vorhersehbarem und ungleichmäßigem Geschäftsvolumen geprägt ist und die Personalkosten den größten Kostenblock darstellen, ist eine möglichst exakte Personalplanung empfehlenswert. Fehlplanungen können hohe Kosten, demotivierte Mitarbeiter, Fluktuation und Umsatzverluste nach sich ziehen. Aufgrund der hohen aufzuwenden Kosten sollte die Personalplanung ständig überprüft und optimiert werden. Dabei lässt sich das

Personalmanagement in vier Schritte unterteilen: Die Planung, Steuerung und Kontrolle von Personalbeschaffung, Personaleinsatz und -entwicklung sowie die Freisetzung von Personal (Henschel et al. 2013 S. 148ff).

Die Personalkosten bestehen generell aus den Bruttolöhnen sowie aus allen weiteren personalbezogenen Kosten. Dazu gehören gesetzliche und tariflich soziale Aufwendungen sowie eventuell anfallende (freiwillige) soziale Aufwendungen wie beispielsweise Prämien, Fahrtkosten oder Altersversorgung (Gugg/Hank-Haase 2004 S. 11).

Personalbeschaffung

Personalwerbung

Bei der Personalbeschaffung unterscheidet man zwischen interner und externer Akquisition. Resultierend aus der Situation, dass es in Deutschland überwiegend kleine gastronomische Betriebe gibt, wird im Folgenden vermehrt auf die externe Beschaffung eingegangen. In der Theorie wird das Erstellen von Stellenbeschreibungen und Anforderungsprofilen (qualitative Planung) sowie deren Publikation bei Agenturen, Vermittlungsstellen oder in Form von Printanzeigen empfohlen. Letztere sind kostenintensiv und im Hinblick auf die Generation Y nicht mehr zeitgemäß. Sicherlich ist eine interessante Anzeige unter Beachtung von Marketing Theorien wie z. B. der AIDA-Formel[10] von Vorteil, wenn man in den gängigen Fachmedien publiziert, da man hier die relevante Zielgruppe erreicht. Vielen, besonders kleinen Betrieben fehlt für diese Art der Werbung jedoch häufig das Budget. Dies zeigt auch das Ergebnis einer Studie, wonach das Gastgewerbe generell die wenigsten Werbeausgaben in sog. Above-the-line-Medien hat (n. d. Ranking der Branchen mit den höchsten Werbeausgaben in Above-the-line Medien in Deutschland im Jahr 2013 (in Millionen Euro)). Demnach bedarf es häufig einer alternativen, kostengünstigeren Herangehensweise.

[10] AIDA-Formel als Marketing Tool mit den Abkürzungen für A = Aufmerksamkeit/Attention, I = Interesse/Interest, D= Drang/Desire und A = Aktion/Action (Hänssler 2008, S. 173)

Als Grundvoraussetzung gilt hierfür die Attraktivität und das gute Image des Betriebes, um insbesondere in Zeiten schwieriger Personalbeschaffung für potenzielle neue Mitarbeiter Anreize bieten zu können. Der betreibende Gastronom in einer Führungsposition sollte nicht vergessen: Es kostet nichts, freundlich zu seinen Mitarbeitern zu sein! Eigentlich selbstverständlich, in der gastronomischen Praxis jedoch vielfach vernachlässigt. Kann der Betrieb hier schon nicht punkten, wird es sehr schwer sein, gelerntes Personal zu finden. Gelerntes Personal bevorzugt in der Regel renommierte und prestigeträchtige Betriebe, die zu ihrem Lebensstil passen. So berichten *Haya Molcho* (Neni) und *Jochen Kreppel* (Upper Eat Side) von einer Vielzahl von bestens ausgebildeten Bewerbern, denen der strenge Arbeitsalltag der Luxus- oder Sternebetriebe nicht mehr zusagt. Sie wenden sich deshalb an erfolgreiche und ambitionierte Unternehmer mit freundlicherem und menschlicherem Arbeitsklima. Darin liegt

die Chance für individualgastronomische Betriebe. Auch Klaus St. Rainer (Goldene Bar) profitierte zu Beginn vom positiven Image des Betriebes und konnte knapp 100 Prozent der Festangestellten mit Fachkräften aus der 5-Sterne-Hotellerie besetzen.

Einsatz von sozialen Medien

Laut des ADP »Social Media Index« nutzen Personaler zunehmend mehr die Social Media Kanäle wie Xing oder Linkedin für ihre Personalarbeit und planen, ihre Tätigkeit auf diesem Gebiet weiter auszubauen (Aichele 2015). Vor allem um die webaffine Generation Y anzusprechen, setzen mittlerweile viele Systemgastronomiebetriebe wie beispielsweise Hans im Glück auf die Integration sozialer Netzwerke wie Twitter, Facebook oder Instagram, worauf im Übrigen branchenspezifische Personaldienstleister wie beispielsweise Talent Garden Personalsupport schon seit mehreren Jahren setzen.

Durch das Hochladen von Fotos der Mitarbeiter, die deren Arbeitsplatz und -alltag dokumentieren, können neue potenzielle Mitarbeiter angesprochen werden (Reinhardt 2014). Die Kull & Weinzierl GmbH hat inzwischen, dem Trend folgend, gar »Selfie-Bewerbungen« implementiert, um so besonders junge Bewerber für eine (Ausbildungs-) Stelle zu gewinnen. Der Personaldienstleister Manpower berichtet davon, dass bereits 17 Prozent der Betriebe neue Rekrutierungswege wie beispielsweise Apps zum Mobile Recruiting, Social Media, Matching Tools oder Guerilla-Maßnahmen testen. Das zeigt, dass innovative Personalarbeit notwendig ist, um (gute) neue Mitarbeiter zu finden. Ungenutztes Potenzial bieten zudem ausländische Fachkräfte – lediglich 4 Prozent der Betriebe versuchen diese zu rekrutieren (Aichele [1] 2015).

Positiv gestimmte Mitarbeiter empfehlen den Betrieb gerne weiter
Stimmen die genannten Grundvoraussetzungen, so erhöht sich zeitgleich die Chance der Weiterempfehlung an Freunde und Bekannte. Dies ist von Vorteil, da es dem Betreiber ohne entstehende Kosten ermöglicht wird, an neues Personal zu gelangen. An dieser Stelle sei erwähnt, dass je nach Größe und Konzeption die Personalabteilung und -suche mitunter große Unterschiede aufweisen kann. Gerade bei größeren Betrieben ist das Schalten von Anzeigen die gängigere Praxis und auch der jeweilige Lebenslauf aufgrund mehrerer Bewerber womöglich von größerer Relevanz.

Eines eint jedoch alle gastronomischen Betriebe: die Notwendigkeit fairer und angemessener Bezahlung. Dies ist zudem eines der Haupterkenntnisse der durchgeführten Experteninterviews. Übereinstimmend war man hier der Meinung, dass Rationalisierung – in ganz besonderem Maße beim Personal – der falsche Ansatz ist. Sicherlich drückt höhere Entlohnung noch mehr auf den ohnehin schon großen Kostenblock Personal. Allerdings sollte nicht vergessen werden, welche Auswirkungen zufriedenes, fair entlohntes Personal auf Umsatz, Betriebsklima oder (wiederkehrende) Gäste hat. Es gilt, eine dem Betrieb angepasste Personalpolitik zu implementieren, die eine Balance zwischen hohem Servicestandard und vertretbaren Personalkosten findet.

EXPERTENTIPP: *»Bezüglich Bezahlung können Sie nur einen Tick besser sein als der Rest, zudem sollten Sie auch wissen, was die Mitbewerber zahlen. Man sollte sich daran orientieren und ggf. etwas höher gehen, zumindest mit Bonuszahlungen, um die besten Leute zu kriegen. Und dann müssen diese aber auch gehalten werden. Denn nur mit Geld allein schaffe ich es auch nicht, Mitarbeiter in der Gastronomie zu motivieren.«* Klaus Rader, L'Osteria

Die Personalkosten können reduziert werden, indem die Zeiten großer Unproduktivität weitgehend verringert werden. Das Warten auf den Gast und die damit verbundenen Leerzeiten führen häufig zu überflüssigen Personalkosten. Flexibilisierungsmaßnahmen bei der Arbeitszeit können helfen, dies zu minimieren. Durch systematische Erfassung bestimmter Daten können so genannte Produktivitätsanalysen im Personalbereich vorgenommen werden. Mithilfe solcher Analysen als Planungsgrundlage für flexible und gestaffelte Dienstpläne im Service- und Küchenbereich können vermeidbare Warte- und Leerzeiten minimiert werden (Gugg/Hank-Haase 1999 S. 63).

In Betrieben, in denen Gästezahlen stark schwankend sind, kann natürlich der Rückgriff auf Personaldienstleistungsunternehmen oftmals ein gutes Mittel sein. Zwar scheinen diese auf dem ersten Blick kostenintensiv. Betrachtet man aber den Aspekt, dass man nicht für Leerzeiten bezahlen muss, da man Personal nur für die Situationen anfordert, in denen »Not am Mann« besteht, relativiert sich dieses Bild.

Personaldienstleister – Pro und Contra

Pro:

- Gastronomiemitarbeiter können bei Nichteignung kurzfristig ausgetauscht werden
- Kosten für krankes Personal fallen nicht zu Lasten des Betriebs an; kranke Mitarbeiter werden durch die Fremdfirma ersetzt
- Es ist ein flexibler, auslastungsabhängiger Einsatz möglich
- Es wird bei den eigenen, weniger einsatzbereiten Mitarbeitern ein Zeichen gesetzt
- Durch die Kooperation mit einer guten Fremdfirma werden »Nerven geschont«

Kontra:

- Involvement/Loyalität zu dem Auftraggeber könnte fehlen
- Je nach Fremdfirma könnten die Kosten höher sein als für eigene Mitarbeiter (hier ist aber auch ein Blick auf die hauseigene Krankheitsrate und die Produktivität der eigenen Mitarbeiter wichtig)
- Es könnte zur Verunsicherung unter den eigenen Mitarbeitern führen, ob der eigene Arbeitsplatz noch sicher ist; wichtig ist auch hier die offene Kommunikation, weshalb man diesen Schritt gegangen ist

Unabdingbare Voraussetzungen:

- Eigene, festangestellte Führungskräfte wie beispielsweise Restaurantleiter zur Gewährleistung der Qualität.
- Die Mitarbeiter der Fremdfirma dürfen nicht als solche für den Gast erkennbar sein; sie tragen die hauseigene Uniform, werden von der Führungskraft eingearbeitet, sämtlichen Mitarbeitern vorgestellt und können auch am Personalessen teilnehmen. Sie müssen in das Team bestmöglich integriert werden.
- Es muss auf das Niveau des Anbieters und der Beschäftigten geachtet werden. Idealerweise lässt man sich die in Frage kommenden Mitarbeiter vorstellen. Es sollte darauf geachtet werden, dass ein Personalstamm garantiert werden kann, sodass der Betrieb sich nicht täglich auf neue Mitarbeiter einstellen und sie auch noch einarbeiten muss.
- Es muss mit der Fremdfirma eine Testphase vereinbart werden.

PRAXISBEISPIEL: Talent Garden Personalsupport: *Das Münchner Unternehmen Talent Garden Personalsupport bereichert seit geraumer Zeit die Landschaft der Personaldienstleister. Die Philosophie »Together we grow« basiert auf einem partnerschaftlichen Miteinander der involvierten Parteien und soll so in deren gemeinsamen langjährigem und nachhaltigem Erfolg resultieren. Bewusst bezeichnen die Unternehmer ihre Mitarbeiter als Talente, um so deren Qualifikationen und Leidenschaft für das Gastgebertum zu betonen. Toleranz und Offenheit, Fairness – nicht nur in Form leistungsgerechter Bezahlung von Anfang an – sowie das umfangreiche Schulungsangebot zeichnen Talent Garden als Arbeitgeber aus. Neben der temporären Personalabdeckung haben sich die Gründer von Talent Garden auf die Vermittlung von hochqualifizierten Fachkräften spezialisiert. Ihre enge Zusammenarbeit mit auf Dienstleistungs- sowie Tourismusmanagement ausgerichteten Hochschulen in Verbindung mit ihrem ausgedehnten Netzwerk ermöglichen es ihnen, die High Potentials in der Hospitality Industrie passgenau zu vermitteln. Auftraggeber profitieren dabei unter anderem von der zeitnahen Möglichkeit, auf Personalengpässe zu reagieren, und der schnelleren Besetzung der vakanten Stelle.* Quelle: www.talentgarden.de

Bewerberauswahl und Personaleinstellung

Abhängig von einem vorher erstellten Anforderungsprofil im Rahmen der Personalbedarfsplanung lässt sich einordnen, in welchem Maße bestimmte Qualifikationen und Erfahrungen von Relevanz sein sollen. Sind diese eher zweitrangig, da die fachlichen Anforderungen nicht allzu hoch sind und zudem angelernt werden können, steigt die Bedeutung des persönlichen Eindrucks und Auftrittes des Bewerbers. Dabei können bereits im Einstellungsgespräch oder bei einem Probetag schnell Fähigkeiten erkannt werden, die ggf. fachliche Mängel aufwiegen können wie z.B. schnelle Auffassungsgabe, Charisma, Lernbereitschaft, Motivation. Hat man die richtigen Leute an Bord und lässt diese auch wissen, dass sie auf dem richtigen »Gewinnerboot« sind, können Motivation und Begeisterung eine eigene Dynamik entwickeln (Jäkel/Ploner 2010 S. 106ff). Treffend, wenn auch etwas salopp, formuliert es *Hein*: »Zwei flotte Mädels bringen Dir mehr als sechs frustrierte gelernte Bedienungen« (Hein 2003 S. 38).

Problem Personalmangel

Ungeachtet der genannten Herausforderungen hinsichtlich des Personals (z.B. Leerzeiten, hoher Wettbewerb), die ein Gastronom zu bewältigen hat, stellt ihn häufig bereits die Personalbeschaffung vor große Schwierigkeiten. Schlechte Bezahlung, unkonventionelle Arbeitszeiten, viele (unbezahlte) Überstunden und starke körperliche Belastung schrecken viele vor – besonders dauerhafter – Tätigkeit in der Gastronomie ab. Umfragen unterstreichen die Herausforderung und zeigen, dass über die Hälfte der Gastronomen Probleme hat, Personal zu finden. Ähnliche Zahlen gelten für Personal in der Küche.

Dieses Dilemma erschwert die Situation für viele Betreiber, da dem Personal, in einer dienstleistungsorientierten Branche wie der Gastronomie eine wettbewerbsentscheidende Bedeutung zukommt. Schließlich sind die Mitarbeiter diejenigen, die den direkten Gästekontakt pflegen. Somit hat jeder von ihnen einen starken Einfluss auf die Qualität und die Produktivität des Betriebes. Aus Gästesicht bestätigt sich diese These: Auf Bewertungsportalen im Internet wie beispielsweise Tripadvisor gibt die Mehrheit »schlechten Service« als Hauptgrund für einen unbefriedigenden Restaurantbesuch an. Zudem zehren ungeeignete Mitarbeiter wertvolle Kräfte der Betriebsleitung auf und frustrieren zugleich Kollegen nach dem Motto: »Ein fauler Apfel verdirbt die ganze Kiste«.

EXPERTENTIPP: »*Wir arbeiten mit einem externen Caterer zusammen, der unser Premium-Fleisch für uns lagert, putzt, anbrät, vakuumiert und schließlich anliefert. Das führt zu einem minimalistischen Küchenaufwand, was sicherlich ein großer Vorteil für uns ist. Wir verzichten demnach gänzlich auf gelernte Köche. Viele bei uns im Restaurant können die gesamte Karte selber produzieren, was zu einer kompletten Unabhängigkeit führt.*« Max von Saurma, Ojo de Agua

Nach wie vor ist natürlich die nicht nachlassende Suche von passenden Azubis wichtig. Hierbei gilt folgendes zu beachten:

- Über 50 Prozent der Auszubildenden geben an, auf Spaß und Erfüllung im Beruf Wert zu legen.[11]
- Betriebsklima und Jobsicherheit stellen für die jungen Bewerber die wichtigsten Merkmale dar.
- Azubi-Bewerber nutzen relativ häufig die Webseiten der Unternehmen, aber auch das Angebot der Bundesagentur für Arbeit
- In der Ansprache sollten Unternehmen witziger, innovativer sein als andere. Dies ist oftmals ein wichtiger Schlüssel.
- Als Arbeitgeber sollte man einfach mehr bieten und mehr machen als andere Betriebe, zum Beispiel ein AZUBI Cars oder AZUbikes anschaffen oder dergleichen.
- Nicht alles kostet hierbei immer viel, es sind oftmals auch kleine menschliche Gesten, die ankommen.

[11] Erhobene Daten von einer Studie der AHGZ in Zusammenarbeit mit der HSBA Hamburg School of Business Administration. Im Rahmen der Studie wurden 1369 Azubis, Schüler und Ausbildungsverantwortliche befragt.

Personaleinsatzplanung

Personalbedarfsplanung

Die Mitarbeiterbedarfsplanung berücksichtigt folgende Determinanten:

- Arbeitsaufkommen (z. B. belegte Tische, Serviceart)
- Durchschnittliche Auslastung des Betriebes
- Tatsächliche Verfügbarkeit des Mitarbeiters (Gruner 2015 S. 84)

Arbeitsaufkommen sowie durchschnittliche Auslastung werden in der Phase der Einführung aufgrund mangelnder Erfahrungswerte vorerst schwierig einzuschätzen sein. Dennoch gilt es, sich an bestimmten Parametern wie Lage, Konzeption, Serviceart und Nachfrage zu orientieren. Diese lassen sich mit Fortdauer und zunehmender Erfahrung besser planen. Zunächst muss anhand vorliegender Daten ermittelt werden, an wie vielen Tagen ein Mitarbeiter dem Betrieb durchschnittlich zur Verfügung steht. Die folgende Tabelle veranschaulicht das Vorgehen.

Verfügbarkeit einer Arbeitskraft eines Arbeitnehmers

	365 Tage/Jahr abzüglich
./.	104 Tage pro Tage sind arbeitsfrei (so genannte Ruhetage)
./.	8 Tage, beispielhafte ermittelte durchschnittliche Krankheitsrate im Betrieb
./.	12 Feiertage (abhängig je nach Bundesland)
./.	26 Tage im Betrieb ermittelter durchschnittlicher Urlaubsanspruch
=	215 Tage pro Jahr steht somit ein Arbeitnehmer zur Verfügung

Quelle: Eigene Darstellung

Dividiert man nun 365 (Annahme: Öffnungszeit=365 Tage/Jahr) durch 215, erhält man einen Anwesenheitsfaktor von 1,7 Mitarbeiter/Jahr. Nach betriebsspezifischer Ermittlung des täglichen Bedarfs an Mitarbeitern, z.B. vier Mitarbeiter pro Tag, lässt sich durch Multiplikation der beiden Zahlen die Anzahl der benötigten Arbeitskräfte ermitteln. In genanntem Beispiel werden 1,7 x 4 = 6,8 Mitarbeiter benötigt, was aufgerundet sieben Personen, die eingestellt werden müssen, entspricht. Der Faktor lässt sich zudem für die wöchentliche Dienstplangestaltung anwenden.

Personaleinsatzplanung

Besonders in der Einführungsphase ist es sehr wichtig, zum einen den Betrieb voll zu besetzen, um ausreichend Umsatz zu generieren, zum anderen die Personaldecke noch möglichst dünn zu halten. Das bedeutet keinesfalls dauerhaft in Unterbesetzung zu agieren. Im Gegenteil sollte vielmehr schrittweise vorgegangen werden. So sollte vorerst weniger Personal eingestellt werden, um die Entwicklung und die Annahme des Marktes erst einmal abzuwarten. Eine verstärkte Einbringung des Betreibers ist in dieser Phase entscheidend. Somit können Arbeitsschichten mit der eigenen Arbeitskraft abgedeckt werden. Dies ermöglicht es außerdem, die gewünschte Kundenbindung herzustellen und mögliche Abläufe zu verbessern. Sobald der Umsatz steigt und erkennbar ist, dass der Betrieb gut läuft, kann entsprechend Personal aufgestockt und angepasst werden.

Um den Einsatz des Personals festzulegen und dieses über die jeweiligen Arbeitszeiten zu informieren, wird in der Regel ein Dienstplan verwendet. Der klassische Dienstplan mit einer starren acht Stunden Schichteinteilung birgt die Gefahr von untätigem Personal bei Leerzeiten bzw. von Überstunden bei starkem Geschäftsvolumen. Die Variante, Personal für ein bis zwei Stunden in unbezahlte »Pause« zu schicken, ist dabei eine eher unbefriedigende Maßnahme für die Mitarbeiter und keine dauerhafte Lösung. Lösungsansätze bieten vielmehr eine flexible Zeitplanung im Rahmen eines Zeitkontos, eine flexible Aufgabenverteilung oder der Einsatz von Teilzeitkräften, Aushilfen oder Fremdfirmen. Während die beiden erstgenannten mindestens dem Zuspruch der Mitarbeiter, wenn nicht gar des Betriebsrates bedürfen, kommt die Option mit Teilzeitangestellten und Aushilfen in der Praxis deutlich häufiger zum Einsatz. So ließ sich in den letzten Jahren eine klare Tendenz zur Teilzeitbeschäftigung beobachten. Demnach waren etwa 70 Prozent der seit 2007 im Gastgewerbe hinzugekommenen sozialversicherungspflichtigen Beschäftigten auf Teilzeitbasis angestellt. Die Vorzüge von Teilzeitkräften weiß auch *Andreas Salger* als Operations Manager der *Kull & Weinzierl GmbH* zu schätzen, der zuständig für acht gastronomische Einrichtungen ist.

PRAXISBEISPIEL: *»Es gibt Schlüsselpositionen, die immer besser bezahlt sein müssen, damit der Betrieb gut funktionieren wird. Ich denke, am besten lassen sich Personalkosten optimieren, indem man eine gute Mischung in der Personaldecke zwischen Fest- und Teilzeitangestellten findet. Generell lassen sich durch Teilzeitangestellte die Personalkosten sehr gut optimieren, da diese 3x die Woche arbeiten und meist nicht verstimmt sind, sollte der Bedarf mal nur bei 2x die Woche liegen. Gleichzeitig würden sie zu Spitzenzeiten auch oft einspringen, sofern sie öfter benötigt werden. Bei Aushilfen ist es oft anders. Sie sind häufig ehemalige Mitarbeiter, die dann u.U. nebenbei das Studieren anfangen. In der Praxis erreicht man mit ihnen aber selten die gewünschte bzw. erforderliche Loyalität, Ausbildungsgrad und Kompetenz. Wir haben bei ca. 450 Mitarbeitern etwa 10 Aushilfen, also ein sehr niedriger Wert.*

Generell kann man Personalkosten nur in den Griff bekommen, indem man als Inhaber ganz klare Kennzahlen vorgibt, die man erreichen möchte. Demnach könnte man so vorgehen: Ich möchte bei 50 Reservierungen 4 Kellner + 2 Oberkellner und 2 Hostessen einsetzen. So kann man vermeiden, dass man plötzlich zu stark über- oder unterbesetzt ist. Diese Verhältnisse sollten von den Führungskräften oder Inhabern vorgegeben werden und danach sollten sie entsprechend den Dienstplan gestalten.« Andreas Salger, Kull & Weinzierl

Sollte es gelingen, die Personalbeschaffung und deren Einsatz in qualitativer und quantitativer Weise zufriedenstellend zu erreichen, so ist es erstrebenswert, entgegen der häufig vorkommenden Leerzeiten, eine hohe Produktivität des jeweiligen Mitarbeiters zu erzielen. Erfolgreiche Unternehmen wie die »FR L'Osteria GmbH« können teilweise mit einer enorm hohen Produktivität glänzen, indem Tische mehrmals pro Tag verkauft werden können und somit das Personal durchgehend Beschäftigung findet.

CHECKLISTE: Kennzahlen zur Arbeitsproduktivität

- Personalaufwand (in %) = Personalaufwand/Monat : Gesamtumsatz/Monat
- Personalaufwand je Gast = Personalaufwand/Monat : Anzahl der Gäste/Monat
- Personalaufwand je Arbeitsstunde = Personalaufwand/Monat : Anzahl der Arbeitsstunden/Monat
- Anzahl Gäste je Arbeitsstunde = Anzahl der Gäste/Monat : Anzahl der Arbeitsstunden/Monat
- F&B-Gesamtproduktivität = F&B-Umsatz/Monat : (Wareneinsatz F&B/Monat + Personalaufwand/Monat + sonstige direkter Aufwand/Monat) (wobei hier die Produktivität des Unternehmens mit steigendem Index steigt) (Gruner 2015 S. 62)

CHECKLISTE: Personalbedarfsplan

[ ] Wie viele und welche Stellen müssen besetzt werden?
[ ] Wie viele Vollzeit- und Teilzeitbeschäftigte werden benötigt?
[ ] Welche Aufgaben sollen die zu besetzenden Stellen haben?
[ ] Welche Kenntnisse, Qualifikationen und sonstigen Anforderungen werden benötigt?
[ ] Legt der Betrieb ein besonderes Augenmerk auf soziale Anpassungsfähigkeit?
(INTERHOGA 1999 S. 125)

Exkurs: Der Mindestlohn

Seit dem 1. Januar 2015 gilt in Deutschland ein flächendeckender gesetzlicher Mindestlohn von 8,50 €. Rund 3,7 Millionen Beschäftigte sollen von dieser Neuregelung und entsprechend steigenden Löhnen profitieren. Mit Festlegung auf das Mindestniveau von 8,50 € soll die Zahl der Arbeitnehmerinnen und Arbeitnehmer, die trotz Vollzeitbeschäftigung auf Sozialleistungen angewiesen sind, verringert werden.

Was besagt das Mindestlohngesetz konkret?

- Alle Arbeitnehmer erhalten brutto mindestens 8,50 € pro Stunde; auch für Minijobber gilt der gesetzliche Mindestlohn.
- Durch das Mindestlohngesetz werden diesbezügliche tarifliche Bestimmungen veraltet, sofern sie Bruttolöhne unter 8,50 € beinhalten. Sämtliche andere Regelungen des Vertrags bleiben jedoch wirksam.
- Vom Mindestlohn ausgenommen sind Minderjährige ohne Ausbildung, Auszubildende, Pflichtpraktikanten, Praktikanten, welche Praktika mit maximal drei Monaten Dauer absolvieren, sowie Langzeitarbeitslose (ab einem Jahr Arbeitslosigkeit) in den ersten sechs Monaten der Beschäftigung.
- Aufzuzeichnen sind Beginn, Dauer und Ende der täglichen Arbeitszeit sowie Pausen. Dem Betrieb bleibt es überlassen, ob er diese Dokumentation handschriftlich oder elektronisch vornimmt.
- Die Aufbewahrung von Dienstplänen ist nicht ausreichend.

- Auch Mehrarbeit muss entsprechend im Mindestlohn einkalkuliert werden.
- Mögliche Folgen des Mindestlohnes können sein: Gestiegene Kosten für das Personal und, zudem bedingt durch die Weitergabe der Mehrkosten, durch Lieferanten, zudem auch für den Wareneinsatz.
- Beispielsweise Trinkgelder, steuerfreie Schichtzulagen, Messegeld, Mankogeld und Wäschegeld werden nicht angerechnet und sind zusätzlich zum Mindestlohn zu zahlen. Gastronomen sollten prüfen, welche Leistungen sie hier anpassen oder kürzen.
- Für »mindestlohnnahe« Mitarbeiter kann das unter Umständen auch bedeuten, dass sie einen geringeren Nettolohn als vorher verdienen. Das hat der Gesetzgeber bewusst in Kauf genommen.
- Der Mindestlohn muss spätestens am letzten Bankarbeitstag, in dem die Arbeitsleistung erbracht wurde, an den Arbeitnehmer gezahlt werden (http://blog.orderbird.com/mindestlohn-gastronomie-deutschland).

Mit der Mindestlohndokumentationspflichtenverordnung, die mit dem 01.08.2015 in Kraft trat, wird »die Einkommensschwelle von 2.958 € dahingehend ergänzt, dass die Aufzeichnungspflicht nach dem Mindestlohngesetz bereits dann entfällt, wenn das verstetigte regelmäßige Monatsentgelt mehr als 2.000 € brutto beträgt und dieses Monatsentgelt jeweils für die letzten tatsächlich abgerechneten 12 Monate nachweislich gezahlt wurde. Zudem sind bei der Beschäftigung von engen Familienangehörigen (Ehegatten, eingetragene Lebenspartner, Kinder und Eltern des Arbeitgebers) die Aufzeichnungspflichten nicht mehr anzuwenden« (www.der-mindestlohn-wirkt.de/ml/DE/Service/Meldungen/2015/neue-mindestlohn-verordnung.html).

Ausstattung und Ambiente – was brauche ich, was nicht?

Betrachtet man die Deckungsbeitragsrechnung eingehender, so kann man feststellen, dass an diversen Stellen noch operativ Einfluss genommen werden kann. So lässt sich bei der Berechnung des Deckungsbeitrages I nicht nur an den Personal- und Warenkosten, sondern auch am übrigen Aufwand sparen (vgl. Kap. 3.1).

Gezielte Reduzierung von übrigem Aufwand

In der Anfangsphase des Betriebes steht der Gastronom noch hohen Kosten und vergleichsweise geringem Umsatz gegenüber. Jeder Euro muss demnach am besten zweimal umgedreht werden. Ein bewusstes Überdenken der direkten Kosten wie z. B.

- von Dekorationsobjekten (vor allem, wenn sie wie Schnittblumen vergänglich sind)

- Wäsche (hier ist darauf zu achten, dass Küchenwäsche nicht per Kilo, sondern per Stück abgerechnet wird, wenn diese meist feucht ist)
- oder Bruchware (hier kann man beispielsweise den ermittelten Betrag für Ersatzinvestitionen an eine vorher mit den Mitarbeitern der Spülküche vereinbarte Prämie koppeln, d.h. in der Spülküche erzeugter Bruch wird von der Prämie abgezogen, der Mitarbeiter hat einen Anreiz, möglichst vorsichtig mit dem Geschirr umzugehen)

kann also zu einer höheren Wirtschaftlichkeit beitragen. Sicherlich ist es ein schmaler Grat, zwischen Rationalisierung und Aufrechterhaltung von Qualität die Waage zu halten. Dennoch lassen sich Maßnahmen hinterfragen, welche der Gast in den meisten Fällen nicht direkt als qualitätsmindernd empfindet. Als veranschaulichendes Beispiel lassen sich Tisch-Sets nennen: Schwer zu reinigende Sets können einen enormen Putzaufwand nach jeder Tischbesetzung nach sich ziehen oder sie werden eben nach kurzer Zeit verschmutzt und mindern so den Qualitätsanspruch des Betriebes. Demzufolge sollte man hinterfragen, ob ähnlich schöne Modelle existieren, die leichter zu pflegen sind oder ob man gar auf diese verzichten kann? Würden die Gäste auch ohne diese gerne kommen oder lassen sich alternative Einwegsets finden, die keiner Reinigung bedürfen wie am Beispiel der L'Osteria? Das Pepe Nero in München, bei dem das Mittagsgeschäft sehr wichtig ist, setzt auf beidseitig bedruckte Einwegsets aus dickerem Papier. Während die eine Seite die Speisekarte abbildet, stellt die andere Seite ein symbolisch klassisches Tischgedeck mit Teller, Messer und Gabel dar. Zwar fällt bei dieser Lösung Abfall an, doch sparen sich die Bedienungen Wege und damit Zeit, da das Aushändigen der Karte wegfällt. Zudem fallen an dieser Stelle keine Kosten für Pflege und Reinigung an.

Ähnliche Überlegungen können für die Blumen-Tischdeko in Erwägung gezogen werden: Gibt es ähnlich schöne Schnittblumen, die möglicherweise ein bis zwei Tage länger halten, als die bisher verwendeten, können kleine Blumentöpfe zum Einsatz kommen? Sind dafür kleine Vasen neu anzuschaffen oder können schöne Flaschen aus dem eigenen Getränkesortiment verwendet werden? Diese beispielhaften Überlegungen sollen in erster Linie dem Anreiz für den Unternehmer dienen, gewissen Aufwand zu vermeiden und über alternative Beschaffungsmöglichkeiten nachzudenken. Individuelle kreative Lösungen können nicht nur Kosten sparen, sondern zugleich Authentizität und Alleinstellungsmerkmale schärfen. Ideen für günstige und oftmals sehr originelle Dekorationsmöglichkeiten finden sich mittlerweile auf einer Vielzahl von Internetplattformen wie beispielsweise Pinterest.

Ein weiterer wichtiger, oft vernachlässigter Faktor ist die Erfassung von Bruch in Form von Bruchlisten. Generell ist Bruch in der Gastronomie wohl nie zu vermeiden, allerdings haben oftmals gleichwertige Glasprodukte eine unterschiedliche Lebensdauer. Auch dieser Aspekt kann nicht unbeachtet bleiben. Zudem sollte eine lückenlose Bruchliste geführt werden, um einen Überblick über die monatlichen Werte erlangen zu können.

EXPERTENTIPP: »*Wichtig ist, dass die Investitionen nicht zu hoch sind. Man sollte darauf achten, dass es ausgewogen bleibt und auch, dass die Miete nicht zu hoch liegt und mit dem Businessplan übereinstimmt. Natürlich gibt es einen gewissen Widerspruch: Man möchte auf der einen Seite etwas schön gestalten, was aber nicht heißt, dass alles »vergoldet« sein muss. Da stellt sich natürlich auch die Frage: Was sind die Basics, was brauche ich wirklich und was wäre »nice to have«? Wir investieren schon gut in neue Betriebe, was aber auch konzeptbedingt daran liegt, dass wir jeweils eine bestimmte Einzigartigkeit aufweisen können. Aber oft geht es eben auch einfacher als man denkt.*« Rolf Hiltl, Hiltl

Inventar richtig erfassen/Inventur richtig durchführen

Einer richtig durchgeführten Inventur kommt ebenfalls eine wichtige Bedeutung zu. Zum einen ermöglicht eine regelmäßige Erfassung etwaigen Schwund oder Diebstahl zu identifizieren und dabei die Wareneinsatzquote zu schonen. Zum anderen trägt die monatliche Inventur dazu bei, den Gesamtwert des Warenbestandes zu erfassen, mit welchem der Steuerberater die Betriebswirtschaftliche Auswertung (BWA) erstellen kann. Mithilfe gängiger Computerprogramme wie Microsoft Excel sowie mit den Daten der Jahresinventur lässt sich die Inventur relativ leicht durchführen. Eine gezielte Delegierung des Zählens und Wiegens an die Mitarbeiter erspart zudem dem Betreiber den monatlichen Mehraufwand (Hein 2003 S. 55; Kammerer 2010 S. 31).

DEN NOCH GERINGEN UMSATZ STEIGERN

Für einen gastronomischen Betrieb sind sowohl die Anzahl der Gäste als auch der Umsatz pro Gast von Relevanz. Letzterer wird nicht nur durch die Preise bestimmt, sondern ist auch davon abhängig, welche und wie viele Speisen der einzelne Gast konsumiert. Demnach ist es für den Betrieb wichtig, dem Gast möglichst nicht nur ein Gericht zu verkaufen, sondern auch mögliche Zusatzpositionen wie Suppen, Salate und Getränke wie z.B. Aperitif, Wasser oder Café anzubieten. In dieser Phase des Lebenszyklusses ist es jedoch primär wichtig, »den Laden voll zu kriegen«. Ist das geschafft, so kann im weiteren Verlauf mit den genannten Zusatzverkäufen zusätzlicher Umsatz generiert werden (Hänssler 2008 S. 310). Auch mit wachsender Frequentierung und Bekanntheit steigt der Umsatz, was in dieser momentanen Einführungsphase besonders wichtig für die Liquidität des Betriebes ist.

Die richtige Preispolitik – Kalkulieren, Bauchgefühl oder Markt?

Preisfindung

Bezüglich der Frage, was die richtige Preisfindung betrifft, stößt man auf eine Vielzahl verschiedener Aussagen und Herangehensweisen. Während die einen sagen: »Der Markt bestimmt den Preis« (Hein 2003 S. 46), sehen andere den richtigen Preis darin, wenn der Gast ein gutes Preis-Leistungs-Verhältnis wahrnimmt, indem er dem Wert des Produktes einen höheren Wert beimisst, als den tatsächlich hierfür veranschlagten Kosten (Cousins et. al. 2002 S. 41). Einige Unternehmer wiederum verlassen sich auf das Bauchgefühl oder orientieren sich an den Wettbewerbern, was in einem Teufelskreis enden kann. Denn eine Orientierung an einem unrentabel wirtschaftenden Wettbewerber wird sich zweifelsohne negativ auf den eigenen Betrieb auswirken. Ohne Alleinstellungsmerkmal oder besonderes Angebot ist es in der Regel schwer, sich von der Konkurrenz abzuheben und hohe Preise durchzusetzen. In der Konsequenz bleibt dann meist nur der Kampf über den Preis (Trinkl 2006 S. 66). Prinzipiell spielen mehrere Faktoren für die Preisfindung eine Rolle, angefangen bei der Beachtung der eigenen Wirtschaftlichkeit, der Zahlungsbereitschaft der Zielgruppe oder der generellen Kaufkraft am Standort - und das wiederum in Abhängigkeit von der Güte der Produkte sowie preispsychologischen Effekten. Daraus lassen sich die schwerwiegendsten Fehler bei der Preiskalkulation festhalten, die teils aus Unwissen, teils der Einfachheit halber begangen werden:

- Mangelnde Orientierung am Markt
- Ungenaue Ermittlung der Warenkosten
- Keine Berücksichtigung der Arbeitskosten
- Ungenügende Verkaufskontrolle (Gugg/Hank-Haase 1999 S. 32ff)

Die Grundlage: eine saubere Kalkulation

Auch wenn Experten raten, sämtliche Positionen durchzukalkulieren, so gibt es immer auch erfolgreiche Gastronomen, die gänzlich ohne Kalkulation auskommen und trotzdem schwarze Zahlen schreiben. So konnte auch bei den Experteninterviews keine eindeutige Vorgehensweise festgestellt werden. Als Ergebnis lässt sich konstatieren, dass zumindest eine Kalkulation zur Sicherstellung der Wirtschaftlichkeit die Grundlage bilden, und diese dann mit der Markt- und Wettbewerbsorientierung verglichen und folglich angepasst werden sollte. Dies deckt sich auch mit den Auswertungen der eigenen Umfrage. Demzufolge gibt der Großteil der 41 Befragten an, eine Mischung aus Kalkulation und Marktorientierung bei der Preisfindung anzuwenden. Deutlich über ⁴⁄₅ (Mehrfachnennungen

Aussagen der Experten zur Preispolitik:

»Wir setzen bei der Preisfindung darauf, ein gutes Mittelmaß zu finden. Denn wir möchten gerne, dass jeder zu uns kommen kann. Egal ob Bankdirektor, Großfamilie oder Student, preislich gesehen soll für jeden etwas dabei sein.
Somit versuchen wir Teller zu 4 €, aber auch Teller bis 20 € anzubieten. Unser Ansatz ist es dabei zu sagen: Wir machen das eine ein bisschen teurer, das andere ein bisschen billiger und der Gewinn ist dann irgendwo in der Mitte. Wenn ich weiß, ein Student isst dieses bestimmte Produkt lieber, dann biete ich es eben günstiger an und kalkuliere »mal drei«, bei einem anderen Gericht dann z. B. »mal vier«. Dabei ist aber auch immer ein Bauchgefühl dabei. Wir haben dabei nie ein Minus gemacht, deshalb scheint die Rechnung ganz gut aufgegangen zu sein.« Haya Molcho, Neni

»Ich würde mich prinzipiell zuerst an der Lehre der Marge orientieren. Das heißt man betrachtet seine Zahlen und überlegt sich: was will ich verkaufen und welche Marge kann ich da drauf schlagen?
Das ist das eine, das andere ist der gelungene Mix im Angebot von günstigeren und teureren Produkten, denn wenn ein konzeptionell auf Fleisch ausgelegtes Restaurant z. B. NUR Rinderfilet anbietet, wird es schnell schwierig. Entsprechend empfiehlt sich hier eine gute Mischrechnung. Darauf basierend sollte man die Höhe der Marge berechnen.
Schlussendlich ist jedoch der Preis, den man effektiv verlangen kann, abhängig von der Lage, dem Land in dem ich anbiete, den Mitbewerbern und deren Angebot.
Sollten sich hier die Preise sehr ähneln, kann man mit Zusatzleistungen wie anderem Service, Verfeinerungen durch gezielte Twists, anderer Darstellung oder dem Aufbau einer echten Marke versuchen, den eigenen Preis zu erhöhen. Gleichzeitig gilt es sicherzustellen, dass dieser dann auch akzeptiert wird. Steht meine Marke also für Qualität, wissen die Leute auch: Wenn ich da hingehe, dann stimmt's!« Rolf Hiltl, Hiltl

»Mein Motto lautet: Lieber ein volles Restaurant mit niedrigen Preisen und höherem Wareneinsatz als ein leeres Restaurant mit hohen Preisen und niedrigem Wareneinsatz.«
Klaus Peter Kofler, Kofler & Kompanie

möglich) der Befragten gab an, eine Mischung aus Kalkulation und Marktorientierung zu nutzen, knapp die Hälfte verwenden andere Aufschlagsmethoden.

Um eine vernünftige Kalkulation aufzustellen, gibt es in der Betriebswirtschaft mehrere Möglichkeiten. So sind einige von ihnen zwar einfacher anzuwenden, lassen dafür aber wichtige Aspekte außer Acht wie z.B. mögliche personalintensive Zubereitungszeiten.

- Die Aufschlagskalkulation: Die Aufschlagskalkulation bietet einen kostenorientierten Weg, um den Inklusivpreis zu errechnen. Auf Basis des Wareneinsatzes werden anfallende Kosten in Form prozentualer Zuschläge aufgeschlagen. In diesen Zuschlägen müssen demnach alle Kosten, von Personal- über Marketing- und Energie- bis hin zu den anlageabhängigen Kosten wie z.B. Zinsen und Abschreibungen, enthalten sein. Um die Warenkosten als verlässliche Grundlage dieser Kalkulation anwenden zu können, bedarf es der Erstellung fester Rezepturen durch Rezeptkarten. Nur so kann von konstant gleichen Werten beim Wareneinsatz ausgegangen werden. Gleiches gilt für die Beachtung der Putz-, Schnitt-, Brat- oder Kochverluste sowie dem Verderb. Auch wenn sich diese Vorgehensweise kompliziert und aufwendig anhört, so ist sie, einmal gründlich festgelegt, im weiteren Verlauf des Betriebes von großem wirtschaftlichen Nutzen und muss lediglich bei Änderungen der Einkaufspreise oder der Rezepturen angepasst werden (Gugg/Hank-Haase 1999 S. 32ff).

Da sich jedoch über die Jahre ein Wandel feststellen lässt – vom Wareneinsatz als einstigem größten Kostenfaktor hin zum Personal als größten Kostenfaktor – ist bei dieser Methode eine deutliche Schwachstelle identifizierbar, da die pauschale Umlegung der Gemeinkosten nicht dem tatsächlichen Wert der Dienstleistung gerecht wird. Den Wandel belegt u.a. die eigens durchgeführte Erhebung, wonach rund 75 Prozent der Befragten die Personalkosten als kostenintensivsten Bereich ansehen. Ferner wird ein weniger arbeitsintensives Produkt wie TK- oder Convenience-Ware ebenso kalkuliert wie ein deutlich personalintensiveres, selbst hergestelltes Produkt. Trotz der genannten Schwächen ermöglicht die Aufschlagskalkulation eine einfache und langfristige Kostenkontrolle und stellt einen übersichtlichen Vergleich von Wareneinsatz und anfallenden Gemeinkosten auf (Gruner 2015 S. 40ff). Wie schon eingangs dieses Abschnittes genannt sollte jeder ermittelter Wert dahingehend geprüft werden, ob die gewünschten Zuschläge letztlich auch vom Gast akzeptiert werden. Dabei spielt nicht nur z.B. Konkurrenz, Qualität, Produktpräsentation eine Rolle, sondern auch die Beliebtheit der angebotenen Gerichte muss permanent beobachtet werden (Gugg/Hank-Haase 1999 S. 47).

Schema	Beispiel
Wareneinsatz (Materialkosten 100 %	Schinken-Käse-Toast 1,00 €
+ Gemeinkosten 120 %	1,20 €
= Selbstkosten 220 %	
Selbstkosten 100 %	2,20 €
+ Gewinn 20 %	0,44 €
= Kalkulierter Preis 120 %	
Kalkulierter Preis 100 %	2,64 €
+ Serviceaufschlag 8 %	0,21 €
= Inklusivpreis (IP) 108 %	
(Nettoverkaufspreis) = 100 %	2,85 €
+ Mehrwertsteuer 19 %	0,54 €
= Bruttoverkaufspreis (IP) 119 %	3,39 €

Quelle: Eigene Darstellung

- Bruttospanne und Kalkulationsfaktor: Während die Bruttospanne einen Prozentsatz angibt, der auf den Wareneinsatz aufzuschlagen ist, um den Inklusivpreis zu ermitteln, wird der Kalkulationsfaktor verwendet, um den Nettoerlös bzw. den Inklusivpreis zu erhalten. Die Bruttospanne errechnet sich durch:

Bruttoaufschlag = Inklusivpreis – Wareneinsatz
Bruttospanne = (Bruttoaufschlag x 100)/Wareneinsatz

Der Kalkulationsfaktor kann in zweierlei Ausführungen berechnet werden:
Kalkulationsfaktor I: Nettoerlös/Wareneinsatz
Kalkulationsfaktor II: Inklusivpreis/Wareneinsatz

Zudem kann ein durchschnittlicher Kalkulationsfaktor als Mittelwert für bestimmte Warengruppen aufgestellt werden. Hierzu lässt sich folgende Formel anwenden:
Durchschnittlicher Kalkulationsfaktor = 100 %/Wareneinsatz

Auch bei diesen beiden Berechnungen werden die Gemeinkosten pauschal umgerechnet. So müssen diese dringend regelmäßig angepasst werden, da sich die Gemein- und Materialkosten stetig verändern (Gruner 2015 S. 43ff; Schumacher 2010 S. 111).

- Deckungsbeitragsrechnung: Durch die Aufteilung der Gesamtkosten in fixe und variable Kosten im Rahmen der Teilkostenrechnung werden die Schwächen der Vollkostenrechnung – wie die willkürliche Proportionalisierung der Fixkosten sowie die Pauschalisierung der Gemeinkosten – vermieden. Allgemein trägt der Deckungsbeitrag vor Erreichen der Gewinnschwelle zur Deckung der fixen Kosten bei. Ist diese Schwelle erreicht, so trägt jedes verkaufte Produkt in gleichem Maße zur Gewinnerhöhung bei. Ein Gericht bzw. verkauftes Produkt ist demnach nur so lange wirtschaftlich, so lange es einen positiven Stück-Deckungsbeitrag erzielt. Da in der Gastronomie in der Regel der Wareneinsatz den größten variablen Kostenfaktor darstellt, lässt sich die Formel des Deckungsbeitrages gastronomiespezifisch abwandeln.

Deckungsbeitrag = Nettoumsatz – variable Kosten
bzw. **Deckungsbeitrag** = Nettoumsatz – Wareneinsatz

Doch nicht nur der einzelne positive Deckungsbeitrag ist zu berücksichtigen, sondern auch die Absatzmenge, was folgendes Beispiel verdeutlicht: Hiernach trägt zwar das Filet deutlich mehr zum Gewinn durch den höheren Stückdeckungsbeitrag bei, durch die größere Anzahl an verkauften Portionen leistet das Schnitzel aber einen mehr als doppelt so hohen Beitrag zum gesamten Deckungsbeitrag.

Schemenhaftes Beispiel für die Bedeutung der Absatzmenge

Artikel	*Anzahl*	*Nettoumsatz*		*Wareneinsatz*		*Deckungsbeitrag*	
		Stück	**Gesamt**	**Stück**	**Gesamt**	**Stück**	**Gesamt**
Rinderfilet	30	32 €	960 €	14 €	420 €	18 €	540 €
Schnitzel	120	18 €	2160 €	8 €	960 €	10 €	1200 €

Quelle: Eigene Darstellung

- Prime-Cost-Verfahren: Wie zuvor erwähnt, führt die Nicht-Berücksichtigung der Arbeitsintensität zu gewissen Schwachstellen bei der Preisermittlung. Die Personal- und Energiekosten-Belastung bei Eigenproduktion unterscheiden sich in großem Maße von denen der Fertigproduktion. Beim Prime-Cost-Verfahren wird nicht nur der Wareneinsatz, sondern auch die produktiven Lohnkosten als Einzelkosten berücksichtigt und in die Kalkulation miteinbezogen. Dadurch lässt sich eine höhere Kalkulationssicherheit erreichen als bei den zuvor genannten Beispielen. Zudem wird insbesondere die zunehmende Relevanz der Personalkosten berücksichtigt, wodurch das Prime-Cost-Verfahren zunehmend an Bedeutung gewinnt. Dennoch zeigt das Ergebnis der eigenen Erhebung, dass dieses Verfahren noch sehr wenig Einzug unter den Befragten erhalten hat.[12]

[12] Frage 10 der Umfrage: Nur 5 Prozent (bzw. 4 von 36) der Befragten geben an, das Prime-Cost-Verfahren zur Preiskalkulation heranzuziehen.

Die Ermittlung der produktiven Lohnkosten ergibt sich aus den Arbeitszeiten ausschließlich der Mitarbeiter, die tatsächlich »produktiv« am Zubereitungs- und Servierprozess beteiligt sind. Durch Addition der Warenkosten Speisen erhält man die Prime Cost. Durch Division des Umsatzes Speisen mit den Prime Cost lässt sich der Kalkulationsfaktor ermitteln, der gegen Ende der Preisermittlung zur Anwendung kommt.

Ermittlung des Kalkulationsfaktors

1. Umsatz Speisen	589.240 €
2. Warenkosten Speisen	198.743 €
+ produktive Löhne	99.874 €
= Prime Cost	298.617 €
3. Kalkulationsfaktor	589.240 €/298.617 € = 1,97

Quelle: Eigene Darstellung, in Anlehnung an Henschel S. 192

Um die durchschnittliche Arbeitszeit pro Gericht zu ermitteln, existieren mehrere Herangehensweisen. So kann theoretisch die Zubereitungszeit aller einzelnen Gerichte erfasst werden, was jedoch einen enormen Mehraufwand bedeutet und in der Praxis kaum Anwendung finden dürfte. Deshalb empfiehlt sich eine Einordnung in Gruppen, wodurch der Erfassungsaufwand eingegrenzt werden kann. So können Gerichte mit ähnlich hohem Zeitaufwand gleichen Gruppen zugeordnet werden.

Um im nächsten Schritt die produktiven Arbeitszeiten für die verkauften Gerichte in einer bestimmten Periode festzustellen, werden die durchschnittlichen Arbeitszeiten pro Gericht mit der Anzahl der verkauften Gerichte pro Gericht multipliziert. Die Anzahl lässt sich mithilfe von Verkaufsstatistiken ermitteln. In der frühen Phase der Einführung lässt sie sich aufgrund mangelnder Datenwerte mitunter auch durch Schätzungen ermitteln.

Die durchschnittlichen produktiven Löhne pro Minute von Mitarbeitern aus Service und Küche werden aufgestellt und zu den produktiven Arbeitszeiten pro Periode ins Verhältnis gesetzt. So lässt sich ein genauer Geldbetrag pro Minute festlegen (Henschel et al. 2013 S. 192ff).

Beispiel für die Ermittlung des Verkaufspreises mittels Prime-Cost-Verfahren

1. ERMITTLUNG DER DURCHSCHNITTLICHEN ARBEITSZEIT PRO GERICHT IN MINUTEN
Im Beispiel soll die produktive Arbeitszeit 20 Minuten für das zu kalkulierende Gericht betragen.

2. ERMITTLUNG DER PRODUKTIVEN ARBEITSZEITEN FÜR ALLE GERICHTE
Sie betragen im Beispiel 525.400 Minuten.

3. ERMITTLUNG DER PRODUKTIVEN LOHNKOSTEN PRO MINUTE
Die anfallenden Lohnkosten für die produktiven Mitarbeiter in Küche und Service betragen pro Periode 110.000 GE. Damit fallen durchschnittlich 0,21 GE produktive Lohnkosten pro Minute an.

4. ERMITTLUNG PRIME COST

Warenkosten lt. Rezeptur	5,00 GE
+ produktive Lohnkosten (20 Min. × 0,21 GE Lohnkosten)	4,20 GE
= Prime Cost	**9,20 GE**

5. ERMITTLUNG DES VERKAUFSPREISES

Prime Cost × Kalkulationsfaktor	1,79
= Verkaufspreis (netto)	16,47 GE
+ 19 % Ust.	3,13 GE
= Verkaufspreis (brutto)	**19,60 GE**

Quelle: Henschel et al. 2013 S. 194; GE = Geldeinheit

Preiserhöhung

Die Preiserhöhung ist grundsätzlich ein probates Mittel, um steigende Kosten an den Gast weiterzugeben, was auch die beispielhafte Rechnung in Kapitel »Der Wareneinsatz – vielseitig beeinflussbar« zeigt. Danach kann eine zehnprozentige Preiserhöhung einen Gewinnanstieg um 160 Prozent nach sich ziehen. Zugleich handelt es sich bei der Preiserhöhung um ein sehr empfindliches Instrument, insbesondere bei falscher Umsetzung. Denn unsensibel und unsorgfältig durchdachte Preiserhöhungen führen beim Gast meist eher zu Unverständnis und Ärger. Deshalb sollte zumindest von voreiligen Erhöhungen abgesehen und stattdessen geprüft werden, mit welchen sonstigen Mitteln mögliche gestiegene Kosten reduziert werden können. Oft ist bereits eine Optimierung der Betriebszeiten ein erster Schritt (Behre 2013).

CHECKLISTE: Erhöhung der Preise auf der Speisekarte

- Preiserhöhungen möglichst unbemerkt vornehmen
- Regelmäßig und in kleinen Schritten vorgehen
- Bestimmte Schwellenpreise beachten z. B. 9,90 € könnte noch akzeptabel sein – 10,20 € ist oftmals schon zu viel
- Vorsicht bei der Erhöhung von »Vergleichsartikeln«: Preise einer Tasse Espresso, eines Bieres, einer Flasche Mineralwasser (womöglich derselben Marke) können vom Gast verglichen werden – das fällt z. B. bei einem Teller hausgemachter Pasta schon deutlich schwieriger. Deshalb eignen sich derartige Gerichte besser für Erhöhungen
- Häufiger Wechsel der Gerichte ist ebenso hilfreich und lockt zudem neugierige neue Gäste (Behre 2013)

Preispsychologische Empfehlungen

• Der »Referenz-Preis-Effekt«: Der Gast ist durchaus bereit, auch mal mehr zu zahlen, wenn er einen noch viel höheren Preis als Vergleichswert sieht. So erscheint das Wiener Schnitzel für 20 Euro auf der Speisekarte im Vergleich zu einem 40-Euro-Biolammrücken günstig. Preispsychologisch gesehen sollte man demnach ganz vorne nicht den günstigsten, sondern den teuersten Preis anzeigen, wodurch alles darauf Folgende günstiger erscheint (wenngleich diese Anordnung den formalen Anforderungen an den Aufbau einer Speisekarte widersprechen mag).

• »Value-based Pricing« (wertorientierte Preisgestaltung): Statt den Preis über Produktionskosten und gewünschte Marge zu definieren, wird hier die Herangehensweise umgedreht, womit der Gast zum Ausgangspunkt der Preisfindung wird. Dabei gilt es herauszufinden, welche Zahlungsbereitschaft im Markt für ein bestimmtes Produkt vorhanden ist.

- »Decoy-Effekt«: Ein scheinbar wenig attraktives, eher irrelevantes Produkt kann eine teure Variante viel besser aussehen lassen und zur Bestellung des teureren Produktes führen.

- »Compromise-Effekt«: Bei drei angezeigten Kategorien, die zur Auswahl stehen, wird in der Regel die mittlere Kategorie gewählt (Kwidzinski [3] 2015).

CHECKLISTE: Preisfindung und -kalkulation

[ ] Bestehen Rezepturen für die Gerichte auf der Karte und werden diese auch wirklich eingehalten?
[ ] Werden auch die Einkaufspreise fortlaufend geprüft?
[ ] Werden Änderungen beim Einkaufspreis oder sonstige Preiserhöhungen auch auf den Preis auf der Karte weitergegeben?
[ ] Fließen Verluste bei der Produktion in die Warenkosten mit ein?
[ ] Wird Schwund, Verderb und Lagerzins bei der Preiskalkulation mitberücksichtigt?
[ ] Haben arbeitsaufwendige Produkte einen entsprechenden Preis, insbesondere im Verhältnis zu einfach herzustellenden Gerichten (Gugg/Hank-Haase 1999 S. 55)?
[ ] Können konkurrenzlose Serviceleistungen geboten werden? Denn im Gegensatz zu Preisen von Standardprodukten sind sie weniger vergleichbar und können somit höhere Preise rechtfertigen.
[ ] Werden in der Kalkulation nicht nur die bekannten Werte wie Personal-, Energie- und Warenkosten beachtet, sondern auch Unternehmerlohn, Risikoverzinsung und Investitionsrücklagen?
[ ] Auch ohne Preiserhöhungen externer Partner sollten Preise regelmäßig in kleinen Schritten angepasst werden – wird dies versäumt, müssen diese somit schlagartig angehoben werden, was der Gast meist nicht akzeptiert.
[ ] Der Preis ist ein wichtiger Faktor für den betrieblichen Erfolg – nehmen Sie sich daher Zeit für dessen Ermittlung, Kontrolle und Anpassung!
[ ] Preisgrenzen und Schwellenpreise spielen eine gewichtige Rolle bei der Ermittlung und sollten nicht vernachlässigt werden – hier steckt Umsatzpotenzial!
[ ] Auch das eigene Konzept sowie das Preissegment sind ausschlaggebend: Ein billiges Konzept verträgt konsequent günstige Preise, ein teures Lokal sollte sich eher über die Qualität definieren (Trinkl 2006 S. 66ff).
[ ] Sensibel durchgeführte Preiserhöhungen sind wichtig und können die Rentabilität positiv beeinflussen. Insbesondere die Erhöhung häufig verkaufter und/oder margenstarker Produkte kann eine Hebelwirkung verursachen.
[ ] Vor Festlegung des Verkaufspreises müssen Konkurrenzsituation, Preisvorstellung und Zahlungsbereitschaft der Gästeschicht, Zielsetzung des eigenen Betriebes sowie preispsychologische Aspekte in Erwägung gezogen werden (Gruner 2015 S. 29ff)

Umsatzbringer Speisekarte – elementares Verkaufsinstrument!

Angesichts der herausragenden Rolle, die einer Speisekarte zukommt, ist es häufig sehr unverständlich, weshalb ihr Gastronomen vielerorts lediglich geringe Aufmerksamkeit schenken. Denn gerade Speisekarten sind ein äußerst wichtiges Instrument, um Speisen und Getränke zu verkaufen und dabei möglichst Begeisterung auf baldigen Genuss zu wecken (Gruner et al. 2014 S. 20). Gerade unter dem Aspekt der Umsatzoptimierung sollte dem Gastwirt bewusst sein, dass es sich bei einer modernen Speisekartengestaltung um eine effektive und besonders kostengünstige Möglichkeit handelt. Zudem können sich mit einem originellen Auftritt das eigene Profil und die Abgrenzung zum Wettbewerb schärfen lassen – zeigen Sie also, was Sie können und sehen Sie die Speisekarte als die Visitenkarte Ihres Betriebes! Die Optimierung der Speisekarte ist jedoch keine einmalige Angelegenheit: Regelmäßig eingehende Analysen hinsichtlich des Sortiments, des Preises, des Verkaufs und der Beliebtheit der Gerichte sind wichtige Maßnahmen, um fortwährend das Verkaufspotenzial bestmöglich auszuschöpfen.

Design und Gestaltung

Bezüglich Design und Gestaltung merkt der Gast schnell, ob sich der Gastronom ausreichend Zeit genommen hat, um die Karte mit viel Liebe zum Detail zu gestalten oder nicht. So fällt es vielen Gästen sofort auf, ob sich – wohl meist aufgrund mangelnder Zeit und Hektik – Flüchtigkeitsfehler wie Rechtschreibfehler oder sonstige fachliche und sprachliche Mängel in der Karte befinden. Aus solchen Mängeln schließen Gäste oft auf die Qualität der Küche und des Angebots, eine unattraktive oder gar verschmutzte Karte wirkt sich also entsprechend auf das ganze Restaurant aus. Aus marketing- und umsatztechnischen Gründen sind folglich einige wichtige Aspekte zu beachten:

Die kreative und originelle Leitidee, die Haptik, das verwendete Material, die Typografie (Schriftgröße, Schriftart), der Einsatz von Farben und Bildern sowie weitere grafische Elemente spielen bei der Gestaltung der Karte eine große Rolle. Erfolgreiches Beispiel hierfür ist die auf Holz gedruckte und mehrfach prämierte Karte der »Zephyr Bar« in München (siehe S. 110). Bei dem verwendeten Material sollte eine gesunden Mischung aus hochwertigem und möglichst lange haltbarem Material gefunden werden, was nicht bedeutet – wie es in der Praxis so häufig vorzufinden ist – dass alles in Klarsichtfolie gewickelt werden muss! Auch die Verwendung der weitverbreiteten, von Brauereien zur Verfügung gestellten Ledermappen zeugt weder von großer Ästhetik noch von Originalität (Hein 2003 S. 62). Darüber hinaus muss die Speisekarte dem Gast die Möglichkeit geben, schnell und unkompliziert seine Bestellung aufgeben zu können. Gerade im Hinblick darauf, dass viele Betriebe, bedingt durch die hohen

Personalkosten, kaum noch eine eingehende Beratung des Gastes durch die Servicekräfte am Gast gewährleisten können, sollte die Karte inhaltlich viele Aufschlüsse auf das Getränke- und Speiseangebot geben (Fuchs et al. 2013 S.21). So sollte der überzogene Einsatz von gastronomischem Fachchinesisch (z.B. »Bardierter Rehrücken«) vermieden werden, um den Gast nicht unnötig im Ungewissen zu lassen.

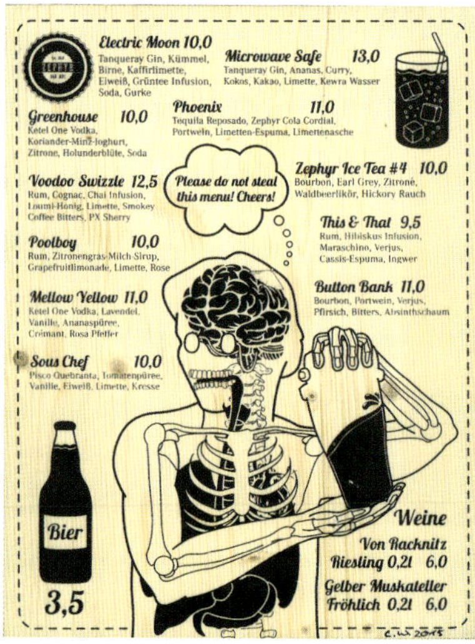

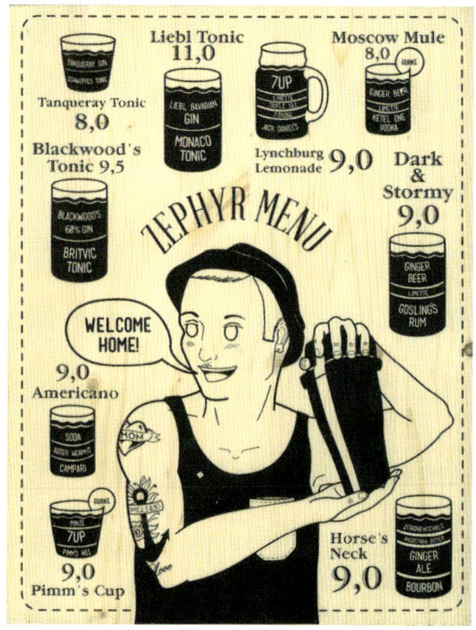

Inhalt

Noch größere Bedeutung als dem Design kommt dem Inhalt der Karte zu. Demnach ist der erste Schritt festzustellen, was der Gast überhaupt nachfragt. Zwar meinen viele Gastronomen, das zu wissen, täuschen sich hierin allerdings oft. Eine mögliche Umfrage vor Eröffnung in Verbindung bezugnehmend auf die geplante Konzeption könnte hier Abhilfe leisten. Außerdem muss bedacht werden, dass ein angebotenes Einerlei, wie Salat mit Putenbruststreifen, Penne all´ Arrabbiata oder Schweineschnitzel mit Pommes-Frites, weder Abwechslung, noch Kreativität und Raffinesse bietet. Auch hier gilt also wieder die Relevanz des Alleinstellungsmerkmales, was bereits in der Ausformulierung der Namen der Gerichte beginnt. Statt der bloßen und monotonen Auflistung gängiger Formulierungen wie z.B. einem »Käseteller«, könnte eine Formulierung wie »Variation regionaler Käsespezialitäten mit Feigensenf und Nusswurzelbrot« den entscheidenden Unterschied bedeuten (Fuchs/Besemer 2013 S.15).

Beispielsweise verstehen es die aus der Werbe-, oder Modebranche stammenden Kataloggestalter und Texter es, in ihren Branchen den Verkauf durch entsprechende Texte und grafische Inszenierung zu optimieren. Während viele Speisekarten häufig nur eine reine Aufzählung mit teils viel zu groß positioniertem Preis daneben beinhalten, werden in anderen Branchen Produkte in Schaufenstern beworben, bei denen der Preis, wenn überhaupt, in verschwindend geringer Größe zu sehen ist. Nicht umsonst wurde früher lediglich demjenigen die Karte gereicht, der auch am Ende gezahlt hat, während die anderen Personen am Tisch vom Preis »unbehelligt« blieben. Denn dabei geht es um das Produkt, welches dem Kunden in erster Linie gefallen soll und nur sekundär um den Preis. Die Karte soll also Lust aufs Angebot wecken, kulinarisch reizvoll klingen, was durch prägnanten sprachlichen Ausdruck gefördert werden kann (Schumacher 2010 S. 50ff).

»Von dem, was Du anbieten möchtest, streich noch mal die Hälfte weg. Wer Hunger hat, findet schon sein Lieblingsgericht auf Deiner Karte. Die besten und überfülltesten Läden sind SEHR selten die mit dem größten Angebot.« (Hein 2003 S. 71)

Was Hein in »*Willst Du die totale Pleite?*« etwas lapidar formuliert, trifft es inhaltlich aber auf den Punkt. »Weniger ist mehr« – das ist die Devise bezüglich des inhaltlichen Umfangs der Karte. Dieser Ansatz bringt nicht nur ökonomische Vorteile für den Gastwirt, sogar fordern mittlerweile auch 90 Prozent der Gäste kleinere Karten zugunsten höherer Qualität (Kwidzinski 2015). So sollte dem Gastronomen bewusst sein, dass er dem Gast nicht alles bieten muss, und der Erfolg häufig in der Einfachheit zu finden ist. Durch ein eher geringeres Angebot wird auch sichergestellt, dass der Gast im Entscheidungsprozess und die Küche in der Herstellung nicht überfordert werden. Auch sollten die Speisegruppen in einem ausgewogenen Verhältnis zueinander stehen, d. h. auf zehn Hauptgänge sollten keine zwei Desserts folgen; zudem sollten sie sich voneinander abgrenzen.

Das Getränkeangebot ist auf das Speisenangebot abzustimmen. Ein aufmerksamkeitserregender Hinweis auf den Aperitif des Tages mit saisonalem Einfluss gleich zu Beginn der Karte (wie z.B. eine »Feine Quittenessenz, aufgefüllt mit badischem Rieslingsekt«) wird schneller als die gängige Aperitifauflistung vom Gast wahrgenommen und animiert deshalb eher zu einer Bestellung. Verkaufsfördernd wirkt auch ein vorab kalkuliertes Angebot korrespondierender Weine zu einem Menü. So wird der Gast von den »Mühen« der Weinauswahl entledigt und kann interessante Vorschläge seitens des Gastgebers bzw. des Sommeliers kennenlernen. Weitere Details, wie der Hinweis auf die Philosophie und die Geschichte des Hauses, die regionalen Zulieferer, Mitnahmeartikel, Veranstaltungsmöglichkeiten sowie das Angebot, Vorspeisen als Hauptgang zu wählen oder umgekehrt, sind günstige Möglichkeiten, um zusätzlich Umsatz zu generieren. Selbstverständlich muss dabei fortwährend die ökonomische Sichtweise betrachtet werden, da die eigene Wirtschaftlichkeit nie in Vergessenheit geraten darf (Fuchs/Besemer 2013 S. 15).

UPPER EAT
Weine
Getr

Form

Auch der kompetente formale Aufbau der Speisekarte ist eine Grundvoraussetzung für ihren Erfolg. Glänzt man auch hier mit Know-How, spiegelt dies nach außen Fachwissen, Perfektion und Professionalität wider. Das Gegenteil ist der Fall, wenn Rechtschreibfehler, Knicke oder gar Speisereste die Karte »schmücken«. Sofern die Karte sich konzeptionell eher klassisch-traditionell darstellt, sollten auch die Grundregeln der Speisekartenform beachtet werden:

- Aufbau der klassischen Menüfolge einhalten (kalte Vorspeise – Suppe – warme Vorspeise – Hauptgerichte Fisch – Hauptgerichte Fleisch – Käse – Süßspeise)
- Die einzelnen Speisegruppen übersichtlich voneinander abgrenzen sowie die einzelnen Speisenangebote in der richtigen Reihenfolge gut lesbar beschreiben (Hauptrohstoff, Garungsart, Sauce, Gemüse, Sättigungsbeilage, kalte Sättigungsbeilage)
- Gleiches gilt für das Getränkeangebot (z. B. bei Wein: Rebsorte, Geschmacksrichtung, Güteklasse, Abfüller, Anbaugebiet)

Weitere zu empfehlende formale Mittel sind eine klare und stringente Formatierung (wie z.B. bei der Textausrichtung) sowie ein in Art, Größe und Farbe stimmig wirkendes Schriftbild. Speisenummerierungen (»35. Kleiner gemischter Salat«), Abkürzungen (Sc. Aioli, gem. Salat, gem. Eis), Wortverstümmelungen (Schokosauce, Pommes, Hollandaise) und Sprachmixturen (Gemüsejulienne, Reistimbale) sind wenig attraktiv und wirken lieblos. Hinzu kommt die Einhaltung rechtlicher Vorschriften wie Markengesetze und Verordnungen zur Kennzeichnung von Allergenen und Zusatzstoffen, die in gleichem Maße zu beachten sind wie eine korrekte Rechtschreibung und Grammatik. Ein weiteres, weitverbreitetes Phänomen ist die mangelhafte Übersetzung der eigenen Karte in andere Sprachen, die häufig inhaltlich gänzlich falsch übersetzt wird. Hier empfiehlt es sich, (befreundete/bekannte) Muttersprachler oder Fachleute zu Hilfe zu nehmen, um diesen Fauxpas zu vermeiden (Fuchs/Kaiser 2013 S. 13).

Des Weiteren ist erwiesenermaßen das rechte obere Eck auf der rechten Seite der Karte das zuerst mit dem Auge frequentierte Feld. Dem Prinzip einer Lesekurve folgend lassen sich somit die Gewinner-Gerichte und deckungsbeitragsstarken Produkte auf die rechte Seite legen. Auch wird dadurch begünstigt, dass mit steigender Seitenanzahl die linke Seite immer weniger Beachtung findet (Schumacher 2010 S. 50ff).

Die Ausfertigung

Da in der Phase des noch jungen Betriebes das Budget für die genannten Spezifikationen der Karte noch recht dünn sein mag, ist es unabdingbar, eingehend zu prüfen, bei welchem Anbieter der Druck durchgeführt werden soll. Preisvergleiche und die Vorlage von Referenz-Exemplaren helfen, einen besseren Eindruck vom fertigen Produkt zu erhalten. Möglicherweise können Werbekostenzuschüsse von Lieferanten den Druck finanziell unterstützen oder Kooperationen mit Partnern oder befreundeten Betrieben in der Karte angebracht werden (Hein 2003 S. 62).

CHECKLISTE: Vorgehensweise zur verkaufsstarken Speisekarte

1. Richtig kalkulieren, denn nur so lässt sich herausfinden, welche Gerichte auch wirklich Geld bringen. Dafür wird der Deckungsbeitrag zu Rate gezogen. Errechnet wird dieser mithilfe des Verkaufspreises abzüglich Steuer und Wareneinsatz. Das bloße Aufschlagen bestimmter Prozentsätze empfiehlt sich hier eher weniger, da das mitunter zu günstige bzw. zu teure Marktpreise zur Folge hat.

2. Gewonnene Erkenntnisse über die Zeit sinnvoll für den Fortgang des Betriebes anwenden:
[ ] Was wird wann in welcher Menge bestellt?
[ ] Wie steht es um die Nachfrage zur Mittags- und Abendzeit? (Gibt es saisonale Schwankungen? Lohnt es sich überhaupt, durchgehend zu kochen?
[ ] Inwiefern ist mein Angebot zeitgemäß und somit den sich wandelnden Gästeansprüchen genügend?
[ ] Können die Betriebszeiten dahingehend optimiert werden, dass sie der sich verändernden Nachfrage entsprechen?

3. Den Zubereitungsaufwand pro Gericht und die damit verbundenen Personalkosten im Auge behalten. Gibt es Gerichte, die eine zu lange Zubereitung erfordern, sich aber nicht in entsprechendem Erfolg auszahlen?

4. Die »Renner-Penner-Analyse« durchführen: Gibt es Gerichte auf der Karte, die womöglich »super schmecken« und »beste Qualität haben«, aber zugleich kaum bestellt werden, da sie, obwohl sauber kalkuliert, für den Gast als zu teuer empfunden werden? Runter damit! Die Renner dabei aus der Lesekurve entfernen und dort die Gewinner, d. h. häufig bestellte Gerichte mit hohem Rohaufschlag, positionieren und dadurch deren Verkauf ankurbeln.

5. Gibt es Informationen, die den Gast wirklich interessieren und die deshalb in der Karte selbst untergebracht werden könnten? Und welche können getrost weggelassen werden?

6. Alleinstellungsmerkmale herausarbeiten! Heben Sie sich ab! Womit kann man den Gast besonders beeindrucken und ihm gegenüber somit attraktiv erscheinen? Je klarer das Profil, desto kleiner darf dann auch das Angebot sein. Mit entsprechend täglichen Vorteilen bei der Produktion in der Küche und der reduzierten Komplexität für den Service ist folglich auch der Arbeitsalltag der Mitarbeiter erleichtert (Schumacher 2015 S. 8).

Preispsychologie der Speisekarte

Einige einfache preispsychologische Tricks können die Speisekarte zusätzlich zu einem gewinnbringenden Instrument machen:

- Besonders angesagte Gerichte oder Getränke, beispielsweise beliebte Sommerdrinks wie Aperol Sprizz oder Glühweinspezialitäten im Winter, können mit einem höheren Preis angesetzt werden – machen Sie sich das zunutze und subventionieren so andere Getränke und Gerichte!
- Preise innerhalb einer Warengruppe, z. B. verschiedene Fleischgerichte, gehören gestaffelt, um so eine differenzierte Wertigkeit zu schaffen und dem Gast eine Auswahl zu bieten. Eine Preisspanne von 10–15 € innerhalb dieser Warengruppe spricht zudem mehrere Zahlungsbereitschaften zugleich an.
- Je höher der Preis, desto weniger werden die Centbeträge des Gerichtes wahrgenommen. Also sollten diese bei Beträgen über zehn Euro oberhalb der 0,50 € Grenze liegen.
- Ein Großteil der Gäste entscheidet sich bei der Auswahl für die preislich mittlere Option. Wenn ein Gericht für z. B. 33,00 € verkauft werden soll, können andere Gerichte zu 28,00 € und 36,00 € den gewünschten Effekt herbeiführen.
- Kunden kaufen oben: In der Regel beginnen Speisekarten von oben an mit dem niedrigsten Preis. So muss sich der Gast erst zum teuersten Produkt vorarbeiten. Bezüglich Umsatz ist das wenig zielführend. Studien belegen immer wieder, dass der Durchschnittsumsatz deutlich steigt, indem die Reihenfolge umgekehrt und mit den jeweils teuersten Produkten begonnen wird. Aus der Gewinnperspektive betrachtet könnte eine Anordnung nach deckungsbeitragsstärksten Gerichten besonders profitabel sein.
- Währungssymbole weglassen: Gäste sind generell ausgabefreudiger bei Preisen ohne Währungssymbol und daher eher bereit zum teureren Produkt zu greifen. Ohne Probleme lässt sich die Währungsangabe »alle Preise in Euro« beispielsweise klein in der Fußzeile anbringen.
- Kreditkartenzahlung anbieten, Logos abbilden: Studien belegen, dass die Ausgabefreudigkeit ebenfalls bei der Möglichkeit der Bezahlung mit Kreditkarten steigt. Denn psychologisch gesehen schmerzt virtuell ausgegebenes Geld im Normalfall deutlich weniger, als sich von »echtem« Bargeld zu trennen. Auch schon die Logos der bekannten Kreditkartenunternehmen zu sehen animiert die Konsumenten zusätzlich.
- Teure Vergleichspreise wirken: Auch wenn das Glas Wein zu 9 € (konzeptionell- und standortabhängig) wohl eher selten bestellt wird, gehört es auf die Getränkekarte. Denn mit diesem Kontrast wirken im Vergleich dazu die Weine zu 4,90 € oder 3,50 € deutlich günstiger und werden öfter gekauft.
- Mit Worten Werte schaffen: Lernen von der gehobenen Gastronomie: Kann man dem Gast hochwertige Produkte und solche bester Güte

bieten, sollte man ihn das auch wissen lassen. Wortreiches Beschreiben der einzelnen Speisen ist in den Augen des Gastes einen höheren Preis wert. So ist die Vorfreude auf ein »zartes Rinderfilet von Pinzgauer Almkühen« größer als auf ein »Rindsfilet«. Nimmt es der Gast auch als hochwertiger wahr, so ist die Bereitschaft, mehr dafür auszugeben, höher.

Die Devise lautet daher: Produkte und Dienstleistungen auf Preislisten aller Art mit passenden, schönen, emotionalen, ausgefallenen und vor allem vielen Worten beschreiben und so deren Wert in den Augen der Kunden steigern (Kmenta 2015 S. 29).

CHECKLISTE: Die optimierte Speisekarte

[ ] Schafft es die Tageskarte den heutigen Anforderungen an das Mittagsgeschäft Stand zu halten? Das sollte sie, denn: Generell kommen unzufriedene Gäste langfristig nicht wieder und kosten weitere potenzielle Gäste! (Hein 2003 S. 45)

[ ] Gerichte, welche preislich unter ihrem Wert verkauft werden müssen, sollten von der Karte genommen werden (Gugg & Hank-Haase 1999 S. 54)

[ ] Differenzierte Wertigkeit innerhalb einer Warengruppe schaffen

[ ] Grundsätzlich sollte stets der Arbeitsaufwand, der Wareneinsatz, der Beliebtheitsgrad und der erwirtschaftete Rohertrag aller Gerichte im Auge behalten werden (Schaetzing 2010 S. 120)

[ ] Saisonales bei allen Gerichten einbringen. Spezialseiten mit diesen besonderen Gerichten immer rechts platzieren und mit spannenden Zusatzverkäufen ergänzen (Behre 2013)

[ ] Für die Entwicklung der Karte ausreichend Zeit nehmen, eine schlampige Aufmachung wird langfristig vom Markt bestraft (Fuchs/Besemer 2013 S. 15)

[ ] Kreativität und Individualität punkten beim Gast und fördern den Umsatz – Innovation und Weiterentwicklung bekannter Gerichte steigern die Neugier und setzen Kaufanreize

[ ] Innerhalb der Karte können direkte Verweise auf Empfehlungen Zusatzkäufe fördern – »dazu passt am besten ein Glas Weißwein vom Weingut XY«

[ ] Lose eingelegte Blätter, beispielsweise mit z. B. den Tagesangeboten, finden größere Beachtung als die fest eingehefteten Seiten (Schumacher 2010 S. 50 ff.)

Fragen: Was soll die Speisekarte können, was kann sie noch nicht?

- Die Speisekarte kann helfen, bestimmte Produkte zum Verkauf zu forcieren und steuert somit den Verkauf
- Die Animation zu Zusatzverkäufen bleibt auch auf der Speisekarte nicht unversucht
- Die Speisekarte entbehrt bzw. unterstützt das Servicepersonal bei den Verkaufsaufgaben
- Die eigenen Alleinstellungsmerkmale können hier optimal hervorgehoben werden (Schumacher 2010 S. 53)

PRAXISBEISPIEL: *Die Gerichte im Upper Eat Side sind simpel, übersichtlich und effizient gehalten, dass es erst gar keiner gedruckten Speisekarte bedarf. Ein täglich wechselndes Angebot, basierend auf den saisonal verfügbaren Produkten, prägt die Karte, in diesem Fall vielmehr die Tafel. Durch die Kombination mehrerer kleiner Vorspeisen, von denen es sechs bis sieben Stück zu Preisen um 6 € gibt, kann gemäß dem Sushi-Prinzip durch die Speisen ein höherer Umsatz erzielt werden, als wenn der Gast nur einen Gang bestellen würde. Ein einziger, täglich wechselnder Topf Risotto pro Abend ergänzt das Angebot um ein warmes Zwischengericht. Hinzu kommen drei bis vier teils am Stück, teils im Ganzen, gegrillte Fleisch- oder Fischgerichte als Hauptspeise, serviert ab mindestens zwei Personen, bei einem »pro-Person-Preis«. Diese Koppelung von Hauptspeisen (ab zwei Personen) führt zu Mehrumsatz und garantiert bereits nur mit Vor- und Hauptspeise einen Durchschnittsumsatz pro Gast von über 30 € – und das ohne Getränke. Die Bündelung mehrerer Artikel zum Vorzugspreis, z.B. in Form eines fünfgängigen Menüs mit inkludiertem Wasser, Aperitif und Café für 65 €, garantiert zusätzlichen Umsatz, während der Preis vom Gast als äußerst attraktiv wahrgenommen wird.* Jochen Kreppel, Upper Eat Side

EXPERTENTIPP: »*Ich empfehle, immer auf Gäste zu hören und auch das anzubieten, was sie wollen! Wir hatten früher jeweils Rinderfilet und Roastbeef separat auf der Karte. Die Gäste wollten gerne beides probieren, und nun bieten wir einen Teller mit einer Kombination der beiden Gerichte an. Das ist mittlerweile unser Top-Seller, der auch noch von den Gästen selbst kreiert wurde. Ähnliches haben wir mit den Vorspeisen gemacht: Die Gäste sprachen uns drauf an, die diversen Vorspeisen auf einer Platte zu vereinen. Diesem Wunsch kamen wir gerne nach – nun haben wir diese Vorspeisenplatte auf der Karte und sie kommt sehr gut an. Es ist also umsatzfördernd, eine gesunde Mischung zwischen »auf die Gäste hören« und das anzubieten, für das man stehen möchte.*« Max von Saurma, Ojo de Agua

EXPERTENTIPP: »*Da wir uns bei Eröffnung keine großen Überlegungen gemacht hatten bzgl. Wareneinsatz, haben wir nach gewisser Zeit angefangen zu analysieren. Wir haben alle Gerichte von der Karte genommen, von denen wir wenig verkauft haben und die vom Gast auch kaum nachgefragt wurden und zudem einen hohen Wareneinsatz aufgewiesen hatten. Zusätzlich haben wir den Fokus auf Gerichte mit vernünftigem Wareneinsatz gelegt und das in Verbindung mit hohen Stückzahlen am Gast. Das ist sozusagen das Beste was passieren kann: Der Gast nimmt etwas als günstig wahr, aber gleichzeitig hat man selbst noch einen guten Wareneinsatz dabei! Worst case hingegen: Der Gast nimmt's als überteuert wahr, und man selbst hat auch noch einen hohen Wareneinsatz, d.h. diese Gerichte müssen von anderen Speisen subventioniert werden.*

Beispiel Espresso für »nur« 1,50 €: wird günstig wahrgenommen, da die meisten Wettbewerber teurer sind, aber dennoch ist die Marge noch sehr gut. Die Leute vergleichen nicht Pasta mit Pasta, aber sie sehen beispielsweise, dass eine große Flasche Wasser San Pellegrino hier 5 €, und dort 5,50 € kostet. Eine wichtige Rolle spielen zudem die generellen Einstiegspreise.«
Klaus Rader, L'Osteria

Veranstaltungen – »mitnehmen was geht«

Gerade zu Beginn der Unternehmung können geschlossene Gesellschaften oder besondere Events einen gern gesehenen Umsatzschub zum, womöglich in dieser Phase des Lebenszyklusses noch schleppenden, Tagesgeschäft beitragen. Besonders das Veranstalten von Weihnachts- und Silvesterfeiern stellt für die meisten ein sehr lukratives Geschäft dar, da somit Besucherzahlen und Durchschnittsbons steigen. Allerdings bedarf es besonders für die Weihnachtsphase einer frühzeitigen Organisation und Werbung, da potenzielle Gäste am liebsten lange im Voraus buchen (Lambracht 2013 S. 14). Anfragen von Gästen zur Durchführung von z. B. Hochzeiten und Geburtstagen sind dann lukrativ, sofern sie nicht durch zu häufiges Schließen des Alltagsbetriebes (»Geschlossene Gesellschaft«) (Stamm-)Gäste vergraulen. Zudem sollte wohlüberlegt sein, ob eine Durchführung der angefragten Veranstaltung aus Personalsicht durchführbar ist. Eine Möglichkeit, solch eine Veranstaltung anzubieten, liegt darin z. B. Winzer der geführten Weine einzuladen und dazu ein passendes Menü anzubieten, wovon Gäste, Produzent und Betreiber profitieren.

EXPERTENTIPP: *»Veranstaltungen haben uns zu Beginn schon sehr geholfen und guten Umsatz gebracht. Wenn man die Wahl hat, vor allem in Zeiten noch geringer Bekanntheit, mit normalem Geschäft 800 € Umsatz zu machen oder durch Vermietung höhere vierstellige Beträge umzusetzen, muss bzw. sollte man in gewissen Situationen zum Wohle des Betriebes nicht lange überlegen, sofern man wirklich auf diesen Umsatz angewiesen ist. Dennoch ist Vorsicht geboten: Wenn man solche Veranstaltungen zu oft anbietet, ist einem auch nicht weiter geholfen. Gerade bei uns, wo wir keine Laufkundschaft haben und die Gäste extra herkommen, ggf. auch noch kostenpflichtig parken müssen, ist es für neue Gäste schon sehr enttäuschend. wenn es dann »geschlossene Gesellschaft« heißt. Wiederholt sich dieser Vorgang, so kann ich es sehr gut verstehen, wenn der Gast enttäuscht ist und nicht mehr wiederkommt. Nachdem wir nach dem ersten Jahr nicht mehr auf geschlossene Gesellschaften angewiesen waren, haben wir keine geschlossenen Veranstaltungen mehr angeboten.«* Klaus St. Rainer, Goldene Bar

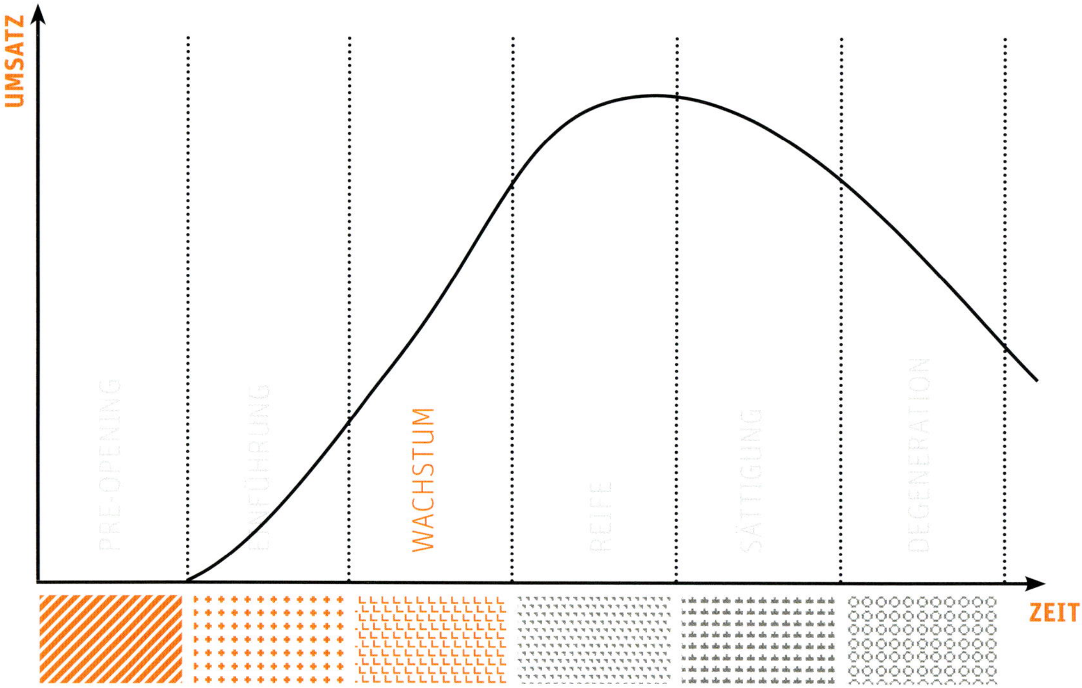
UMSATZ
WACHSTUM
ZEIT

DIE **WACHSTUMSPHASE** – AN DEN SCHRÄUBCHEN DREHEN!

»Zuerst den Laden voll bekommen und dann stetig an den Schräubchen drehen!« (Klaus Rader, L'Osteria)

Die Wachstumsphase ist die Phase im Produktlebenszyklus, »in welcher der Umsatz stark ansteigt, Konkurrenten auf den Markt kommen und der Gewinn sein Maximum erreicht« (Gruner 2008 S. 359). Weitere Kennzeichen dieser Stufe sind nun schnell steigendes Wachstum, steigende Konkurrenzintensität, wettbewerbsorientierte Preisfestsetzung sowie die Einführung erster Kooperationsstrategien. Hinzu kommen weiterhin eine Vielzahl an Erstkäufern sowie die Notwendigkeit, den Käufer auf die Vorteile des eigenen Angebotes hinzuweisen.

DIE KOSTENQUOTEN OPTIMIEREN

Nachdem die – eventuell etwas turbulente Pre-Opening- und Einführungsphase – überstanden ist und in dieser Zeit die genannten Kennzahlen zum Wareneinsatz oder Personal noch nicht ganz stimmig sind, gilt es nun stetig Verbesserungen durchzuführen. Es ist eher die Ausnahme, so bestätigt es auch das Zitat von Klaus Rader, dass gastronomische Unternehmungen mit Kostenorientierung und effizienten Abläufen geschaffen werden. Die BWA des Steuerberaters ist dafür ein guter Anhaltspunkt, um die Rentabilität der wichtigsten Kostenblöcke zu prüfen. Die Implementierung klarer Strukturen und konkreter Zuständigkeiten ist nun eine große Hilfe (Jäkel/Ploner 2010 S. 70ff).

Standardisierung in der Produktion

Gerade im Hinblick auf die zu Beginn dieses Buches genannten Herausforderungen, wie der steigende Kostendruck, nimmt die Standardisierung, besonders im Küchenbereich, eine gewichtige Rolle ein.

Rezeptkarten – Grundlagen für konstanten Geschmack

Die Standardisierung und Portionierung im Küchenbereich hat in den letzten Jahren zunehmend an Bedeutung gewonnen. Die Portionierung, bei der die Zutaten einzelner Speisen definiert und festgelegt werden, ist, auch in gastronomischen Bereichen außerhalb der Systemgastronomie, Teil der wachsenden Standardisierung. Indem Zutaten, Mengen, Zubereitungsart und ggf. Anrichteweise auf (elektronischen) Rezeptkarten festgehalten werden, können einige Vorteile erzielt werden: zum einen eine konsequente Qualitätssicherung, was Gästen vor schwankenden Qualitätserlebnissen bewahrt (nicht umsonst gehört die Vorhersagbarkeit auf das zu erwartende Produkt zu einem der vier Erfolgsfaktoren) (Vgl. Kapitel 2.2.3); zum anderen ergibt sich eine deutlich verbesserte Wareneinsatzkontrolle sowie eine kostengerechte Kalkulation (Fuchs In: Hänssler 2008 S. 155). Es sei darauf hingewiesen, dass der Einsatz solcher Karten möglichst lückenlos zu erfolgen hat, um die eben genannten Vorteile auch tatsächlich erzielen zu können. Zudem ist es unerlässlich, jeweils individuell zu prüfen, inwiefern sich ein solcher Einsatz lohnt, besonders hinsichtlich einer etwaigen Kosten-Nutzen-Frage.

Bezüglich der genauen Erfassung des Wareneinsatzes können mithilfe fester Rezepturen die Warenkosten exakt ermittelt werden. Dazu müssen zunächst standardisierte Portionsgrößen sowie eine einheitliche Präsentation festgelegt werden. Darauf aufbauend können für alle Speisen- und Getränkeartikel die Warenkosten separat ermittelt und anhand der jeweiligen Rezepte berechnet werden. Mit diesen Erkenntnissen als Grundlage können fortan zudem Verkaufsstatistiken für bestimmte Zeiträume erhoben werden (Gugg/Hank-Haase 1999 S. 43). Generell sei es empfohlen, rohe Materialien von Küchenchefs selbst verarbeiten zu lassen bzw. die richtige Zubereitung mithilfe von standardisierten Rezepten zu gewährleisten – nur so erhält der Gast ein konstant gutes Produkt (Cousins et al. 2002 S. 102).

Beispielhafte Berechnung der Küchen-Warenkosten

Artikel	**Anzahl der Verkäufe**	**Warenkosten laut Rezept**	**Warenkosten gesamt**	**VK-Preis je Portion**	**VK-Preis gesamt**
Kürbissuppe	330	0,87	287,10	5,90	1.947,00
Risotto mit Tiger Prawns	612	3,35	2050,20	12,80	7.833,60
Schokoladen-Variation	298	1,58	470,84	8,90	2.652,20
Summe					**12.432,80**
./.					1.985,10
Netto					**10.447,70**

Quelle: Eigene Darstellung, in Anlehnung an Gugg/Hank-Haase S. 44

Zentrale Vorproduktion am Beispiel Block Menü

Ein weiterer Bestandteil erfolgreicher Standardisierung in der Gastronomie ist die zentrale Vorproduktion für einen oder mehrere Betriebe. Dieses Auslagern bestimmter Prozesse kann in vielen Fällen zu großen Kostenvorteilen führen. Sowohl die häufige Ineffizienz bei der Zubereitung der Speisen und Getränke als auch der vorherrschende Fachkräftemangel beschleunigen die Entwicklung dieser Form des Convenience-Bereiches.

Vorreiter auf diesem Weg ist Eugen Block, der bereits 1978 die Block Menü GmbH gründete, um unter anderem Geschmacks- und Qualitätsschwankungen bei der Produktion zugunsten gleichbleibender Qualität zu erreichen. Zum Zeitpunkt des Erscheinens des Buchs liefert die Block Menü Menükomponenten sowie frische Convenience-Produkte an rund 1400 Gastronomen, Hoteliers, Großverbraucher und Catering-Unternehmen (Heigert 2015 S. 7).

Vorteile dieser zentralen, externen Produktionstechnik:

- **Durch die Verarbeitung bester und frischer Küchenkomponenten kann eine stets gleichbleibend hohe Qualität garantiert werden.**
- **Die optimierten Portionsgrößen sind Garant für eine wirtschaftliche Kalkulation, wie bereits in den vorangegangenen Abschnitten erwähnt wurde.**
- **Zusätzliche Ideen für die klassische und kreative Küche und saisonaler Input runden das Angebot für den Gastronomen beim Erstellen seiner Speisekarte ab.**
- Durch die erhebliche Reduktion des betrieblichen Aufwandes an Personal, Räumlichkeit, Energie und Zeit wird eine Konzentration auf eigene kreative Individualisierung durch Würzung oder Garnierung möglich (www.block-menue.de/de/unternehmen/geschichte.html).
- **Zudem bieten sich mehr Freiräume für den Gastronomen, die er beispielsweise in Zeit für Verwaltung, strategische Ausrichtung, Gästekontakt oder Mitarbeiterführung investieren kann.**

Die Frage, ob sie solch ein Angebot wie das des Unternehmens Block Menü GmbH im eigenen Betrieb integrieren würden, beantworteten die 41 befragten Gastronomen eher ablehnend.[14] Unklar bleibt hierbei, ob bloßes Unwissen hinsichtlich der ökonomischen Vorteile ausschlaggebend ist oder aber eine generelle Ablehnung vieler Gastronomen gegenüber externen Zulieferern zugunsten eigener Fertigung besteht. »Die teilweise auftretenden Vorbehalte werden weniger, da der Name Block Menü bekannt ist. Wir können die meisten mit unseren Produkten überzeugen, denn wir kochen klassisch, frisch und in hoher Qualität« (Block 2015).

[14] Frage 6 der Umfrage stellte die Frage, ob Gastronomen zur (Personal-) Kostensenkung auf Produkte hoher Qualität zurückgreifen würden, die bereits vorproduziert sind und im jeweiligen Betrieb nur noch einer relativ kurzen Zubereitung bedürften (Beispiel: das Produkt »Block Menü« der Block Gruppe). Darauf antwortete knapp ¾ der Teilnehmer mit »Nein«.

EXPERTENTIPP: *»,Block Menü' steht für Qualität und Frische. 70 Prozent der Produkte stammen aus der Region. Das ,Block Menü'-Sortiment besteht aus vielen verschiedenen Saucen, Suppen, Hauptgerichten, Beilagen sowie Desserts. Wir sind Qualitätsführer bei frischen, gekühlten convienenten Lebensmitteln. Die Idee hinter der ,Block Menü' ist, eine ,Gelingsicherheit' zu schaffen, mit der jeder Koch schnell und in immer gleich hoher Qualität Speisen zubereiten kann. Mit den gleichbleibenden Größen können Gastronomen portionsgenau kalkulieren, zudem ist die Hygiene garantiert. Das spart eigenes Personal.*

Im Laufe der Jahre haben wir zuverlässige Standards geschaffen: die strenge Qualitätskontrolle unseres Rindfleisches, beginnend mit der strikten Auswahl der Erzeugerbetriebe, die grammgenaue Portionierung der Steaks, der beste Schnitt durch unsere eigene Fleischerei, die Zusammenstellung der Zutaten, der Inhalt der Speisekarte sowie die hochwertigen Komponenten von ,Block Menü' garantieren eine geschmackliche Verlässlichkeit in all unseren Restaurants.« Eugen Block, Block Gruppe

EXPERTENTIPP: *»Natürlich kostet es uns Geld, den externen Caterer mit der Lagerung und Vorproduktion unseres Premium-Fleisches zu beauftragen. Umso wichtiger ist es, fortlaufend zu prüfen, ob das, was er macht, auch für uns wirtschaftlich sinnvoll ist oder ob wir ggf. auch etwas selber machen können. Doch bislang sind wir sehr zufrieden mit dieser Variante.*

Dieses Auslagern bringt zweifelsohne einige Vorteile mit sich, zum Beispiel dass dadurch vieles nicht auf unserer Lohnabrechnung ist. Doch es entsteht auch eine gewisse Abhängigkeit, da wir schnell Probleme bekommen würden, wenn unsere Partner nicht liefern können.

Die Frage des »Make-Or-Buy« stellt sich besonders für uns, da durch die Innenstadtlage jeder Platz hohe Kosten bedeutet. Bei uns führte die Auslagerung dazu, dass gewonnene Fläche als Gastraum verwendet und so zu mehr Umsatz für z. B. die Fixkostendeckung beitragen konnte.«
Max von Saurma, Ojo de Agua

[15] Frage 7 der Umfrage: »Welche Maßnahmen ergreifen Sie um Personalkosten zu senken?« beantworteten 37 Prozent mit Prozessoptimierung im Serviceablauf.

[16] Dieses Managementkonzept hat zum Ziel »durch Mitwirkung aller Mitarbeiter eine kontinuierliche Qualität der Produkte und Dienstleistungen zu möglichst niedrigen Kosten zu garantieren und dadurch langfristig die Wettbewerbsfähigkeit, Effektivität und Flexibilität von Unternehmen zu verbessern« (Gruner 2008 S. 329).

Prozessoptimierung – wo gibt's Verbesserungsmöglichkeiten?

Über ein Drittel der für dieses Buch befragten Gastronomen nannten das Thema Prozessoptimierung im Serviceablauf als Maßnahme, um den steigenden Personalkosten entgegenzuwirken.[15] So kommt es besonders in der jetzigen Wachstumsphase darauf an, Prozesse und Abläufe klar zu gliedern und unmissverständlich zu dokumentieren. Es empfiehlt sich, die Mitarbeiter in allen Belangen der Prozesse zu schulen und ihnen dabei die Möglichkeit zu geben, selbstständig Entscheidungen zu treffen. Diese Freiheiten sollten entsprechend auf klaren Strukturen basieren wie z. B. die Festlegung, welcher Kulanzspielraum für die Behandlung von Reklamationen geboten werden kann (Fischl/Fischer 2012 S. 172). Nachdem sich möglicherweise in der Einführungsphase bzw. den ersten Monaten/Jahren ineffiziente Abläufe eingeschlichen haben, sollten diese nun kritisch hinterfragt und verbessert werden, um einen besseren Ablauf zu ermöglichen. Da die gastronomische Dienstleistung aus vielen Einzelprozessen besteht, wirken sich einzelne Verfehlungen insbesondere auf die gesamte Qualität und das Endergebnis für den Gast aus. Besonders der Qualitätsverbesserungsprozess im Rahmen des Total Quality Management (TQM)[16] ist ein passender Ansatz, um die Qualität permanent zu sichern und gleichzeitig weiterzuentwickeln (Henschel et al. 2013 S. 84f).

TQM als ständiger Verbesserungsprozess

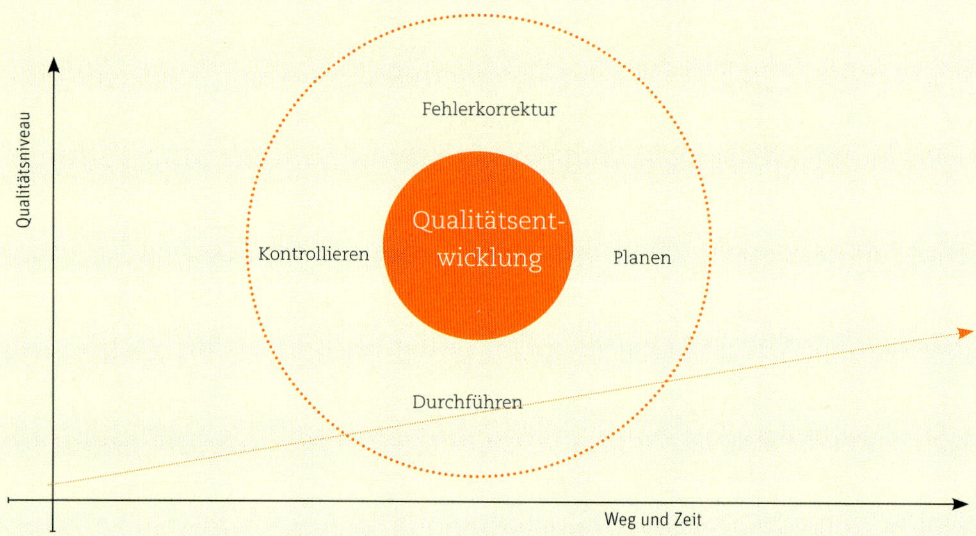

Quelle: Henschel et al. 2013 S. 84f

Deming Kreis

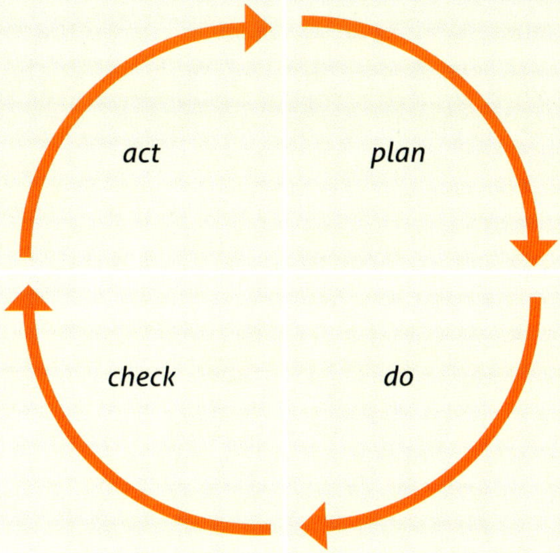

Quelle: von Freyberg/Zeugfang 2014 S. 178

Die Gefahr zunehmender Standardisierung liegt für die einzelnen Betriebe jedoch darin, mit einer gewissen Austauschbarkeit am Markt konfrontiert zu werden. Sich zu profilieren und am Gast zu punkten, kann man hingegen mit kleinen individuellen Aufmerksamkeiten oder Geschenken erreichen, die es ermöglichen, sich positiv von der Konkurrenz abzuheben (Hänssler 2008 S. 156).

PRAXISBEISPIEL: *Nach über fünf Jahren »Goldene Bar« in München lassen sich rückblickend einige konstante Verbesserungen und Optimierungen feststellen. Obwohl die Lagerflächen verschwindend gering sind, wurde besonders auf dem Bereich der Lagerhaltung permanent nachgebessert und so die Lagerkapazitäten bei bestehender Fläche erheblich vergrößert. Durch Optimierungen wie z. B. den Einbau bedarfsorientierter Regale in den Lagerräumen, konnte die wachsende Nachfrage und somit der steigende Lagerbedarf gedeckt werden. Gleiches gilt für den Küchenbereich, bei dem eher selten genutzte Produkte oberhalb der Tür in einem neu konzipierten Regal verstaut werden können.*

Den Serviceablauf betreffend wurde über die Zeit entschieden, einen weiteren Spüler einzustellen, der fortan Standard-(Bar-)Snacks zubereitet, was vorher Aufgabe des Servicepersonals war. So konnte dieses entlastet werden und zudem nicht weiter in das Gebiet der Küche/Spülküche vordringen. Das hausgemachte Ginger Ale, ein Renner UND Gewinner der Karte wird bei Hoch-Zeiten wie dem Terrassengeschäft im Sommer nicht weiter flaschenweise in Siphons abgefüllt, sondern direkt in leere Bierfässer, die es ermöglichen diesen »zu zapfen« und so deutlich Zeit bei der Ausgabe einzusparen.

Ein probates Mittel in der Praxis bietet auch die Einbindung des Gastes in die eigenen Arbeitsabläufe. Gelingt es, den Gast bestimmte Arbeitsschritte übernehmen zu lassen, ohne dass er dies als Last empfindet, sondern vielmehr, im Bestfall, als »Erlebnis« erfährt, so können nicht nur die Gäste begeistert, sondern auch noch Personalkosten eingespart werden.

PRAXISBEISPIEL: *Im Haus Hiltl in Zürich übernimmt der Gast einige Prozesse selbst. So kann er sich das im bedienten Restaurant am Büffet Ausgewählte mithilfe von dafür bereitstehenden Waagen selbst abwiegen. Der Kellner bekommt dann den Bon mit entsprechendem Preis vom Gast ausgehändigt und muss diesen nur noch bonieren. Zusätzlich können die Gäste manche Getränke selbst zapfen.*

»Man muss clever sein und nach neuen Lösungen suchen: z. B. gewisse Abläufe vereinfachen oder versuchen, bis zu einem gewissen Grad dem Gast bestimmte Arbeiten zu delegieren. Denn es ist zweifelsfrei cleverer für den Gastronomen, wenn sich der Gast an einer Station das Bier selber zapfen kann, als wenn es das Personal machen muss. Wenn das gleichzeitig für den Gast noch als Erlebnis rüber kommt ist es umso besser.« Rolf Hiltl, Hiltl

Qualitätssicherung durch Checklisten – nicht nur für »große« Betriebe

Um die im vorherigen Schritt erarbeiteten Optimierungen auch effektiv an die Mitarbeiter zu kommunizieren, stellen Checklisten ein geeignetes Instrument dar. In vielen anderen Branchen ist es die Regel, vor Antritt der Arbeit täglich dieselben Schritte abzuarbeiten, um sich selbst oder die zu bedienende Instrumente, Werkzeuge oder Maschinen in Betriebsbereitschaft zu versetzen. So hat ein Pilot vor dem Abflug genauestens die vorgeschriebenen Schritte einzuhalten, um das Flugzeug ordnungsgemäß für den Flug vorzubereiten. Gleiches sollte für die Gastronomie gelten. Hierbei geht es nicht primär um Kontrolle, sondern vielmehr um die Sicherstellung von Qualität im täglichen Serviceablauf. Richtig erstellt können Checklisten obendrein dem Betreiber Arbeit und Zeit (z. B. in Form von Delegation) abnehmen und die Priorisierung sinnvoll neu ordnen. Nicht nur bestehende Mitarbeiter erhalten somit eine »Denkstütze«; auch neue Mitarbeiter können sich mithilfe von Listen schneller zurechtfinden und dabei die Kollegen entlasten, die ansonsten durch Einarbeitung in ihrem eigenen Ablauf eingeschränkt werden. So dienen Checklisten als Hilfsmittel bei der Organisation, um Zeit, Aufwand und Kosten zu verringern und gleichzeitig ein konstantes Qualitätsniveau zu halten (Schaetzing 2010 S. 446ff).

Wo und für was brauche ich Checklisten?
Im Grunde lassen sich für die in diesem Buch genannten Themen jeweils Checklisten anwenden. So können diese in der Pre-Opening-Phase als eine Art »To-Do-Liste« fungieren, die unabdingbare Schritte wie z.B. Anmeldungen übersichtlich darstellen. Mit dem Zeitpunkt der Eröffnung können sie ferner für Bereiche wie den Einkauf, die Überprüfung von Hygiene, den Serviceablauf oder für die Qualitätssicherstellung dienen. Mithilfe der systematischen Auflistung wesentlicher Punkte für das jeweilige Dienstleistungsfeld sowie des Festhaltens gemachter Erfahrungen können zukünftige Arbeiten erleichtert und zudem Reihenfolgen priorisiert dargestellt werden (Schaetzing 2010 S. 448).

Wie erstelle ich gute Checklisten?
Generell ist eine Checkliste eine sehr individuelle Auflistung. Der Betreiber sollte für sich selbst wissen, welche Bereiche und Leistungen im Betrieb aus eigener oder aus der Sicht des Gastes Qualitätsprobleme nach sich ziehen können. Ein weiterer wichtiger Aspekt ist die regelmäßige Kontrolle und Überarbeitung der Checkliste, da sich über die Zeit Änderungen in den Anforderungen ergeben haben könnten (Schaetzing 2010 S. 451).

Beispielhafte Checkliste für den Servicebereich

Tisch eindecken	Ja	Nein	Kommentar
1. Besteck polieren	✔		
2. Gläser polieren	✔		
3. Servietten falten	✔		
4. Menagen einsetzen		×	
…			
…			

Quelle: Eigene Darstellung

DEN STEIGENDEN UMSATZ ANKURBELN

Wie der Name der Wachstumsphase bereits andeutet: Nachfrage und Umsatz steigen. Dass dies auch erst mal so bleibt und die Phase möglichst in die Breite gezogen wird, können einige einfache Mittel große Effekte erwirken.

Die Bekanntheit steigern

Sofern der Betrieb hinsichtlich Positionierung und Konzept (Speisen- und Getränkeangebot, Ambiente, Service und Preis) stimmig und zugleich vom Markt nachgefragt wird, steigt in der Folge die Bekanntheit. Zufriedene, im Bestfall begeisterte Gäste, kommen gerne wieder und empfehlen den »neuen Laden« auch weiter. Gerade in dieser Phase spielt die »Mund-zu-Mund-Propaganda« eine wichtige Rolle. So vertrauen laut einer Studie über ⅔ auf die Empfehlungen von Freunden und Bekannten (pepperbill. n. d. Worauf vertraust Du am ehesten bei der Auswahl eines Restaurants?). Die Empfehlungen fallen jedoch nur üppig aus, solange der Betrieb auch «etwas Besonderes« bieten kann.

Doch nicht nur die Gäste, sondern auch der Inhaber selbst kann die Bekanntheit gezielt und bewusst steuern und fördern. Besonders die aktionsorientierte Verkaufsförderung sollte jetzt genutzt werden, um »von sich hören« zu lassen, Aufmerksamkeit zu erregen und »im Gespräch« zu sein, sei es in Form von Sachspenden, Veranstaltungen oder Verlosungen. Denn selbst das beste Konzept mit dem besten Angebot muss erst mal Bekanntheit erlangen (Hein 2003 S. 62). Dabei ist es sicherlich einfacher und kostengünstiger, ein originelles, klares Profil zu vermarkten als eines ohne eindeutige Profilierung.

TIPP: **Mit Kindern punkten:** Fühlen sich Kinder wohl, kommen auch die Eltern. Ein kleiner Spielbereich oder auch das Körbchen mit kleinen »1 Euro Artikeln«, welche sich Kinder als Geschenk aussuchen dürfen, wie Überraschungseier, Seifenblasen, Flummis, Pixi-Bücher; Malutensilien sorgen dafür, dass die kleinen Gäste begeistert sind und ihre Eltern überreden, wiederzukommen.

Berichte und Tests zum eigenen Vorteil nutzen

Gerade in Zeiten, in denen Internetbewertungen eine für viele Kunden nicht unwichtige Rolle bei der Auswahl des Restaurants spielen, ist der Fokus entweder auf Qualität und/oder auf ein gutes Preis-Leistungs-Verhältnis in Verbindung mit einem guten Gesamtkonzept und freundlichem

Service zu richten. Gerade neue Restaurants, Bars oder Kneipen werden gerne von den großen regionalen Zeitungen getestet und können mit einem positiven Artikel eine Vielzahl neuer (potenzieller) Gäste erreichen. Während Beiträge und Artikel in Zeitschriften, Internet-Blogs, Gastronomie-Führern und Zeitungen kostenfrei, aber auch schwer beeinflussbar sind, besteht zusätzlich die Möglichkeit zu einem kostenpflichtigen Eintrag in einem – zu Konzept und Zielgruppe – passenden Online-Führer. Dank der hohen Auflage kann so eine große Anzahl an Menschen der gewünschten Zielgruppe erreicht werden (Hänssler 2008 S. 277).

PR, Merchandise & Medien: der Turbo für Umsatz und Image

Public Relations – »Tue Gutes und rede darüber«

Generell kann regelmäßiger und dabei kostengünstiger Öffentlichkeitsarbeit eine größere Bedeutung zukommen als der oftmals kostenintensiven klassischen Werbung. Denn nicht nur der gute Ruf hilft dem Unternehmen, auch wird durch die Öffentlichkeitsarbeit der langfristige Kaufentscheidungsprozess beeinflusst. Weil hier keine direkte Kaufanimation dem Kunden gegenüber stattfindet, dient die PR in diesem Falle vielmehr der Imagepflege und der positiven Außendarstellung. Dabei empfiehlt es sich darauf zu achten, nicht mehr zu versprechen als man tatsächlich zu leisten im Stande ist (Schaetzing 2010 S. 420). Dass ein Nebeneffekt der Öffentlichkeitsarbeit nicht nur die steigende Bekanntheit, sondern zugleich auch den Aufbau eines Markencharakters bedeuten kann, sei an dieser Stelle ebenfalls erwähnt. So haben es erfolgreiche Gastronomen wie Tim Raue, Haya Molcho und Rolf Hiltl durch beständige Öffentlichkeitsarbeit, mitunter auch in Verbindung mit medialer Präsenz, geschafft, ihren Namen bzw. Betrieb heute erfolgreich als Marke zu positionieren, was für den Umsatz zweifelsohne vorteilhaft sein kann (Trinkl 2006 S. 129).

Doch nicht nur nach außen können sich die gewonnene Sympathie, das Verständnis und das Vertrauen auswirken. Auch eine innerbetrieblich betriebene Form der PR (durch z. B. Betriebsausflüge, persönliche Förderung, Einbeziehen der Angehörigen) hilft, die Mitarbeiter und die engere Öffentlichkeit wie Gesellschafter, Nachbarn, Lieferanten oder enge Vertriebspartner langfristig positiv zu stimmen (Hänssler 2008 S. 274f). Gerade eine gute Beziehung zu Nachbarn und Lieferanten kann den Betrieb häufig vor unliebsamen Störfaktoren bewahren.

→ Mögliche Formen der PR

- Tag der offenen Tür
- Kunstausstellung in Zusammenarbeit mit (lokalen) Künstlern/Galerien
- Degustationen und Tastings mit beliefernden Partnern z. B. Wein/Kaffee
- Küchenparty
- Zusammenarbeit mit Prominenten

- Sponsoring, z. B. ein neuer Satz Trikots für den lokalen Fußballverein
- Kochkurse mit dem Küchenchef z. B. für Kinder mit der Ausrichtung, Kinder schon früh an gesunde Ernährung heranzuführen
- Veranstaltungen/Partys bekannter Unternehmen wie z. B. Medienunternehmen (Zeitschriften)
- Öffentlichkeitswirksame Nachhaltigkeitsmaßnahmen

Beispiel für die Bedeutung der Absatzmenge

Werbemittel	*Preis*
Textteilanzeige in der Printausgabe der »Süddeutsche Zeitung«: z. B. Breite 58,5 mm, Höhe 100 mm, gesamt 100 mm	Ab 8.370,00 €, einmalig
Eigene Postkartenaktion für die Gäste: Druckkosten für 500 Stück: ca. 250 € Porto/Woche durchschnittlich: 15 x 0,70 € = 10,50 € → 10,50 € x 52 = 546,00 €	250,00 € +546,00 € = 796,00 € pro Jahr

PRAXISBEISPIEL: *»Durch zufriedene Mitarbeiter – und das ist das Wichtigste, da wir Gastronomen von den Mitarbeitern leben – kommt auch der Erfolg. Wir veranstalten z. B. jedes Jahr Feiern, auf die wir unsere Mitarbeiter einladen, teilweise schicken wir unser Personal auch nach Berlin oder Zürich; ich würde sagen, wir verwöhnen unser Personal. Ich glaube, das ist auch der Grund, warum wir, sowohl die Mitarbeiter als auch die Gäste mit unserem Neni ‚infiziert' haben und sehr viele Mitarbeiter über fünf Jahre bei uns bleiben.«* Haya Molcho, Neni

Merchandise – welche Möglichkeiten bieten sich zusätzlich, den Umsatz zu heben

Eine weitere imagefördernde Umsatzquelle ist der Einsatz von Merchandise-Produkten. Wenn auch der prozentuale Anteil am Umsatz in der Regel eher zu vernachlässigen sein mag, so kommt Merchandise-Artikeln in den meisten Fällen ein positiver Imageeffekt zugute, abgesehen von den Auswirkungen steigender Bekanntheit.

Mit der Folge enormer Auswirkung auf die gesamte Barszene, hat sich Klaus St. Rainer darauf fokussiert, für den täglichen Bargebrauch essentielle Grundzutaten (wie z.B. Bitters) und Zubehör (wie z.B. Shaker, Rezeptsammlungen) zu produzieren. Da seine Produkte von höchster Qualität zeugen und wichtige Bestandteile für den Bargebrauch darstellen, haben sie Eingang in Bars über die Grenzen Deutschlands hinaus gefunden. Dadurch ist ihm und seinem Betrieb Aufmerksamkeit in der für ihn relevanten Zielgruppe sicher. Denn die »Produkte polarisieren und erregen Aufmerksamkeit in der Barszene«, auch führt es dazu »dass ein Barkeeper in Hamburg seinen Gästen empfiehlt, bei einem München-Besuch genau bei uns, in der Goldenen Bar, vorbeizukommen«, so Klaus St. Rainer im Experteninterview. Selbstverständlich bedarf es nicht zwangsläufig eines so hohen Aufwandes wie der Kreation solch essentieller Zutaten. Betriebe, die selbst Marmelade, Chutneys oder sonstige eigene Lebensmittel herstellen, können durch die Abfüllung dieser Produkte in Gläser mit ansprechendem Packaging ein einfaches und erinnerungswirksames Umsatzpotenzial erzielen. Die Wahl dieser Mittel ist dabei eine Frage des eigenen Konzeptes.

Neben den dem Kunden angebotenen vegetarisch und vegan konzipierten Kochbüchern und originellen Werbepostern u.v.m. bietet das Hiltl in Zürich auch eine CD zum Verkauf an. Dies passt z.B. zum angesagten und »coolen« Image des Hauses und dem Club, welcher dem Hiltl angeschlossen ist (http://shop.hiltl.ch/ch/hiltl-cd.html). Da der Betrieb auch Badekioske in näherer Umgebung betreibt, können Gäste auch Badetücher, Frisbees und Wasserbälle mit dem Hiltl-Aufdruck erwerben (http://shop.hiltl.ch/ch/merchandise.html).

Abschließend kann also festgehalten werden, dass es die Möglichkeiten zur Umsatzstärkung zu identifizieren gilt sowie den Mehrwert für den Gast zu erkennen und zu vermarkten. Dabei sind die Wertschöpfung und Verkaufszahlen des Betriebes zu maximieren (Cousins et al. 2002 S. 205).

Medien

Als »Königsdisziplin« der verkaufsfördernden Maßnahmen kann man die Kooperation medialer Partner wie Fernsehen und Rundfunk oder sonstiger Printmedien bezeichnen. Sofern es gelingt, den eigenen bzw. die eigenen Betriebe mit dem damit verbundenen Mehraufwand zu verbinden, kann die Bekanntheit und in der Regel auch das Einkommen spürbar ansteigen. Ein Beispiel für das erfolgreiche Betreiben (mehrerer) gastronomischer Betriebe in Verbindung mit medialer Präsenz ist Tim Raue, der dem gastronomischen Berlin und über die Grenzen dessen hinaus neue Maßstäbe setzen konnte. Durch seine Medienpräsenz konnte er große Bekanntheit erlangen, doch reicht dies seiner Ansicht nach allein nicht aus: *»Mediale Präsenz führt definitiv zu einem volleren Restaurant, allerdings muss* *der Gast bei seinem ersten Besuch begeistert werden, um auch eine langfristige Auslastung zu gewährleisten*«, so Raue im Experteninterview. Der Erfolg der mittlerweile fünf von ihm konzipierten Betriebe gibt ihm Recht.

Die Vorteile von Kooperationen

Gerade im wettbewerbsintensiven Gaststättengewerbe kann es sinnvoll sein, sich mit Partnern zusammenzuschließen und somit von einem erweiterten Netzwerk, von Synergien sowie von weiteren Umsatzpotenzialen zu profitieren. Denn Gemeinschaften können nicht nur (wie im Kapitel »Der Wareneinsatz – vielseitig beeinflussbar«, S. 61) Kostensenkungen in Bezug auf Einkauf oder Personaleinsatz (wie z. B. das Teilen einer Putzkraft) zur Folge haben, auch den Verkauf anregende Folgen durch Wissensaustausch oder Marketing sind zu beobachten (Trinkl 2006 S. 117).

Haya Molcho von Neni ist mittlerweile eine Kooperation mit den 25hours Hotels eingegangen. Diese Kooperation hat es dem Betrieb ermöglicht, der wachsenden Hotelkette ein attraktives Gastronomiekonzept und einen starken Partner, was in der Hotelgastronomie eher selten ist, zur Seite zu stellen. Zudem konnten nun weitere Betriebe in Deutschland und der Schweiz hinzugewonnen werden.

Um geeignete Kooperationspartner zu finden, empfiehlt es sich nach Herstellern oder anderen Dienstleistern Ausschau zu halten, die ein Interesse daran hegen mit gleichen Zielgruppen des Betriebes in Kontakt zu kommen. Ausschlaggebend ist auch das eigene Angebot: Welcher Partner könnte den eigenen Betrieb unterstützen und dabei helfen gewisse Bereiche zu optimieren? Auch der Umkreis des Betriebes spielt ebenfalls eine bedeutende Rolle. Denn wenn bereits eine vergleichbare Kooperation in unmittelbarer Nähe besteht, sollte die geplante Verbindung ggf. nochmals überdacht werden (Trinkl 2006 S. 124).

Neue Vertriebskanäle und Marktsegmente finden

Eine der Varianten, um die Wachstumsphase möglichst in die Breite und somit relativ lang andauernd zu gestalten, ist der Aufbau neuer Marktsegmente oder Vertriebskanäle, die sich gerade jetzt anbieten, wo der Betrieb in seiner »Blütephase« steckt. Wichtig ist dabei, das Kerngeschäft nicht zu vernachlässigen.

So konnte Haya Molcho unter der Marke »*Neni am Tisch*« einen weiteren Vertriebskanal aufbauen, indem Produkte des angestammten Sortiments des Neni in einer großen österreichischen Supermarktkette angeboten wurden. Eine Maßnahme, die nicht nur in großem Maße Bekanntheit schafft, sondern zusätzlich zum angestammten Kerngeschäft Umsatz generiert, während Synergieeffekte durch Größenvorteile zu Nutze gemacht werden können.

Impulse für aktiven Verkauf – Beraten statt verkaufen ist die Devise!

Zweifelsohne ist es das Ziel eines jeden wirtschaftlichen Unternehmens, stets mehr Umsatz bzw. Gewinn zu erwirtschaften. Hierfür ist es gerade bei den oftmals begrenzten Kapazitäten eines gastronomischen Betriebes wichtig, den Umsatz bzw. Gewinn pro Gast anzuheben. Dabei spielt die richtige Herangehensweise eine große Rolle, da die Beratung zu einem eventuellen Zusatzkauf häufig einer eher als unangenehm empfundenen Verkaufsaufforderung gleichen kann. Demnach sollte die Umsatzsteigerung seitens des Mitarbeiters auf einer positiven Beziehungsebene zum Gast basieren. Neugier der Gäste ist hierbei häufig die beste Grundlage, die von einer freundlichen und kompetenten Bedienung gestillt werden kann. Demnach ist es für den Inhaber eines Betriebes erstrebenswert, dem Gast ein höherwertiges oder ein zusätzliches Angebot schmackhaft zu machen (Schoolmann/Stolpmann 2007 S. 11ff).

Doch nicht nur die Umsatzförderung ist ein wichtiger Faktor für die Wirtschaftlichkeit hinter dem aktiven Verkauf, sondern auch das Gesetz der Massenproduktion, wonach mit steigender Ausbringungsmenge und folglich günstigeren Einkaufspreisen die fixen Kosten pro Stück oder Leistungseinheit und in der Regel auch die variablen Kosten sinken (Gruner/von Freyberg 2013 S. 12). Dabei sollte angemerkt sein, dass z.B. ein Gast in seiner oft zeitlich knapp bemessenen Mittagspause möglichst schnell und gut bedient werden möchte, und es dabei keiner großen Verkaufsgespräche bedarf bzw. sie in solchen Fällen eher unangebracht sein könnten. Abgesehen davon, dass ein Espresso nach dem Essen natürlich noch schnell zusätzlich verkauft ist.

Des Weiteren wird der Mitarbeiter bzw. Wirt den Gästen Produktempfehlungen auch auf emotionaler und authentischer Weise geben können, wenn der selbst auch hinter dem (guten) Angebot steht. Dies ist seitens des Betreibers sicherzustellen. Werden die genannten Punkte entsprechend abgehandelt, so profitieren alle drei beteiligten Parteien: Der Gast kann etwas Neues ausprobieren und ist dank des guten Services zufrieden, der Mitarbeiter dürfte sich über mehr Trinkgeld freuen und das Unternehmen kann seine Umsätze erhöhen (Gordon/Brezinski 1999 S. 150).

Up- & Cross-Selling – vom Tellertaxi zur echten Servicekraft

Die beiden Methoden des Up- und Cross-Sellings, sollten jedem zuständigen Mitarbeiter bekannt sein, um Gäste zu Zusatzkäufen zu bewegen, und auch entsprechend am Gast handeln zu können.

Cross-Selling

Beim Cross-Selling handelt es sich um eine Methode, bei der die Wahl des Gastes durch zusätzliche Kaufempfehlungen ergänzt wird, indem er sich dann für weitere ergänzende Produkte wie z.B. Getränke, Beilagen oder Gerichte entscheidet. Während das Cross-Selling in vielen anderen Branchen zur Bindung des Kunden an eine bestimmte Marke/die eigene Produktpalette orientiert ist, wird in der Gastronomie auf passende zusätzliche Produkte hingewiesen. So kann z.B. ein bestimmter Wein zu einem bestellten Gericht empfohlen werden oder ein Kaffee zum Dessert.

Besonders in der Hotelgastronomie kann eine Reservierung für das Restaurant beispielsweise mit der Nachfrage verbunden werden, ob nach dem Essen noch ein Zimmer reserviert werden darf, um das Essen so besser genießen zu können.

Eine weitere Möglichkeit bietet das Cross-Selling in Verbindung mit Leistungen oder Services Dritter, die gegen Provision oder Umsatzbeteiligung angepriesen werden können. So kann beispielsweise mit einem Nachtclub kooperiert werden, den Gäste nach dem Restaurant-Besuch aufsuchen können (Schoolmann/Stolpmann 2007 S. 35f).

Up-Selling

Im Gegensatz zum Cross-Selling wird beim Up-Selling versucht, eine höherwertigere oder umfangreichere Variante derselben Dienstleistung bzw. desselben Produktes anzubieten. Denn in den meisten Fällen generieren die empfohlenen Up-Selling-Produkte nicht nur mehr Umsatz, sondern können auch oft einen höheren Deckungsbeitrag aufweisen.

- Bestellung eines Espresso: Bei einer spezialisierten Kaffee-Bar können eventuell gar spezielle Kaffeebohnen angeboten werden; im Regelfall kann ein »Doppelter Espresso« statt eines Einfachen angeboten werden.
- Bestellung eines Glases Weißwein: Frage nach einem Glas 0,2 l statt 0,1 l oder auch, falls mehrere offene Weine vorhanden sind, die Empfehlung eines qualitativ besseren Weines.

PRAXISBEISPIEL: Mit Gästen auf Tour zum Weingut

»Weingut on Tour« ist eine Veranstaltung, die das Heidelberger Weingut Clauer in Heidelberg alljährlich durchführt. Dabei kann einerseits der Gastwirt von neuen Gästen profitieren, und sich andererseits der Winzer an die Gastronomie, die seine Weine führt bzw. seine Produkte bezieht, binden.

Während das Weingut seinen Kunden die Möglichkeit geben kann, die Weine in der regionalen Spitzengastronomie zu genießen und dabei von einer ganz anderen Seite kennenzulernen, sichern sich die Gastronomen einfach und gut planbaren Umsatz. Die Vergangenheit zeigt, dass die Veranstaltungen meist ausgebucht sind und sich großer Beliebtheit erfreuen, während die Gastronomen auf diese Weise für sich und ihr Restaurant Werbung machen können. Auch Nachfolgebesuche waren in der Vergangenheit stets der Fall. Selbstverständlich kann auch das Restaurant selbst eine derartige Fahrt in ein Weinanbaugebiet anbieten und mit einer Besichtigung und Weinprobe verbinden. Kooperiert man bei der Planung und Organisation der Fahrt mit jemandem, der z. B. für die örtliche Volkshochschule Studienfahrten durchführt, so kann die Fahrt zum Winzer unter Umständen auch als VHS-Veranstaltung durchgeführt werden und so über den Kreis der eigenen Stammgäste hinaus weitere Weinliebhaber angesprochen werden.

Geschickte Vermarktung, Erschließung neuer Gäste, zusätzlicher Umsatz sowie Förderung der Partnerschaft zum Lieferanten bzw. Produzenten sind triftige Gründe, weshalb Gastronomen solche Veranstaltungen ernsthaft in Erwägung ziehen sollten.

Quelle: http://blog.abseits.de/2006/09/weingut-on-tour.html

Auf Formulierungen im Verkaufsprozess achten!

Aktive Verkaufsformulierungen wirken Wunder: statt: »Würden Sie gerne einen Cocktail trinken?« würde sich besser eignen: »Darf ich Ihnen einen Negroni oder Martini anbieten oder unseren ›Signature Drink‹ des Hauses mit frischgepresstem Ananassaft und hausgemachtem Espuma garniert?«

Statt: »Darf ich Ihnen einen Aperitif anbieten?« wäre es besser zu sagen: »Wir haben einen sehr schönen deutschen Rieslingsekt eines jungen, aufstrebenden Winzers, den ich Ihnen besonders empfehlen kann!«; Statt »Darf es noch ein Dessert sein?« empfiehlt sich: »Haben Sie schon mal unseren lauwarmen Schokoladenkuchen probiert? Wenn nicht, er ist wirklich einen Versuch wert!«

In der Regel führen solche aktiven und verkaufsanimierenden Fragen beim Gast zur Zustimmung und bedeuten meistens auch mehr Umsatz, wie Maximilian Jakob und Andreas Salger von Kull & Weinzierl im Experteninterview bestätigen.

Verkaufsaktionen nutzen

Durch spezielle, sich vom Standardangebot abhebende Aktionen, lassen sich Gäste gerne und schnell begeistern. Durch übertroffene Erwartungen werden Begeisterungen geschaffen, die sich nicht nur in der Zufriedenheit der Gäste und erhöhtem Umsatz widerspiegeln, sondern auch in wertvoller Mund-zu-Mund-Propaganda. Meist führt ein, durch besonders positive Erlebnisse, begeisterter Gast zu einem erhöhten Durchschnittsbon. Gerade im Hinblick auf den Lebenszyklus einer Unternehmung, bei dem die Erlebnisse mit fortwährender Existenz in der Regel abnehmen, können spezielle, temporäre Aktionen und Events wie z.B. Pop-Up-Restaurants, aktiv dem Zyklus entgegenwirken und für zusätzlichen Umsatz sorgen (Gruner et al. 2014 S. 120).

Es kommt demnach auf besonders kreative Aktionen an, die helfen sollen, das Kaufverhalten der Gäste direkt zu beeinflussen. Wie bereits erwähnt, geht es hierbei nicht zwingend um die Umsatzmaximierung. Vielmehr soll dem Gast das Gefühl vermittelt werden, »für eine echte Dienstleistung den richtigen Ort gewählt zu haben« (Schaetzing 1983 S. 100). Dabei sollen dem Gast kurzzeitige Anreize gegeben werden, um seine Kaufgewohnheiten zu verändern und dabei den Umsatz zu steigern (Cousins et al. 2002 S. 204).

Möglichkeiten zur Verkaufsförderung am Gast

- Bei der Wahl eines Mittagsmenüs anstatt eines einzelnen Gerichtes kann ein nicht so kostenintensives Produkt wie z.B. ein Espresso gratis angeboten werden
- Um leere Zeiten zu vermeiden: Verkauf eines »Vorabendtisches« mit einem verkleinerten Angebot und entsprechend niedrigerem Preis sowie eingeschränkter Verweildauer: Dadurch können Tische, die normalerweise nur einmal pro Abend verkauft werden zusätzlichen Umsatz generieren sowie leere Zeiten bei Service- und Küchenpersonal kompensieren (www.broeding.de/de/restaurant/wer-wir-sind/)
- Klassisch und bewährt: Happy Hour und/oder Rabattaktionen vor Ladenschluss und saisonale Aktionswochen (beispielsweise Wild, Spargel, Pilze)
- Ohne großen Mehraufwand führt generell ein eigener und persönlicher Stil, Authentizität, Persönlichkeit und die Entwicklung eigener Geschichten zu mehr Attraktivität, Zulauf und schließlich auch erhöhtem Umsatz (Trinkl 2006 S. 110f)
- (Vermeintliche) Knappheit, Exklusivität, »limitiertes Angebot«: Derartige Formulierungen steigern die Nachfrage, während das Preisbewusstsein eher in den Hintergrund gerät

PRAXISBEISPIEL: *»Da wir oft auf Monate hinweg ausgebucht sind und nur 40 Sitzplätze haben, bedeutet ein nicht erschienener Tisch zu vier Personen schon einen Verlust von knapp 10 Prozent des abendlichen Umsatzes. Abgesehen davon, dass wir den reservierten Tisch potenzieller Laufkundschaft vorenthalten müssen.*

In Verbindung mit der Reservierungsplattform Open Table haben wir es geschafft, fast keine No-Shows mehr zu haben. Das System verschickt eine automatisch generierte Email ein paar Tage vor der Reservierung an den Gast. Zusätzlich rufen wir am Tag der Reservierung die Gäste nochmals an, um sicherzustellen, dass ihre Reservierung noch Bestand hat. Zudem gibt es auf diese Weise gleich schon den ersten Kundenkontakt. So können wir entgangenem Umsatz entgegenwirken. Eine weitere Maßnahme zu mehr Umsatz ist es, mehrmalige Belegungen am Abend zu erreichen.« Jochen Kreppel, Upper Eat Side

PRAXISBEISPIEL: *In den Betrieben der Kull & Weinzierl GmbH werden Servicestandards definiert, die in Form des so genannten »Drehbuchs« an die Mitarbeiter ausgehändigt werden. Mithilfe dieses Buches soll erreicht werden, dass der Gast erst mal alles angeboten bekommt, was das Haus anzubieten hat. Hält sich die Servicekraft daran, führt das nachweislich zu mehr Umsatz. So werden z. B. gleich bei der Begrüßung drei verschiedene Aperitif-Möglichkeiten aus drei verschiedenen Kategorien angeboten:*

Bier, Champagner oder klassische Aperitivi (wie z. B. ein Sprizz). Auf diese Weise wird dem Gast die gesamte Kategorie-Palette präsentiert. Statt den üblichen Phrasen wie: »Haben Sie gut hergefunden?«, »Hat's Ihnen geschmeckt?« oder »Wollen Sie noch ein Dessert?« wird der Gast direkt mit einem konkreten Produkt XY angesprochen: »Möchten Sie Produkt XY probieren?«

Da grundsätzlich eine Flasche Wasser beim Essen Standard ist (und zudem sehr margenstark), wird auch hierauf direkt hingewiesen: »Möchten Sie gerne eine Flasche Wasser?«

Des Weiteren kommt die Bedienung an den Tisch und schlägt zwei Vorspeisen vor, die nicht auf der Karte stehen. Dabei geht es weniger darum, dass der Gast auch genau diese wählt, sondern dass ihm durch diesen Hinweis die Option einer Vorspeise in Erinnerung gerufen wird. Andreas Salger, Kull & Weinzierl

PRAXISBEISPIEL Erlebnisse in Pop-Up-Restaurants: *Pop-Up-Restaurants sind gastronomische Konzepte, die keinen festen Standort haben, sondern vom Überraschungsmoment und der Exklusivität leben. Nur über das Internet, in ausgesuchten Foren angekündigt, eröffnet ein Pop-Up-Konzept für einen begrenzten Zeitraum – meist nur einige Tage – in einer improvisierten Location einer Stadt und kombiniert Essen mit Kunst und Kultur. In Zusammenarbeit mit Sterne-Köchen werden ausgewählte Menüabfolgen kreiert, die dem Zeitgeist entsprechen, regionale und saisonale Zutaten beinhalten und dennoch nicht überteuert sind. Das wohl bekannteste Beispiel ist das Pret A Diner Pop-Up-Konzept von Klaus Peter Kofler (u. a. Berlin, Frankfurt, München). Der Geschäftsführer ist der Meinung, dass sich die Ansprüche der Gäste grundlegend verändert haben: Er fordert mit seinem Konzept die Demokratisierung von Luxus. Das Ergebnis: Kiezambiente meets Sterneküche.*
Quelle: Gruner et al 2014 S. 39

Mitarbeiter schulen und fortbilden

Um die genannten verkaufsfördernden Maßnahmen auch wirklich erfolgreich in die Realität umzusetzen, bedarf es kompetenter und versierter Servicekräfte, besonders deshalb, weil der einzelne Mitarbeiter einen besonders starken Einfluss auf die Qualität der Leistung des Betriebes hat. Der Einsatz von Aushilfen bedingt ferner die Notwendigkeit von Schulungen bzgl. Produktwissen, Kompetenz, Souveränität, Freundlichkeit oder Hygiene.

Je nach Betriebsgröße variieren die jeweiligen Maßnahmen zur Mitarbeiterfortbildung. Während größere Betriebe mit eigener Personalabteilung die Möglichkeit besitzen, konkrete Schulungspläne zu erstellen und durchzuführen, ist dies bei den in Deutschland primär vorherrschenden kleinen Betrieben meistens eher nicht möglich. Dennoch können und sollten auch hier diese Weiterbildungsmaßnahmen, wenn auch nur im kleineren Rahmen, nicht dem täglichen Arbeitsalltag untergeordnet werden. Gleiches gilt für Mitarbeiterentwicklungsgespräche, die sowohl für Inhaber als auch für Mitarbeiter wichtig sind und nicht allein deshalb ausfallen sollten, »weil einfach zu viel los ist«.

Im Rahmen der Personalentwicklung ist der Arbeitgeber angehalten z. B. in Zeiten minderen Arbeitsaufkommens (z. B. nach der Weihnachtszeit) einen Schulungsplan für die kommenden Monate oder das kommende Jahr aufzustellen. Dieser kann dann im weiteren Verlauf als Grundlage für die Detailplanungen fungieren, indem Termine mit externen Trainern oder Fachleuten gemacht bzw. eventuelle Räumlichkeiten, Einladungen oder benötigte Materialien besorgt werden. Da in vielen Fällen das Budget für externe Coaches und Dienstleister begrenzt ist, kann hier beispielsweise auf Mitarbeiter mit Spezialkenntnissen zurückgegriffen werden, die bereit sind, ihr Wissen an andere intern weiterzugeben.

Eine weitere kostengünstige Möglichkeit besteht darin, Produzenten wie z. B. Winzer oder aber auch den Weinhändler des Vertrauens, einzuladen, um die im Betrieb angebotenen Weine besser kennenzulernen und auch zu verköstigen. Dadurch kann der Wirt Geld einsparen, während z. B. der Winzer von möglichem höherem Absatz durch besser geschulte Servicemitarbeiter profitiert (Hänssler 2008 S. 199f).

PRAXISBEISPIEL: *»Im ersten halben Jahr werden außerhalb des Arbeitsplatzes, aber während der Arbeitszeit, drei persönliche Gespräche durchgeführt. So weiß der Mitarbeiter, was mit ihm im nächsten Jahr passiert und wo er steht. Gleichzeitig schafft das sehr starkes Vertrauen zueinander. Im Rahmen dieser Gespräche werden auch messbare, realistisch zu erreichende und dennoch anspruchsvolle Ziele gesetzt. Solch ein Ziel könnte z. B. sein, die Kostenoptimierung zu fördern, indem der Mitarbeiter innerhalb der nächsten sechs Monate den Wareneinsatz um x-Prozentpunkte senken soll, natürlich auch in Abhängigkeit davon, wo wir jeweils Potenzial sehen. Es kann aber auch sein, dass wir von ihnen fordern, in einem gewissen Zeitraum ein Frühstückskonzept, drei verschiedene Bruncheller oder drei angesagte Drinks zu erarbeiten und zu entwerfen, inklusive Kalkulation, natürlich abhängig in welchem Bereich der jeweilige Mitarbeiter angestellt ist. Der Mehrwert für uns ist hierbei, dass wir den Mitarbeiter als internen Weiterentwickler und Ideenfinder nutzen.*

Wenn ein Mitarbeiter gewisse Dinge selber macht, dann trägt er auch die Verantwortung dafür und fühlt sich dadurch auch verantwortlich. Diese Mitgestaltung bindet ihn natürlich wiederum an unser Unternehmen. Und er steht zudem voll hinter dem Produkt, während es zugleich wieder mehr Abwechslung im Arbeitsalltag bietet.« Maximilian Jakob, Kull & Weinzierl

Den Herausforderungen bezüglich rückläufiger Ausbildungszahlen, Mitarbeiterbindung und -förderung entgegnet die Personalabteilung der Kull & Weinzierl Betriebe folgendermaßen:

»Gerade im Zuge der sinkenden Ausbildungszahlen ist der Ausbilderschein sinnvoll, weil wir so den Umgang mit unseren Azubis verbessern, aber auch die jeweilige Persönlichkeit weiter schärfen. Diese Schulungen werden den ausbildenden Mitarbeitern gezahlt, aber gleichzeitig binden sie sich auch in gewisser Form für weitere zwei Jahre an uns. Generell ist das eine Investition in ihre Person. Zudem bekommen sie die Aufgabe, sich mit den Azubis zu beschäftigen und diese zu betreuen, was wiederum den Betriebsleiter entlastet. Diese Mitarbeiter nennen wir »Quality Coaches«, die einen monatlichen Trainingsplan, Karteikarten pro Mitarbeiter und weitere freiwillige Aktionen erstellen. Im Gegenzug nehmen wir dann manchmal die Quality Coaches auf sog. Adventure Camps (wo sie z.B. am Biathlonschießen teilnehmen) mit, um sie für die Betreuung der Azubis zu schärfen. So wollen wir unsere Mitarbeiter davon überzeugen, dass es gut ist, was sie machen.«

Maximilian Jakob, Kull & Weinzierl

Wertschöpfung durch Wertschätzung – auch im Autorenteam …

Wertschöpfung durch Wertschätzung

In den Interviews mit den Experten hat sich gezeigt, dass eine erfolgreiche gastronomische Unternehmung ausschließlich mit einsatzfreudigen, als Mensch geschätzten, fair behandelten und entlohnten Mitarbeitern funktioniert. Aufstiegschancen, zusätzliche Incentives wie Rabatte bei Partnern oder Unterstützung bei der Wohnungssuche, schöne Sozialräume fördern die Zufriedenheit der Angestellten und signalisieren zugleich die Wertschätzung des Arbeitgebers gegenüber den Mitarbeitern.

PRAXISBEISPIEL: Das »Hiltl« in Zürich

Rolf Hiltl, der über 250 Mitarbeiter aus über 50 Nationen beschäftigt und dabei das Konzept der »Dienenden Führung« verfolgt, bildet jeden seiner Mitarbeiter (sozusagen vom Spüler bis zum Geschäftsführer) mit Bild, Namen und eigener E-Mail-Adresse auf der Webseite seines Betriebes ab. »Das dient in erster Linie der Transparenz, was uns wichtig ist. Doch der Gast kann somit jeden Mitarbeiter direkt anschreiben und sich beispielsweise für den guten Service bedanken, den er genossen hat. Dies ist auch Teil der Wertschätzung dem einzelnen Menschen gegenüber. Klar ist es Gastronomie, aber am Ende geht es nur um den Menschen bzw. die Menschen, die dahinter stehen, denn der Mensch ist für mich ein sehr wertvolles Wesen.«

Diese Wertschätzung geht für Hiltl in diesem Sinne auch einher mit einer guten Führung.

»Führung ist für mich das Wichtigste. Hinzu kommt, dass man so etwas nicht auf einer Hotelfachschule o.ä. lernt, sondern es sich selber erarbeiten muss. Es ist aber auch ein stetiger Prozess. Das Allerwichtigste für mich ist zu verstehen, dass jeder Mensch zur Freiheit berufen ist. Ich sehe keinen Sinn darin, dass Menschen die anderen Menschen so verändern wollen, dass sie dann irgendwann so sind wie ich selbst. Das geht nicht. Das führt auch häufig zur schlechten Atmosphäre. Klar haben wir unsere Leitlinien und Vorgaben, doch es hilft nichts, den Menschen so irgendwo hinzutreiben, bis er schließlich so ist wie man selber.

Natürlich bedarf es dennoch klarer Strukturen trotz aller Wertschätzung, das ist sehr wichtig. Man muss sicherlich auch noch die eigene Meinung sagen und Grenzen aufzeigen können. Gute Führung braucht meines Erachtens nach klare Strukturen und saubere Abläufe.« Rolf Hiltl, Hiltl

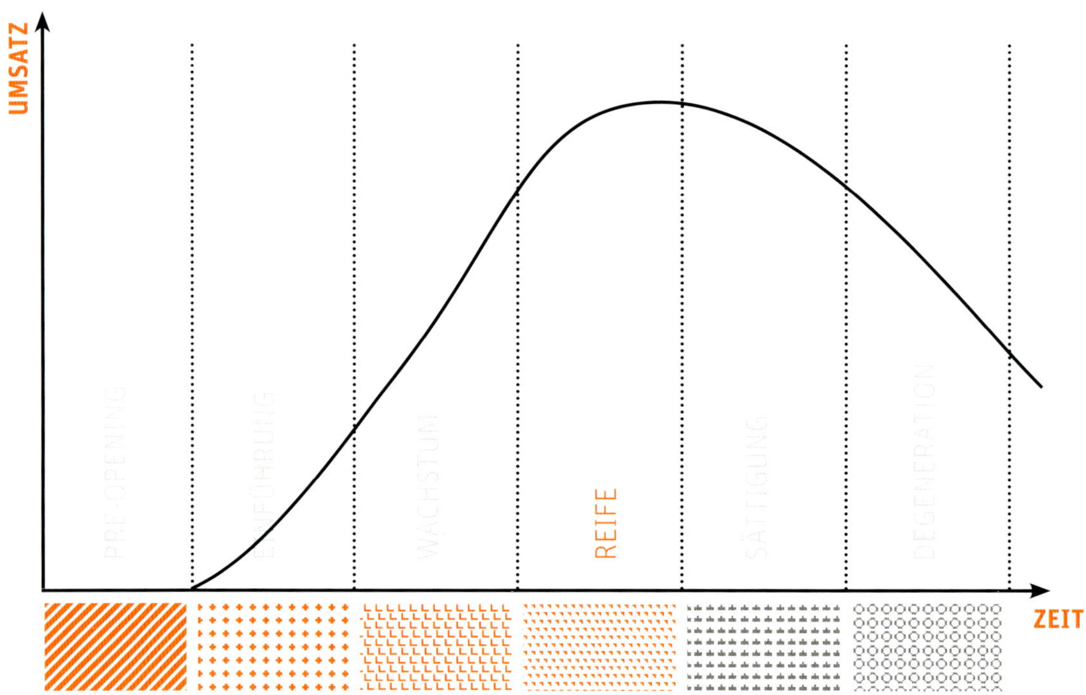
UMSATZ
PRE-OPENING
EINFÜHRUNG
WACHSTUM
REIFE
SÄTTIGUNG
DEGENERATION
ZEIT

DIE **REIFEPHASE** – NICHT UNBEDINGT DAS RAD NEU ERFINDEN!

In der Reifephase ist das Unternehmen in einem Stadium angelangt, in welchem »der Umsatz immer langsamer ansteigt und sein Maximum erreicht« (Gruner 2008 S. 294). Mit sinkenden Gewinnen, stagnierenden Wachstumsraten und einer maximalen Konkurrenzintensität gilt es nun für den Betrieb, diesen Herausforderungen zu begegnen.

DIE EIGENEN KOSTEN KENNEN

Grundsätzlich gibt es kein allgemeingültiges Rezept, um Kosten optimal zu steuern, zu kontrollieren oder zu senken. Daran ändert auch die sich ähnelnde Kostenstruktur der meisten Betriebe des Gaststättengewerbes wenig. Wie sich gezeigt hat, arbeiten unterschiedliche Konzepte mit verschiedenen Personal- oder Warenaufwandstrukturen. Das heißt, dass ein Betrieb, der z. B. bessere Personalquoten aufweisen kann als der eigene, nicht zwangsläufig wirtschaftlicher arbeitet. Schlussendlich ist der Betreiber selbst derjenige, der die Strukturen des Betriebes am besten kennt und dadurch auch die besten, individuellen Rationalisierungsvorschläge geben kann. Voraussetzung dafür ist es, die vorherrschenden Strukturen objektiv und kritisch beurteilen zu können (Schaetzing 2010 S. 547). Dafür eignen sich die im Folgenden erwähnten Kennzahlen, die dem Betreiber wichtige Erkenntnisse liefern.

Personalfluktuation verringern

Zeitlicher Druck, geringe Anerkennung in der Öffentlichkeit, begrenzter zeitlicher Freiraum, unzureichende Arbeitsplätze und ein Führungsstil, der zu einem schlechten Betriebsklima führt, sind nur einige der Gründe, weshalb das Gaststättengewerbe von hohen Fluktuationsraten[17] geprägt ist.

Aufgrund dieser hohen Raten – die im Gastgewerbe mitunter 60 Prozent betragen – kommt dieser Thematik eine besondere Bedeutung zu. Denn die Fluktuation stellt für den Gastronomen einen bedeutenden Faktor an Arbeitsnebenkosten dar. Dieser setzt sich aus fünf Kategorien zusammen: Dem Mehraufwand, der vor dem tatsächlichen Austritt (z. B. durch Austrittsgespräche) entsteht, der Beschaffung, der Auswahl, den Anlernkosten sowie der eingebüßten Produktivität. Die genannten Kosten der Fluktuation steigen erwiesenermaßen mit dem Anspruch und der Güte des Betriebes an, wobei besonders die Produktivitätsabnahme schwer wiegt (Hinkin/Tracey 2008 S. 14).

[17] Die Fluktuation wird im Berechnungszeitraum mit der Formel: Austritte x 100: durchschnittlicher Personalbestand berechnet (Hänssler 2008 S. 186).

Hinzu kommt der Verlust von Know-how bei erfahrenen Mitarbeitern sowie die unter Umständen anfallende doppelte Bezahlung (»Double-Pay-Roll«), die entsteht, wenn der ausscheidende Mitarbeiter zwar noch bezahlt wird, aber effektiv nicht mehr arbeitet. Letzteres kann durch Urlaub bedingt sein und sich der neue Mitarbeiter bereits in der Einarbeitungsphase befindet.

Weitere indirekte Kosten der Fluktuation können auftreten, wenn Gäste verloren gehen, eine Doppelfluktuation eintritt (d.h. auch der neue Mitarbeiter den Betrieb wieder umgehend verlässt) und weitere Folgekosten seitens der Administration sowie Rechtskosten entstehen (Hänssler 2008 S. 186f).

So lassen sich die entstehende Fluktuationskosten im Gastgewerbe pro Mitarbeiter auf einen durchschnittlichen vierstelligen Betrag beziffern, oder anders ausgedrückt, muss von ca. 130 Prozent des Bruttoentgelts der zu ersetzenden Arbeitskraft ausgegangen werden. Diese Zahlen und Fakten verdeutlichen, wie dringend es notwendig ist, dieser Entwicklung im Betrieb vorzubeugen. Bereits beim Einstellungsprozess sollten frühzeitig Maßnahmen ergriffen und von beiden Seiten genaue Erwartungsdefinitionen festgelegt werden. Nachfolgend werden einige weitere Möglichkeiten genannt, die dabei helfen sollen, die eigenen Mitarbeiter erfolgreich an das Unternehmen zu binden.

Hier einige frühzeitig zu beachtende Aspekte gegen die Fluktuation:

- Oft vernachlässigt: Neue Mitarbeiter umfassend in den neuen Betrieb einführen!
- Nicht nur fachlich, sondern auch sozial einweisen; so lassen sich erste Unzufriedenheiten vermeiden.
- Auch nach längerer Zugehörigkeit für den Mitarbeiter in Form von Gesprächen und Fähigkeitenförderung für den Mitarbeiter da sein (Hänssler 2008 S. 187f).

Erfolgreich Mitarbeiter loyalisieren und motivieren

Um den genannten Fluktuationskosten langfristig entgegen zu wirken, ist es von großer Bedeutung, die Motivation der Mitarbeiter gezielt zu fördern und somit einen hohen Grad an Vertrauen und Loyalität zu erreichen. Einer Umfrage nach fühlen sich 77 Prozent der Mitarbeiter am Arbeitsplatz wohl, wenn dort ein freundlicher und wertschätzender Umgang vorherrscht[18] (Aichele 2014). Gerade in Zeiten des Fachkräftemangels sollte das Thema Mitarbeiterbindung einen äußerst hohen Stellenwert einnehmen; die Realität zeigt aber eher Gegenteiliges: »Nur etwa 30 Prozent der deutschen Unternehmen haben den Fachkräftemangel zum Anlass genommen, ihre Personalarbeit ganzheitlicher aufzustellen und

[18] Dazu hat der Personaldienstleister Manpower 1.000 Bundesbürger über 18 Jahre befragt

den Mitarbeiter mit seinen individuellen Ansprüchen in den Fokus zu rücken«, so der Personaldienstleister *Manpower* (Aichele [1] 2015).

Motivation als Grundlage

Die Bereitschaft eines Mitarbeiters, tatsächliche Leistung, und eben nicht nur »Dienst nach Vorschrift«, zu liefern, hängt in großem Maße von der Motivation ab, die er seinem Arbeitgeber gegenüber bereit ist entgegenzubringen. Durch Motivation wird er in dem Sinne zum Handeln angeregt, dass er die unternehmerischen Ziele des Betriebes besser, schneller und zufriedener erreichen kann. Besonders die Verhaltensweisen, die über die bloßen im Arbeitsvertrag festgelegten Pflichten hinausgehen, sind für den Betrieb von eminenter Relevanz. Diese Verhaltensweisen können sich beispielsweise im schonenden und verantwortungsbewussten Umgang mit Materialien, Ausstattungen und Ressourcen äußern. Oder aber in der eigenen Bereitschaft, Verbesserungsmöglichkeiten vorzuschlagen, andere Mitarbeiter positiv zu stimmen oder Unterstützung anzubieten. Von einer positiven Grundeinstellung dem Arbeitsplatz gegenüber profitiert außerdem nicht nur der Betreiber in Form von glücklichen Mitarbeitern, sondern auch der Gast, der ein gutes Betriebsklima oftmals auch von außen wahrnehmen kann. Maßgeblichen Einfluss auf diese zusätzlichen Leistungen haben sowohl physische und psychische Potenziale des Mitarbeiters sowie dessen Persönlichkeit und generelle Bereitschaft oder die jeweilige Arbeitssituation (Henschel et al. 2013 S. 164ff).

Als Einflussfaktoren auf die Motivation selbst lassen sich mehrere Beispiele nennen. So können sowohl materielle (z.B. auf monetärer Basis) als auch immaterielle Anreize (z.B. Möglichkeiten des Aufstiegs, Sicherheit des Arbeitsplatzes) eine Rolle spielen. Hinzu kommen Einflüsse der Arbeitsbedingungen und -aufgaben, das Mitspracherecht und in besonderem Maße auch der Führungsstil des Arbeitgebers. Hier muss erwähnt werden, dass der individuelle Mitarbeiter den genannten Faktoren jeweils eine unterschiedliche Gewichtung zukommen lässt.

Schritte, die eigenen Mitarbeiter zu loyalisieren

Der Führungsstil prägt die Motivation und Loyalisierung der Mitarbeiter spürbar. Besonders in der Gastronomie gibt es hier oft schwerwiegende Versäumnisse, die die ohnehin schon schwierigen Vorzeichen des Gaststättengewerbes nicht gerade fördern. Deshalb sollten einige wichtige Kriterien beachtet werden, um das Personal zum Agieren anstatt zum Reagieren bewegen zu können:

- Komplett kostenfrei: ein simples Lob! Regelmäßiges Loben ermöglicht auch langfristig die Annahme von Kritik; Ständiges Schimpfen kommt auf Dauer nicht mehr beim Mitarbeiter an und führt zu Frustration.

- Werden Ziele vorgegeben (z. B. im Sinne von Management by Objectives)?
- Kommen Mitarbeiter durch delegierte Aufgaben in den Genuss Verantwortung zu tragen und dafür gewisse Spielräume in ihrer Arbeitsweise nutzen zu dürfen?
- Werden regelmäßige Mitarbeitergespräche durchgeführt? Und wird dabei auf die individuelle Entwicklung und Weiterbildung eingegangen?
- Inwiefern finden Weiterbildung und Motivation im Betrieb Einzug?
- Mitarbeiterbindung fängt bereits mit der Rekrutierung an: Einstellung und Werte müssen zueinander passen. Neulingen im Unternehmen kann ein Coach vom ersten Moment an zur Seite gestellt werden. Nach der Probezeit können Incentives wie Essensgutscheine o. ä. zusätzliche Anreize schaffen.
- Bei größeren Betrieben können abteilungsübergreifende Einsätze neue Erfahrungen bieten und es zusätzlich ermöglichen, sich in anderen Arbeitsfeldern weiterzuentwickeln.
- Gute Konditionen wie eine eigene Betriebsrente, ein sauberes Arbeitsumfeld sowie die hohe Qualität des Essens und die Garantie eines relativ hohen Trinkgeldes erhöhen die Verbundenheit der Beschäftigten mit dem Betrieb.
- Vor allem größere (Hotel-) Betriebe können den Beschäftigten ein eigenes Restaurant zur Verfügung stellen, das sich von einer normalen Kantine abhebt.
- Regelmäßige Mitarbeitergespräche sind fester Bestandteil eines guten Personalmanagements
- Bei größeren Betrieben mit hohem Anteil an Mitarbeitern unterschiedlicher Herkunft (wie beispielsweise dem Hiltl in Zürich) können zusätzlich Sprachkurse angeboten werden.
- Die Gründung eines betriebseigenen Kindergartens ermöglicht es dem Personal, sorgenfrei zu arbeiten, während der Betrieb die Kinderbetreuung übernimmt.
- Kleine Präsente und Geburtstagsüberraschungen freuen die Mitarbeiter, auch wenn es sich dabei nicht unbedingt um einen großen materiellen Wert handeln muss.
- Evaluierungsgespräche und tägliche Mitarbeitermeetings zur Weitergabe von Informationen können interne Missverständnisse umgehen.
- Schulungen und die Weitergabe von Wissen von Mitarbeitern für Mitarbeiter können eigene Leute ans Haus binden.
- Für Azubis können Bildungsfahrten wie z. B. auf den Großmarkt, zur Spargelernte oder auf ein Weingut organisiert und/oder eine mittel- und langfristige Karriereplanung aufgezeigt werden, um sie zu ambitionieren, auch über die Ausbildung hinaus dem Unternehmen treu zu bleiben.
- Jeder Karriereschritt ist gepaart mit einem Mehr an Verantwortung. Dadurch nehmen auch die abwechslungsreichen Arbeitsinhalte zu und erhöhen somit die Zufriedenheit der Mitarbeiter (Marconi 2010 S. 1; Gugg/Hank-Haase 2004 S. 27; Heigert 2015 S. 7).

Die aufgezählten Maßnahmen können dazu beitragen, dass sich die Mitarbeiter wohlfühlen, was sich im Normalfall positiv auf die Identifizierung mit dem Betrieb und somit Bindung an den Arbeitgeber auswirkt. Eine steigende Zufriedenheit der Mitarbeiter zieht den gleichen Effekt bei den Gästen nach sich. Und da es in erster Linie die Mitarbeiter sind, die den Gästekontakt prägen, empfiehlt es sich also in den Bereich Arbeitsklima zu investieren, was auch Personalberater immer wieder betonen. Besonders den Aspekt der Nähe und Fürsorge sollten sich die zahlreichen mittelständischen Unternehmen im Wettbewerb gegen die großen Ketten zu Nutze machen (Trinkl 2006 S. 138).

Anreize zur Einsparung schaffen

In den meisten Fällen werden Mitarbeiter dahingehend motiviert, zusätzlichen Umsatz, z. B. durch Up-Selling, zu generieren. Eine weitere Methode kann es auch sein, aktive Ziele zur Kostensenkung vorzugeben. Solche Anreize können nicht nur den Mitarbeitern in der Küche gegeben werden. Die Delegierung, z. B. die Bruchrate zu reduzieren, kann auch das Servicepersonal betreffen. Maßgeblich sind hier konkret definier- und messbare Ziele, die für den Betrieb auch in Form von monetären Einsparungen ersichtlich sein sollten. So kann wiederum ein Teil der Einsparung als finanzielle Beteiligung an die Mitarbeiter ausgeschüttet werden (Trinkl 2006 S. 169).

Kennzahlen: die Kosten regelmäßig kontrollieren

Allgemein sehen sich betriebswirtschaftlich agierende Unternehmen permanenten Herausforderungen wie Umsatzeinbrüchen, Fehlern in der Einkaufspolitik und Mitarbeiterplanung oder aus dem Rahmen laufenden Kosten ausgesetzt. Stets sollte mithilfe von Kennzahlen beurteilt werden können, inwiefern Risiken unter Kontrolle zu bringen sind. Wie bereits erwähnt, spielen besonders der Umsatz, die Personal- und Warenkosten sowie der Cashflow eine tragende Rolle. Während bei Umsatzeinbrüchen umgehend reagiert werden sollte, können Abweichungen der übrigen Parameter im Folgemonat kontrolliert und angepasst werden (Kobjoll In: o.V. 2011 S. 118).

Grundsätzlich helfen Kennzahlen, den wirtschaftlichen Ist-Zustand eines Betriebes realistisch beurteilen zu können. Gleiches gilt auch für eine fundierte Einschätzung zu künftigen Entwicklungen. Auch wenn Kennzahlen in der Praxis meist nur, wenn überhaupt, auf einige wenige wie z. B. die Wareneinsatzquote angewandt wird, so sollte gerade in der jetzigen Phase eine Konzentration und eventuelle Anpassung aufgrund der erhobenen Erkenntnisse richtungsweisend sein.

Pflichtlektüre Betriebswirtschaftliche Auswertung (BWA)
Die vom Steuerberater ausgehändigte monatliche BWA gibt jedem Gastronomen eine wichtige Kontrollmöglichkeit nach betriebswirtschaftlichen Aspekten mit der Folge, dass sich der Betrieb in einer Auswertung widerspiegelt und leicht analysiert werden kann. Voraussetzung für eine aussagekräftige BWA ist eine zeitnahe und generell lückenlose Erfassung der Buchungsvorgänge. Angaben zu Umsätzen, Betriebsergebnissen, Wareneinkäufen (differenziert nach Speisen und Getränken), Personal- und Raumkosten sowie Afa, Kfz-, Werbe- und Reisekosten stellen hierbei wichtige Parameter dar. Ein Vergleich dieser Zahlen mit denen des gleichen Monats im Vorjahr gibt darüber bereits erste Aufschlüsse. Sofern größere Abweichungen erkennbar sind, geben ein Vergleich des kumulierten, gesamten Jahres sowie die Veränderung gegenüber dem Vorvorjahr weitere Indizien. Anschließend können noch die Veränderungen der einzelnen Kostenarten beurteilt und analysiert werden (Krätz In: o.A. 2011 S. 120).

Nachfolgend genannte Kennzahlen geben einen Überblick:

KAPAZITÄTSPRODUKTIVITÄT
- Sitzplatzumschlag: Belegte Sitzplätze (effektive Öffnungstage)/Anzahl der Sitzplätze x effektive Öffnungstage
  - Aussage: bzgl. Aufenthaltsdauer der Restaurantgäste sowie Häufigkeit der Belegung eines Sitzplatzes pro Tag; wobei der Wert über 2 liegen sollte
- F&B-Umsatz/Betriebstag = F&B-Umsatz : Betriebstage
- F&B-Umsatz pro Sitzplatz/Tag = F&B-Umsatz : Sitzplätze/Tag
- Yield = Erreichter Umsatz : Erwarteter Umsatz
- Speisen-Umsatz/Gast = Speisen-Umsatz/Monat : Anzahl Gäste/Monat
- Getränke-Umsatz/Gast = Getränke-Umsatz/Monat : Anzahl Gäste/Monat

TEILKOSTENPRODUKTIVITÄT
- Wareneinsatz Speisen (in %) = Wareneinsatz Speisen/Monat : Speisen-Umsatz/Monat
- Wareneinsatz Getränke (in %) = Wareneinsatz Getränke/Monat : Getränke-Umsatz/Monat
- Wareneinsatz Speisen/Gast = Speisen-Umsatz/Gast x Wareneinsatz Speisen (in %)
- Wareneinsatz Getränke/Gast = Getränke-Umsatz/Gast x Wareneinsatz Getränke (in %)
- F&B-Gesamtproduktivität = F&B-Umsatz/Monat : (Wareneinsatz F&B/Monat + Personalkosten/Monat + sonstige direkte Kosten/Monat)
  - Aussage: Je höher der Index, desto produktiver ist das Unternehmen!

ARBEITSPRODUKTIVITÄT

- **Personalaufwand (in %)** = Personalaufwand/Monat : Gesamtumsatz/ Monat
- **Personalaufwand/Gast** = Personalaufwand/Monat : Anzahl der Gäste/ Monat
- **Personalaufwand/Arbeitsstunde** = Personalaufwand/Monat : Anzahl der Arbeitsstunden/Monat
- **Anzahl Gäste/Arbeitsstunde** = Anzahl der Gäste/Monat : Anzahl der Arbeitsstunden/Monat

SONSTIGE KENNZAHLEN

- **Beschäftigungsgrad** = Anzahl der ausgegebenen Hauptmahlzeiten : (Anzahl der Sitzplätze x effektive Öffnungszeit)
  - Aussage: Kapazitätsausnutzung der Restaurantplätze mit Hauptmahlzeiten

- **Umsatz/Beschäftigter** = Gesamtumsatz F&B: Anzahl der Beschäftigten im F&B
  - Aussage: Umsatzmäßige Leistung je Beschäftigter

- **Umsatz/Sitzplatz** = Gesamtumsatz F&B : Anzahl der Sitzplätze
  - Aussage: Auslastung und Ausnutzung des Restaurants

- **Sitzplatzumschlag** = Anzahl der Gäste bzw. verkaufte Couverts : verfügbare Sitzplätze

- **Restaurantplätze/Bedienungspersonal** = Anzahl der Restaurantplätze : Anzahl der Bedienungspersonen (im Dienst)
  - Aussage: Personenbezogener Leistungsmaßstab für Bedienungspersonal im Restaurant; Servicemaßstab

- **Wechsel der Gäste/Essenszeit** = Zahl der Gäste pro Essenszeit : Anzahl der Sitzplätze
  - Aussage: Aufenthaltsdauer entsprechend der verschiedenen Essenszeiten

- **Beliebtheitsgrad der Speisen** = (Anzahl der verkauften Speise X : Anzahl aller verkauften Speisen) x 100
  - Aussage: Instrument zur Speisekartenanalyse; dient der Produktionsplanung und Vermeidung von Überproduktionen; Beurteilung der Verkaufsfähigkeit des Bedienungspersonals

- **Durchschnittlicher Speisenumsatz im Jahr/Gedeck** = Speisenumsatz im Jahr: Anzahl der verkauften Gedecke im Jahr
  - ➻ Aussage: Ausgabebereitschaft der Gäste und Auswahl der Speisen; Preisniveau der verschiedenen Essenszeiten (z. B. Aufteilung nach Frühstück, Mittag möglich)
- **Soll-Lebensmittelbestand:**

Eröffnungsbestand
+ Warenzugänge
- Warenabgänge
= Soll-Lebensmittelbestand

➻ Aussage: Kontrollgröße für Lagerinventuren

- **Durchschnittsinventarbestand/Monat** = (Eröffnungsinventarbestand (Monat) + Endbestand (Monat)) : 2

➻ Aussage: Umfang der Warenvorräte; Kapitalbindung; Bestandsüberwachung

- **Lagerumschlagsgeschwindigkeit/Monat** = Gesamte Warenausgänge (Monat)/Durchschnittsinventarbestand (Monat)
  - ➻ Aussage: Lagerdauer der Warenvorräte; Umsatzhäufigkeit des Lebensmittellagers; »frische« Lagerhaltung; produktionsangepasste Einkaufsverfahren

KÜCHENBEZOGENE ERFOLGSERGEBNISSE UND KOSTENENTWICKLUNGEN

- **Selbstkosten der Küche** = Küchenverbrauch + Gemeinkostenzuschlag
- **Küchen(rein)gewinn** = Küchenumsatz – Selbstkosten der Küche
- **Küchenrentabilität** = Küchen(rein)gewinn x 100/Küchenverbrauch

LEISTUNGSEINHEITEN IM RESTAURATIONSBEREICH:

- **Restaurantservice/Essenszeit** = Anzahl der verkauften Gedecke/Anzahl der Bedienungspersonen (im Dienst)
- **Küchenproduktion** = Anzahl der verkauften Gedecke/Anzahl der Köche (im Dienst)
- **Stewarding** = Anzahl der verkauften Gedecke/Abwaschmaschinenstunden
- **Getränkeumsatz Bar** = Getränkeumsatz /Anzahl der Bar-Mitarbeiter (im Dienst)
- **Etagenservice** = Anzahl der (Etagen-)Rechnungen/Anzahl der Etagenkellner (im Dienst)
- **Bankettservice** = Anzahl der bedienten Gäste pro Veranstaltung /Anzahl der Bedienungspersonen (im Dienst)

Diese preisunabhängig erreichten Leistungseinheiten der verschiedenen Unterabteilungen geben Hinweis dazu, wirtschaftlicheren Personaleinsatz zu erreichen und Personalanpassung an schwankendes Geschäftsvolumen zu ermöglichen. Des Weiteren können dadurch wertvolle Erkenntnisse bzgl. der Dienstplangestaltung sowie des Verkaufseinsatzes der Beschäftigten erzielt werden (Schaetzing 2010 S. 180–183).

UMSÄTZE STABIL HALTEN IN SCHWIERIGEREN ZEITEN

Nachdem die hohen Steigerungen der vorangegangenen Wachstumsphase der Vergangenheit angehören, gilt es nun den Betrieb auf umsatzwachstumsschwächere Zeiten einzustellen. Der Rückgang des Umsatzanstieges ist darauf zurückzuführen, dass das Produkt bzw. der Betrieb nun weitgehend Akzeptanz bei dem Großteil der Käuferschaft erlangt hat. Gleichzeitig gehen die Gewinne aufgrund steigender Marketingausgaben zurück, die nun nötig werden, um der vermehrten Konkurrenz entgegen zu wirken. Generell können Produktklassen in der Regel, wie z. B. ein Restaurant mit Bedienkonzept, Cafés oder Fast-Food-Restaurants, längere Reifungsphasen aufweisen als es für bestimmte Marken oder einzelne Produkte der Fall ist (Kotler et al. 2014 S. 261).

Die Renner-Penner-Analyse – mehr Umsatz aus der Karte holen

Die Speisekarte nimmt, wie bereits erwähnt, eine äußert wichtige Stellung zur Umsatzgenerierung ein. Oftmals greifen Gastronomen, wenn es nicht läuft, zu wenig wünschenswerten Maßnahmen wie billigerem Einkauf, kleineren Portionen oder der separaten Berechnung von z. B. Beilagen. Dabei wird an der Qualität und am Gast gespart, was der falsche Ansatz ist. Vielmehr gilt es also zu versuchen, nachfrageorientierte Lösungen zu finden oder beispielsweise den durchschnittlichen Deckungsbeitrag pro Speiseartikel zu erhöhen. Außerdem gilt es bei der Überarbeitung zu beachten, Analysen hinsichtlich Gestaltung, Gästen, Preis, Umsatz und Verkauf sowie des Sortimentes durchzuführen (Schaetzing 1983 S. 44–59).

Im Rahmen einer Speisekartendiagnose wird diese dahingehend untersucht, ob der angebotene Mix einen akzeptablen Deckungsbeitrag erwirtschaften kann, welche Artikel überarbeitet bzw. von der Karte genommen werden sollten und bei welcher Preis- und Umsatzstruktur ein Restaurant die Gewinnsituation verbessern kann. Eine Klassifikation der jeweiligen Speiseartikel in »Renner«, »Penner«, »Gewinner« und »Schläfer« gibt dem Gastronomen einen aufschlussreichen Überblick. Dafür werden die Artikel nach den beiden Kategorien Deckungsbeitrag und Verkaufsmix betrachtet.

Gewinner: Hoher Deckungsbeitrag, hoher Verkaufsmix
Gerichte, die sich bei den Gästen hoher Beliebtheit erfreuen und zugleich gewinnbringend sind, stellen für den Gastronomen die optimale Zusammensetzung dar. Bei ihnen bedarf es demnach keinen Veränderungen; vielmehr sollten sie so standardisiert sein, dass Schwankungen in der Qualität ausgeschlossen werden können. Aufgrund der Beliebtheit kann womöglich noch der Preis nach oben angepasst werden, ohne dabei einen Rückgang der Nachfrage zu verursachen. Dadurch können die hohen Deckungsbeiträge sogar noch gesteigert werden. Wie schon beschrieben, sollten sie auf der Karte dementsprechend vorteilhaft positioniert werden, um deren Verkauf auch weiterhin anzupreisen.

Renner: Niedriger Deckungsbeitrag, hoher Verkaufsmix
Diese Bestseller sorgen auf der einen Seite häufig für gewisse Bekanntheit und Verkaufsvolumen, liegen auf der anderen Seite aber unter dem durchschnittlichen Deckungsbeitrag der gesamten Karte. Vorsichtig, unter Berücksichtigung der Nachfrage, könnte man prüfen, ob geringe Preiserhöhungen möglich sind. Gleiches gilt bei diesen Gerichten für die Portionsgröße: möglicherweise können sie oder zumindest der dafür benötigte Zeitaufwand etwas reduziert werden. Eine weitere Möglichkeit besteht darin, den Rennern deckungsbeitragsfreundliche Beilagen zur Seite zu stellen. Auf der Karte selbst sollten sie eher im Hintergrund, d.h. an weniger auffälligen Positionen platziert werden (Schaetzing 1983 S. 55).

Schläfer: Hoher Deckungsbeitrag, niedriger Verkaufsmix
Aufgrund ihres hohen Deckungsbeitrages ist es ratsam, ihnen auf der Speisekarte eine verkaufsfreudige Fläche zu bieten, um sie aus ihrem »Schlaf« zu holen. Gezielte verkaufsfördernde Maßnahmen dieser Gerichte oder Umbenennungen durch verkaufsförderndes Vokabular (z.B. »Spezialitäten des Hauses«) können den Verkauf ansteigen lassen. Möglich ist es auch, die Konkurrenz zu analysieren und dabei zu prüfen, ob die Produkte etwas im Preis gesenkt werden sollten, da sie von den Gästen womöglich als zu teuer empfunden werden. Sollten manche Schläfer, trotz des Potenzials, zu viel Aufwand und Arbeit in Anspruch nehmen, so empfiehlt sich unter Umständen auch eine Streichung von der Karte.

Penner: Niedriger Deckungsbeitrag, niedriger Verkaufsmix
Diese Verlierer können weder zur Wirtschaftlichkeit noch zur Beliebtheit beitragen. In der Regel gehören diese also gestrichen. Zusätzliche Optionen könnten jedoch darin liegen, die Verkaufspreise zu erhöhen, um zumindest den Status »Schläfer« zu erreichen. Auch könnten vergleichbare Artikel der Wettbewerber bezüglich Präsentation, Preis und Nachfrage überprüft und dementsprechende Anpassungsmaßnahmen eingeleitet werden. Sollten Gerichte (z.B. von der Standardkarte) gestrichen worden sein, können sie in Form von »Testartikeln« mit anderer Bezeichnung, Präsentation, Preispolitik oder Garnitur auf beispielsweise der Tageskarte einen Neuanfang beginnen (Schaetzing 1983 S. 56).

Neue Absatzchancen finden

Wenn in der jetzigen Reifephase die angestammten Märkte Stagnations- und Rückbildungstendenzen aufweisen, so werden nun in Form der Diversifikation neue Produkte entwickelt, um diese in einem neuen Markt abzusetzen (Hänssler 2008 S. 225f). Die beste, wenn nicht sogar die einzige Möglichkeit, die Umsatzzahlen deutlich steigern zu können, liegt darin, den Wettbewerbern Kunden »wegzunehmen«. Um dies zu erreichen, greifen viele zu der Maßnahme, in Preiskämpfe zu gehen und/oder einen starken Fokus auf Werbung zu setzen. Beides resultiert aber in einem Rückgang des Gewinns. Demnach müssen sich in dieser Phase viele Unternehmen vorwerfen lassen, zu lange auf das ehemals passabel funktionierende Geschäft verlassen zu haben. Dabei wird in vielen Fällen übersehen, dass andere Anbieter auf den Markt gekommen sind und womöglich ein besseres Angebot liefern, während der eigene Betrieb es versäumt hat, den notwendigen Wandel bzw. eine Anpassung an den Markt und das Produkt durchzuführen (Kotler et al. 2014 S. 263).

Um nicht links und rechts überholt zu werden, empfehlen sich drei Stoßrichtungen, getreu dem Motto: »Produktinnovation ist zumeist die beste Verteidigung des Unternehmens« (Kotler et al. 2006 S. 708): die Marktentwicklung, die Produktentwicklung sowie die Anpassung des Marketing Mixes.

Marktentwicklung
Bei der Marktentwicklung wird versucht, den Konsum des Produktes durch neue Kunden und Marktsegmentierungen zu erhöhen und gleichzeitig den Nutzen unter den bestehenden Gästen anzuheben. Beispielsweise hat sich der Gastronomiebetrieb Sansibar auf Sylt von der Imbissbude über das Restaurant zum Lifestyle-Unternehmen entwickelt.

Eine weitere Möglichkeit ist es, die Marke bzw. den Betrieb neu zu positionieren, um sich einer breiteren und/oder stärker wachsenden Abnehmerschaft zugänglich zu machen, z. B. durch frühzeitiges Reagieren auf etwa gesellschaftliche oder politische Veränderungen (Kotler et al. 2014 S. 263).

PRAXISBEISPIEL Bento Box: Die Restaurant-Kette Bento Box hat auf das sich ändernde Konsumverhalten der Verbraucher reagiert und die Speisekarte umfassend überarbeitet. *»Seit der Eröffnung unserer ersten Filiale vor nunmehr 13 Jahren beobachten wir die Bedürfnisse unserer Gäste. Jetzt haben wir auf die verstärkte Nachfrage nach vegetarischen und veganen Speisen mit neuen Angeboten reagiert«, so Mitgründerin Natascha Kimiyo Tessmann gegenüber dem Food Service Magazin. Kleine Symbole auf der Karte betonen die »grünen Offerten« schnell und übersichtlich. Die Möglichkeit, auf Wunsch Zutaten austauschen zu können, um so ein vegetarisches Gericht in ein veganes umzuändern, entspricht der steigenden Nachfrage nach veganen Speisen. Hinzu kommen speziell konzipierte Gerichte für Allergiker durch die Reduktion bestimmter Zusatzstoffe wie beispielsweise Low-Carb-Gerichte oder eine im Restaurant sowie online einsehbare Ausweisung der im jeweiligen Gericht enthaltenen Zusatzstoffe bzw. Allergene oder des Glutengehalts. Bestehende Gerichte wurden zudem überarbeitet und durch den Einsatz neuer Zutaten verfeinert. Durch diese Maßnahmen unterstreicht der Betrieb auch langfristig seinen Anspruch der modernen japanischen Küche in Deutschland, die durch einen zeitgemäßen Lieferservice ergänzt wird und bleibt auch nach 13 Jahren noch für die Kunden attraktiv.* Quelle: o.V.; www.cafe-future.net/news/pages/showNewsletter.php?id=33389

Produktentwicklung
Ferner können die Eigenschaften in Bezug auf das Produkt wie z. B. die Qualität oder das Aussehen angepasst werden. Besonders die Verbesserung der Qualität kann zielführend sein, sofern die Nachfrage nach höherer Qualität besteht.

Auch wenn beispielsweise das Unternehmen McDonald's in den letzten Jahren deutlich mit Image und sinkenden Umsätzen zu kämpfen hat, so hat es zuvor über Jahrzehnte hinweg geschafft, sein Sortiment rund um das Produkt Burger immer wieder so anzupassen, dass es über einen langen Zeitraum für einen großen Teil seiner Kundschaft attraktiv bleiben konnte. Innerer Wandel und Anpassungsfähigkeit hat es dem Unternehmen also ermöglicht, dem dynamischen Wandel des Marktes standzuhalten und langjährigen Wachstum zu schaffen (Muller 2013 S. 56).

Anpassung des Marketing Mixes
Ebenfalls können Anpassungen seitens des Marketing Mixes getätigt werden. Preissenkungen, die aufgrund von Rationalisierungsmaßnahmen möglich werden, können neue Kundenkreise erschließen oder gar bestehende Kunden den Wettbewerbern abnehmen. Eine weitere Möglichkeit wäre es ferner, neue oder verbesserte Services anzubieten (Kotler et al. 2014 S. 264).

Leistungsverbesserungen und Zusatzleistungen einführen

Gerade unter dem Aspekt, das Rad nicht unbedingt neu erfinden zu müssen, bietet es sich in der Reifephase an, einige Leistungsverbesserungen zu integrieren.

Sichtbar ist die steigende Nachfrage nach Take-Away-Angeboten und Lieferdiensten in den letzten Jahren. Dementsprechend sollte diese Option auch von den Betrieben unter Berücksichtigung von Mindestbestellmengen in das Angebot aufgenommen und dem Gast nahegebracht werden (DEHOGA 2015 S. 2ff). Denn der Gastwirt kann sich dadurch in der Regel ein einfaches und lukratives Zusatzgeschäft aufbauen, welches zugleich mit meist wenig zusätzlichem Aufwand verbunden ist. Externe Anbieter wie z. B. *Foodora* bieten meist das gesamte Angebot der teilnehmenden Restaurants in der Umgebung an und liefern dieses dem Kunden nach Hause. Doch nicht nur die reine Umsatzsteigerung ist für den Betrieb positiv. Solch ein zusätzlicher Service für den Gast kann zu gesteigerter Kundenzufriedenheit und folglich auch Kundenbindung führen. Durch gezielte Beratung und Hinweise auf etwaige Optionen kann zudem die Bekanntheit nicht nur des Betriebes, sondern auch von einzelnen Angeboten und Angebotskombinationen erhöht werden (Schoolmann/Stolpmann 2007 S. 62).

Zusatzleistungen für extra Umsatz
So hat z. B. das *Café Abseits* in Bamberg ein zusätzliches Angebot schaffen können, nachdem eine ältere Dame den Wunsch geäußert hatte, regelmäßig vom genannten Betrieb mit Essen beliefert zu werden. Diese Anfrage war aufgekommen, da der Dame bekannt war, dass das Café Abseits ohnehin Catering- und Partyservice anbot. Aufgrund der Nähe des Wohnortes zum Café setzt man auf Taxis als Boten; der Kunde trug die

entsprechenden Mehrkosten. Dadurch konnte ohne großen Mehraufwand ein zusätzliches Instrument zur Umsatzgenerierung geschaffen werden. Manche Taxizentralen, wenn auch standortabhängig, bieten Spezialtarife für Essens- und Besorgungsfahrten. Ein Einholen weiterer Informationen über die Möglichkeiten und jeweiligen Konditionen könnte in vielen Fällen lohnenswert sein (Schoolmann/Stolpmann 2007 S. 43).

PRAXISBEISPIEL: *Das Gut Sonnenhausen vor den Toren Münchens ist seit Jahren ein beliebter Ort zum Tagen und Feiern, sorgt aber auch mit eigenen Veranstaltungen für externe Gäste für Furore: seien es die Antiquitäten- und Upcycling-Design-Tage im Herbst, die Silvesterveranstaltungen und Tanzbälle im Winter in der ehemaligen Reithalle und die Konzertveranstaltungen im großen Saal oder in einem der ehemaligen Pferdeställe das ganze Jahr über. Mitten in der Natur auf einer großen Lichtung gelegen und im Ambiente eines südenglischen herrschaftlichen Gestüts gehalten, wird hier LOKALE KULINARIK groß geschrieben: Eine eigene Bio-Kräuter- und Gemüsegärtnerei, die fast das ganze Jahr über die eigene Frisch-Küche beliefert, sowie die zur Familie gehörenden Herrmannsdorfer Landwerkstätten in 3 Kilometern Entfernung gehören zum Programm.*

Nun ist ein weiteres Highlight dazugekommen: Der so genannte Kochstall ist eine in Kooperation mit Gaggenau konzipierte Begegnungsstätte von Gästen und Köchen: »hier wird das zusammengebracht, was zusammen gehört«, erläutert Georg Schweisfurth das Konzept. Multifunktional soll er sein, der Kochstall. So hat Schweisfurth, selber gelernter Metzger, bereits beim Ausbau zwei neue schmiedeeisernen Haken an die Decke anbringen lassen, damit im Kochstall »auch mal ein Schlachtfest stattfinden kann und die Sau anständig aufgehängt werden kann.«

Ohne den Flair des Stalls zu verlieren, mit wenig drin, außer einer hochmodernen Küche mit zentralem Küchenblock samt mit diesem verbundenen Arbeitstischen aus Stahl und Eiche sowie uralten Wirts- und Kaffeehausmöbeln, wird hier vor den Augen der Gäste und häufig auch mit diesen gemeinsam gekocht. »Es sind sowohl Gruppen, die sich beispielsweise zu unseren ›Chef's-Table‹-Abenden anmelden, als auch Einzelpersonen. Es sind Menschen, die sowieso bei uns als Tagungsgäste zu Gast sind, oder Firmen oder andere Gruppen aus München und Umgebung, die einen Abend im Kochstall buchen.« Die Menschen lieben es, nah am Geschehnis zu sein, zu fühlen, riechen, schmecken, etwas im Gespräch mit den Köchen lernen, selber Hand anlegen, selber machen lernen! Das hat Konjunktur, genau wie LOKALITÄT und Bio. Gut Sonnenhausen, Glonn

Die aktive Kommunikation solcher Angebote und entsprechend praktikable (bestmöglich ökologisch vertretbare) Mitnahmemöglichkeiten sind Grundvoraussetzungen für diese Zusatzgeschäfte. Denn solange der Gast von diesen zusätzlichen Möglichkeiten nicht weiß, wird er das Angebot auch nicht in Anspruch nehmen. Dazu können attraktiv gestaltete Tischaufsteller, aufmerksamkeitswirksame Hinweise beispielsweise am Tresen oder stilvoll ansprechende Abbildungen z.B. in der Speisekarte, als wirkungsvolle Umsatzhelfer dienen. Wichtig ist auch hier, wie auch in Kapitel 4 eingehender erläutert, eine attraktive und stimmige Präsentation (Schoolmann/Stolpmann 2007 S. 19).

Grundsätzlich ist es in vielen Fällen lukrativ, zusätzlich zum angestammten Kerngeschäft Leistungen anzubieten und dadurch mehr Umsatzmöglichkeiten zu erschaffen. Durch z.B. das Anbieten von Caterings, Tastings, Schulungen oder Kochkursen kann weiterer Umsatz generiert werden. Wichtig ist allerdings das ursprüngliche Kerngeschäft dadurch nicht zu vernachlässigen (Salger 2015).

Leistungsverbesserungen
Positive Auswirkungen auf den Umsatz können auch Verbesserungen bei der gebotenen Leistung haben. Beispielsweise sind frisch gebackene Kekse, dargereicht à part zum Kaffee oder Tee, eine ausgezeichnete Möglichkeit, den Gast mit wenig zusätzlichem Aufwand zu begeistern. Solch ein Upgrade bei der Leistung wirkt sich nicht nur förderlich auf die empfundene Qualität des Angebotes aus. Sollten die, im erwähnten Beispiel, gebackenen Kekse auch noch zum Verkauf angeboten werden, kann daraus eine weitere Absatzchance entstehen. Ein ähnliches Beispiel könnte sich dem Gastronomen darin bieten, ein kleines Stück der ohnehin im Sortiment angebotenen Kuchen als »Keks-Ersatz« anzubieten. Sollte der Gast von diesem kleinen Stück geschmacklich überzeugt werden können, könnte er in der Folge ein ganzes Stück bestellen (Hänssler 2008 S. 156). Bars könnten beispielsweise eine solche Leistungsverbesserung durch das Angebot von Gratis-Snacks wie z.B. Erdnüsse oder Kartoffelchips, oder dem Servieren eines Glases Leitungswasser zu alkoholischen Drinks erreichen. Auch wenn dies nicht unmittelbar zu mehr Umsatz führen mag: Gäste verweilen womöglich länger und auch lieber in Ihrem Betrieb, was auf diese Weise zu mehr Konsum führen wird.

Der Betrieb ist »reif« für neue Einflüsse und Ideen

Nachdem der Betrieb nun in der Reifephase angekommen ist, empfiehlt es sich, das eigene Angebot zu prüfen und neue (z.B. gesellschaftliche, kulinarische, architektonische) Einflüsse kennenzulernen bzw. einfließen zu lassen. Hierzu bietet es sich an, eingehender auf Trendanalysen wie z.B. auf die des Zukunftsinstitutes (www.zukunftsinstitut.de) oder gar auf Trendreisen zurückzugreifen. Auf solchen Reisen können Gastronomen hautnah erleben, wie es anderen gastronomischen Betrieben auf innovativen und wettbewerbsintensiven Märkten wie New York, London oder Tokio gelingt, zu überleben und dabei konstant neue Trends und Maßstäbe zu setzen.

Angebot überarbeiten durch Trendreisen und -analysen
Das Wissen um neue Trends und Entwicklungen kann für Unternehmen entscheidende Vorteile gegenüber dem Wettbewerb haben. Bei der Bewertung und Implementierung können Anbieter von Trendreisen, wie Jean-Georges Ploner (www.ploner-partner.de/leistungen), Pierre Nierhaus (www.nierhaus.com) oder Erik A. Leonavicius (www.reinventis.com) unterstützend und beratend zur Seite stehen.

PRAXISBEISPIEL: *Kochen, Reisen, Vintage in Form von Kunstgegenständen und stilvollen Möbeln – das Restaurant Brüdigams in Hamburg Eimsbüttel bietet vielfältige Eindrücke, welche der Sammelleidenschaft des Inhabers Frank Brüdigam geschuldet sind. Mehr als 4.000 Kochbücher hat der Hausherr auf seinen vielen Reisen zusammengetragen; selten, dass die Gäste auf einem Stuhl desselben Modells sitzen.*

» Es genügt nicht, wie es gerade Mode ist, ein paar Vintage-Möbel ins Restaurant zu stellen – ich will für jede Vase, jeden Stuhl und jedes Bild den optimalen Platz finden! Die Stücke stammen aus der ganzen Welt, aber besonders prägend sind für den Kosmopoliten London, Paris und Barcelona. Mehrmals jährlich besucht er die wettbewerbsintensiven Metropolen und kehrt mit »neuen« Einrichtungsgegenständen und Ideen für seine kulinarischen Kreationen zurück. « Frank Brüdigam, Brüdigams

Für Gastronomen, welche die Zeit für eine solche Reise nicht haben bzw. die dadurch entstehenden Kosten nicht aufbringen können, bietet sich die Möglichkeit, auf zukunftsorientierte Reports und Berichte zurückzugreifen, die akribisch die Entwicklungen und Trends der Gastronomie bzw. des Lebensmittelmarktes analysieren. Jährlich erscheinende Ausgaben wie z.B. der »Food Report 2016« (www.zukunftsinstitut.de/artikel/food-report-2016/) kosten zwar ca. 125 €, sind allerdings sehr hilfreich, da sie dem Gastwirt einen profunden Ausblick auf die Branche bieten, die für ihn und die eigene Zukunft mitbestimmend ist.

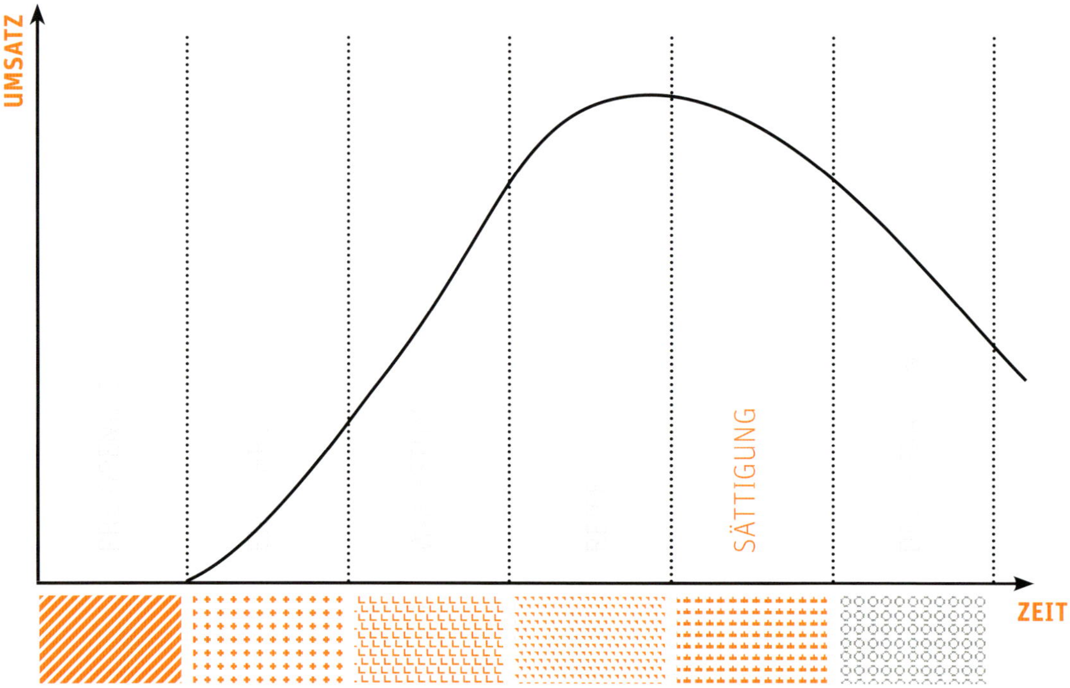
UMSATZ
SÄTTIGUNG
ZEIT

DIE **SÄTTIGUNGSPHASE** – GEZIELT NEUE IMPULSE SETZEN!

Das Prinzip des Produktlebenszyklusses beruht darauf, dass Produkte und Märkte konstantem Wandel unterliegen. Unternehmen müssen sich also diesem Wandel anpassen und mit ihm mitgehen. Auch auf der Grundlage dessen, dass ihre Kunden altern und dabei neue, andere Produkte nachfragen, die deren veränderten Lebensumständen mehr entsprechen als es z.B. das eigene Angebot zuvor noch getan haben mag. Dadurch kommt es zu der Situation, in der Produkte aus Kundensicht permanent entweder an Stellenwert gewinnen oder eben einbüßen (Muller 2013 S. 55).

In der Sättigungsphase erreicht der Betrieb nun einen Punkt, ab welchem der Absatz nicht mehr steigerungsfähig ist und das Marktwachstum seinen Höhepunkt erreicht hat. Aufgrund des ausgeschöpften Marktpotenzials sind in dieser Phase Deckungsbeiträge und Gewinne rückläufig. Es empfiehlt sich außerdem der Ausbau von Marktanteilen, da generell ein Abschwung auf die Sättigungsphase folgt (Gruner 2008 S. 304).

EXPERTENTIPP: »*In der Sättigungsphase ist es äußerst wichtig, seine Kosten rechtzeitig im Griff zu haben, wenn man merkt, dass der Umsatz stagniert oder einbricht. Es bleibt also zu hoffen, dass der jeweilige Gastronom nicht so viel Selbstüberschätzung in sich trägt, dass er meint, das Ganze wird eh von selbst laufen. Christopher Muller sagt (in seinem Buch: »The Leader of Managers«; Anm. des Autors), wenn man es nicht schafft, sich rechtzeitig neu zu erfinden, dann muss man sich darauf einstellen, spätestens nach 15 Jahren den Standort aufgeben zu müssen. Aus rein wirtschaftlicher Perspektive betrachtet ist dieses Versäumnis meist fatal und oft viel zu spät!*« Andreas Salger, Kull & Weinzierl

KOSTEN EINSPAREN, OHNE QUALITÄT EINZUBÜSSEN

Für einen Betrieb ist es eine Herausforderung, Kosten einzusparen, ohne dabei an der Qualitätsschraube zu drehen. In vielen Fällen lässt sich beobachten, dass hohe Kosten an Stellen anfallen, die nicht direkt zur vom Gast wahrgenommenen Qualität des Betriebes beitragen. Eine clevere und konsequente Herangehensweise ist demnach ratsam z.B. indem sämtliche Ausgaben eines Unternehmens gründlich geprüft werden. Gerade Artikel für die Verwaltung oder die Reinigung wie z.B. Druckerpatronen, Glühbirnen oder Handwaschmittel werden häufig nur nach Bedarf beim

Anbieter »um die Ecke« besorgt, anstatt diese frühzeitig zu günstigeren Konditionen zu beziehen. Besonders Preisvergleiche im Internet bieten Transparenz beim Preis, und die Anbieter liefern in der Regel schnell und frei Haus. Voraussetzung dafür ist allerdings ein Anforderungssystem zu erstellen. Durch eine frühzeitige Bedarfsankündigung der Mitarbeiter kann die disziplinierte Beteiligung der Angestellten gefördert, der Bedarf effizienter kontrolliert und schließlich auch günstiger eingekauft werden. Bei Anschaffungen höherer Größenordnungen sollten Investitionen, insbesondere die dem technischen Fortschritt unterliegen wie z. B. Computer, Smartphones oder Musikanlagen, zunächst hinterfragt und deren tatsächlichen Nutzen untersucht werden (Trinkl 2006 S. 79ff).

In vielen Fällen schließen Gastronomen Verträge ab wie z. B. Mitgliedschaften (in beispielsweise Branchenverbänden), Abonnements von Zeitschriften oder Versicherungen, deren Nutzen an dieser Stelle ebenfalls geprüft werden sollten. Werden die abonnierten Zeitschriften, je nach Intension des Abonnements, von den Gästen oder dem Betreiber selbst genutzt und tatsächlich gelesen? Bringen die Mitgliedschaften in Verbänden, Vereinen oder Initiativen wirklich die Vorteile, welche ursprünglich bei Abschluss des Vertrages erhofft wurden? Stehen die Kosten einem entsprechenden Mehrwert gegenüber? Und würden Gäste wirklich wegbleiben, nur weil womöglich etwaige Leistungen gekürzt würden? Falls diese Fragen mit *Nein* beantwortet werden können, so sollten solche Verträge beendet werden. Da die meisten Jahresverträge zwischen dem dritten und vierten Quartal gekündigt werden können, empfiehlt es sich, ab August überflüssige Verträge zu identifizieren und frühzeitig zu kündigen. Das Internet bietet außerdem transparente Vergleiche, bei welchen Anbietern eventuell günstigere Verträge wie z. B. bei Strom, Telefonie oder Internet abgeschlossen werden können (Trinkl 2006 S. 83).

Gezielt das Angebot überarbeiten

Nicht nur neue Einflüsse von außen, sollten in dieser Phase des Betriebes eingeholt werden. Auch ein kritisches Hinterfragen der Übereinstimmung des eigenen Angebotes mit den Ansprüchen der Zielgruppe ist spätestens jetzt unabdingbar. Nachdem der Betrieb mittlerweile (hoffentlich) einige Jahre besteht, ist es nun auch gut möglich, dass verwendete Materialien oder Einrichtungsgegenstände auf den Prüfstand gehören. Dabei liegt der Erfolg oft bereits im Detail. Die Verwendung von neuem Geschirr, ein neuer Farbanstrich der Wände oder der Einkauf neuer Möbelstücke können seitens der Gäste als positives Signal gegen die Sättigung empfunden werden. Während Klaus Maran in seinen Betrieben darauf setzt, regelmäßig Anpassungen z. B. beim Geschirr zu tätigen, lässt Klaus Rader in seinen Betrieben jährlich jedes einzelne Restaurant streichen und die Toiletten spätestens alle paar Jahre rundumerneuern. Dadurch bleiben die Betriebe dauerhaft in einem guten Zustand.

PRAXISBEISPIEL: Tim Raue's größter Fehler ...

»Der tragische Moment war, als wir keinen zweiten Stern bekommen haben, aber zwei andere Restaurants in Berlin, und wir waren wirklich kurzzeitig am Boden zerstört«, erinnert sich der Berliner Spitzenkoch an den Rückschlag in der Anfangszeit seines Restaurants Tim Raue. Warum konnte Raue zunächst beim Guide Michelin nicht gut genug punkten? Nachdem die Bewertungen des Restaurantführers 2011 herausgekommen waren, wollte es Raue ganz genau wissen. »Ich habe bei Michelin angefragt, ob ich die Reports sehen kann. Wir sind am zweiten Stern vor allem deswegen gescheitert, weil wir einen Tester von Michelin da hatten, der das Lunchmenü gegessen hat, und der hat alle vier Gänge mit einem glatten Stern bewertet, nicht mehr und nicht weniger.«

Dass er einen Mittagstisch anbietet, war für Raue von Anfang an klar. Allein, um rentabel zu sein. Außerdem beobachtete er in einem alteingesessenen italienischen Restaurant gegenüber seines Lokals, dass das Mittagsgeschäft sehr gut ankommt. Aus seiner Zeit im Swissôtel Berlin hatte er zudem bereits Erfahrung mit Lunchmenüs: »Mittags günstigere Produkte, bisschen Einfacheres kochen, schnell mal ein paar Kuverts rausschicken und abends dann die große Oper.« Eben mit dieser Idee fingen sie im Juli 2010 auch im ersten eigenen Restaurant in der Rudi-Dutschke-Straße in Berlin an. Dass der Schuss so nach hinten losgehen würde, konnte der Sternekoch damals nicht ahnen.

»Am Anfang war's einfach so, dass meine beiden Gehirnhälften nicht zusammengearbeitet haben. Ich habe nur gesehen, was die anderen gemacht haben, und die haben mittags einfacher und billiger gekocht. Dann hab ich auch einfacher und billiger gemacht.« Bewusst wurden zum Lunch andere Gerichte angeboten als abends. 38 Euro für drei Gänge mittags im Gegensatz zu 98 Euro am Abend. Das Lokal war voll – mittags und abends. »Aber das Problem war, dass ganz viele Menschen, die uns zum Beispiel auf Tripadvisor bewertet haben, gesagt haben: ‚Wir waren da mittags und das war ganz gut, aber ein Stern, ja gerade so.'« Und genauso sahen es die Tester des Guide Michelin und verliehen dem Restaurant Tim Raue 2011 nicht den erhofften zweiten Stern. »Was uns in dem Moment bewusst geworden ist: Der Gast unterscheidet nicht, wann er kommt. Und ihm ist auch der Unterschied im monetären Bereich egal. Für ihn ist entscheidend, wenn er die Tür aufmacht und darüber Tim Raue steht, dann will er Tim Raue haben. Es ist unser Problem, was wir dafür nehmen und wie wir das finanziell darstellen.« Es musste sich also etwas ändern und dafür analysierte Raue in einem ersten Schritt, welche Gäste zum Lunch kommen, und stellte fest, dass die Schnittmenge mit den Gästen am Abend gerade einmal bei etwa fünf Prozent lag und »ansonsten aber mittags ganz andere Gäste sind. Auch jünger, dynamischer oder sagen wir pauschal, Menschen, die nicht so viel Geld ausgeben können oder wollen«.

Raues Konsequenzen: Services und alles Weitere sollten am Mittag gleich bleiben, nur in der Küche würde sich etwas ändern, wobei die entscheidende Frage war: »Warum sollen wir immer was anders machen? Bündeln wir doch die Kräfte und nehmen die Gerichte, die wir abends auf der Karte haben, mittags drauf.« Gleiche Gerichte, gleiche Aromen mit dem entscheidenden kleinen Unterschied, dass vom Fleisch und von den Fischen unterschiedliche Stücke verwendet werden. »Wenn du ein Steinbuttfilet vor dir hast, dann kriegst du aus dem Mittelstück acht perfekt geschnittene Tranchen, die gehen ins Abendmenü. Rechts und links habe ich aber auch noch mal vier bis fünf Portionen, die sind aus Köchesicht hässlich, also nicht exakt, schmecken aber genauso. Die haben wir vorher zum Beispiel ins Personalessen gefeuert. Dann haben wir gesagt, gibt's den Steinbutt halt mittags auch und dann gibt's die hässliche dreieckige Tranche. Wir haben dann innerhalb von vier Wochen eine radikale Meinungsänderung bei Tripadvisor festgestellt.« Die Sorgen, dass die Umstellung Raue finanziell ruinieren könnte, zerstreute sich schnell. Denn in einem zweiten Schritt wagte er für preislich aufwendigere Produkte wie den Steinbutt einen Aufschlag. Mit dem Ergebnis, dass sich der Wareneinsatz insgesamt sogar verbesserte. Raues Resümee: »Wareneinsatz positiv, Resonanz dreifach positiv, Handling für die Küche viel positiver, weil keine zusätzlichen Gerichte.« Und auch der zweite Stern kam im darauffolgenden Jahr. «

Quelle: www.rollingpin.at/artikel/mein-groesster-fehler-tim-raue-5775-1-84

Nicht nur der Betrieb, auch der Betreiber entwickelt sich weiter

Der leitende Gastronom sollte derjenige sein, der seinen Betrieb, seine Kosten und auch seine Umsätze am besten kennt. Und ohne Zweifel macht er – zwischen der Zeit der Pre-Opening-Phase und der jetzigen Sättigungsphase – auch persönliche Entwicklungsstufen durch, die ihn neue Fähigkeiten und Kompetenzen erwerben lassen. Während er anfangs noch eher als »junger Unternehmer« in das Abenteuer Gastronomie gestartet ist, so kann er nun möglicherweise eher als »Verwalter« bezeichnet werden. Denn das erlebte schnelle Wachstum und der damit einhergehende Gewinn muss vom Gastwirt erst einmal verwaltet und gesichert werden. Der Betreiber sollte demnach spätestens jetzt versuchen, wenn nicht bereits ab der Reifephase, den Betrieb gesund, pulsierend und finanziell stabil zu halten. Zugleich sollte dieser frühzeitig für eine möglichst lange und erfolgreiche Zukunft gestärkt werden. Indem der Betreiber seine Zahlen und Margen vor Augen hat, ermöglichen professionelle Planung, Vorausschau und Vermögensentwicklung ein nachhaltig wirtschaftlich funktionierendes Unternehmen (Muller 2013 S. 200).

DER UMSATZ AM MAXIMUM – WAS NUN?

Innovation – wer nicht innoviert, verliert

Unternehmen, die am Markt bestehen wollen, müssen ihr Produkt- und Dienstleistungsangebot regelmäßig erneuern und überarbeiten. Damit ist konkret die »Entwicklung und/oder Aufnahme neuer Leistungsangebote in das bestehende Angebotsportfolio« gemeint (Gruner 2008 S. 215). Das ist darauf zurückzuführen, dass jedes Produkt nur eine begrenzte Lebensdauer hat und über kurz oder lang durch neue Produkte ergänzt werden muss. Natürlich kann ein neues Produkt auch scheitern, was gerade in der Gastronomie häufiger zu beobachten ist. Die Risiken von Innovationen sind dann als günstig anzusehen, wenn zum einen das gesamte Unternehmen in diese Aufgabe miteinbezogen wird und zum anderen die Innovationen konsequent auf die Anforderungen des Marktes ausgerichtet sind. Hierzu sollte man im Unternehmen einen systematischen Produktinnovationsprozess etablieren, was freilich von der jeweiligen Größe des Betriebes abhängt (Kotler et al. 2014 S. 720ff).

Im Rahmen einer Leistungsinnovation geht es nicht nur zwingend darum z. B. neue Merchandising-Artikel wie Regenschirme, Kochbücher oder CD's zu bieten. Auch die Erbringung neuer innovativer Konzepte, Ideen oder Rezepte birgt großes Potenzial für nachhaltiges (Kauf-) Interesse seitens der Kunden. Besonders in der Spitzengastronomie gelingt es Chefköchen immer wieder, auf Basis des so genannten Open-Innovation-Verhaltens, Innovationen hervorzubringen und somit die Aktualität und permanente Popularität des Betriebes zu gewährleisten. Zugleich wird dadurch dem klassischen Verlauf des Produktlebenszyklusses entgegen gewirkt. Dies erreichen sie in der Regel dadurch, indem sie entweder sehr stark auf ihre eigene Kreativität vertrauen oder einen regen Austausch mit Lieferanten, Gästen und anderen Köchen betreiben. Im Rahmen dieses Innovationsprozesses spielen Gäste und Kritiker nur eine untergeordnete Rolle (Kwidzinski [1] 2015).

Ein geeignetes Beispiel hierfür ist Tim Raue, dem es gelungen ist, auf Basis eines konsequent asiatisch ausgerichteten Konzeptes zwei Michelin-Sterne zu erkochen. Dabei verzichtet er z.B. auf klassische, in dieser Kategorie normalerweise standardmäßig dargebotene Komponenten wie beispielsweise Brot und Butter; reicht dafür aber ein warmes Tuch zur Begrüßung und Erfrischung des Gastes, wie dies sonst meist nur im asiatischen Raum vorzufinden ist. Durch das eigene Kreieren bzw. durch die schnelle Adaption eines für den Gast eher unbekannten Produktes und Angebotes kann sich ein Innovationsvorsprung und somit auch ein Konkurrenzvorsprung erzielen lassen (Hänssler 2008 S. 224).

Allgemein sollte dem Gastronomen bewusst sein, dass Innovationen die Kundenbindung erhöhen und gleichzeitig die Kundenabwanderung verringern. Zugleich kann es gelingen, neue Kunden zu gewinnen, indem Kunden der Konkurrenz den Rücken kehren und zum eigenen Betrieb wechseln. Weitere Vorteile eines innovativen und trendsensiblen Angebotes liegen in einem höheren vom Gast wahrgenommenen Mehrwert (was höhere Preise rechtfertigen kann), höherer medialer Aufmerksamkeit und einem besseren Image – ermöglicht durch fortschrittlich, modern und kreativ wirkende Außendarstellung des Betriebes.

Investition – den Betrieb auch äußerlich in Schuss halten

Sollte der Betrieb anfangs neu eröffnet worden sein, ist es spätestens jetzt an der Zeit, an einigen Stellen Nachbesserungen zu treffen. Eine konsequente Analyse eines jeden Raumes und Systems, wie z. B. Heizung, Kühlung oder Lüftung, ermöglicht einen Überblick darüber, ob und wo demnächst Reparaturen anstehen. Um diese auch durchführen zu können, bedarf es mancher Vorbereitungen. So müssen beispielsweise zum einen Rücklagen gebildet worden sein, die solche Maßnahmen finanziell überhaupt erst möglich machen. Zum anderen muss überlegt werden, welches Ausmaß eventuelle Baumaßnahmen auf das tägliche Geschäft haben könnten, und ob eventuell ausbleibender Umsatz verkraftet werden kann. Selbstredend müssen die dabei geplanten Einnahmen und Kosten entsprechend budgetiert werden. Besonders bei technischen Einrichtungen, wie z. B. Telefonanlagen, können Miete oder Leasing sinnvolle Alternativen zum Kauf darstellen (o.V. 2003: o.S.).

Besonders in der schnelllebigen Gastronomie gilt es, mit dem Investitionsgedanken auch ein hohes Maß an Flexibilität zu verknüpfen. Zwar ist die Bereitschaft zur Investition grundsätzlich äußerst lobenswert, doch sich ändernder Zeitgeist und sich ändernde Geschmäcker lassen auch noch junge Investitionen schnell alt aussehen. Im schlimmsten Falle sind also die gerade erst verbauten Finanzen bereits eine Altlast von morgen. Konkret bedeutet das, dass eine stete Ausrichtung auf Neues eine höhere Flexibilität seitens möglicher Investitionen möglich macht. Denn Inneneinrichtung, Küchenzeilen oder Bartresen lassen sich schneller umgestalten als ein komplettes Restaurant (Westermann 2014 S. 1).

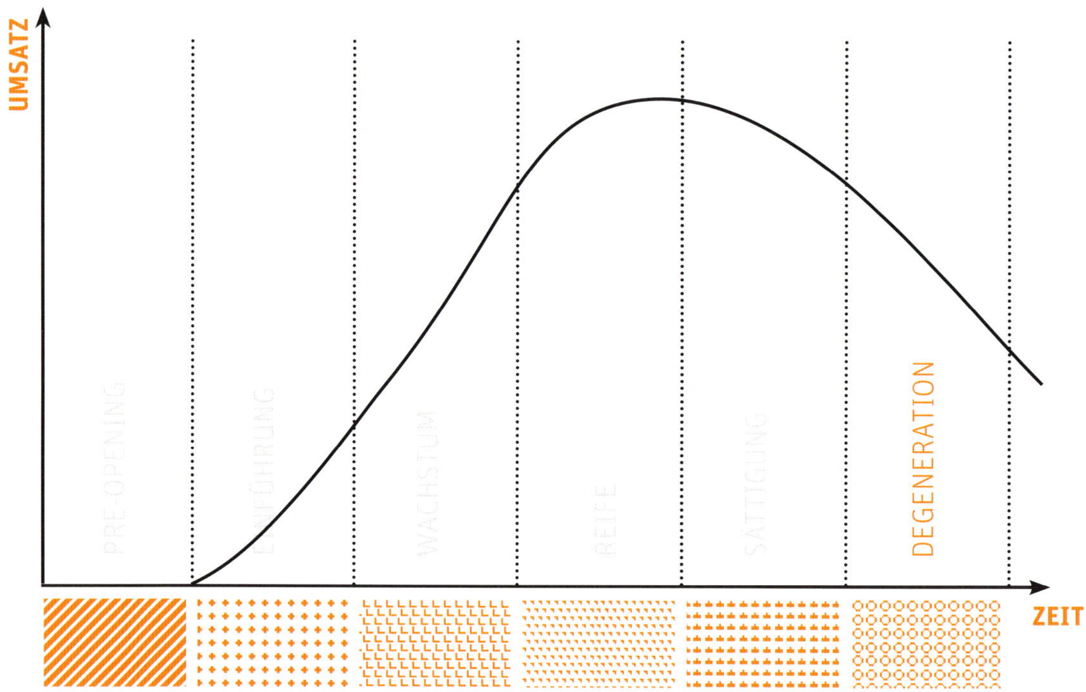
UMSATZ
PRE-OPENING
EINFÜHRUNG
WACHSTUM
REIFE
SÄTTIGUNG
DEGENERATION
ZEIT

DIE **DEGENERATIONSPHASE** – TRENDWENDE ODER UNTERGANG?

Charakteristisch für diese Phase des Abschwungs sind sinkende Umsätze und Gewinne. Bezüglich des angebotenen Produktes bzw. der angebotenen Dienstleistung kann eine Selektion oder Modifikation empfehlenswert sein. Solch ein Eingriff in das Leistungsprogramm kann beispielsweise dadurch erfolgen, indem bereits bestehende durch neuere Produkte ersetzt oder verändert werden (Gruner 2008 S. 215). Preispolitisch gesehen werden Preissenkungen häufig als Mittel eingesetzt, um dem Abschwung entgegenzuwirken. Während die Maßnahmen des Marketings eher in den Hintergrund treten, kann durch eine selektive Ausrichtung sowie durch den Abschluss nützlicher Kooperationen der Umsatz zumindest vor dem endgültigen Einbruch bewahrt werden (Gruner 2008 S. 21).

KOSTEN IN ZEITEN DES ABSCHWUNGS

Während in der Biologie alle lebenden Organismen den Lebenszyklus durchlaufen und diesen mit dem Tod beenden, haben Unternehmen am Markt die Möglichkeit, sich konstant erneuern zu können und damit Lebenszyklen zu wiederholen (Muller 2013 S. 201). Für den Gastronomen ergeben sich daraus zwei Verhaltensweisen, die in dieser Phase einzuschlagen sind: Die »betreuende Art«, in der der Betrieb möglichst schmerzfrei auf den stetigen Niedergang vorbereitet wird; oder aber – die zu bevorzugende Variante – die verjüngende und erforschende Art, in der das Wissen aus der Vergangenheit dazu genutzt wird, neue Möglichkeiten und Wege aus dem Abschwung zu suchen (Muller 2013 S. 201ff).

Dabei liegt für ihn unter anderem die Aufgabe darin, die versteckten Mehrkosten zu vermeiden, die dadurch entstehen können, dass sich der Gastronom jetzt vermehrt mit dem schlecht laufenden Betrieb auseinandersetzen muss. Denn es ist nicht nur kostspielig erfolglose Produkte im Sortiment durchzuschleppen, auch der intensivere Aufwand um diese wieder ins Rollen zu bringen kostet mehr, als sich einem gesunden und profitablen Angebot bzw. Betrieb zu widmen. Besonders kostenintensiv kann es allerdings dann werden, wenn es nicht rechtzeitig gelingt, sich von schwachen Angeboten zu trennen (Kotler et al. 2014 S. 264).

UMSATZ – DEN RELAUNCH SCHAFFEN

Die Umsätze der meisten Produkte am Markt kommen in der Regel früher oder später in eine Phase des Rückgangs. Diese kann sich in manchen Fällen eher schleichend, in anderen wiederum auch sehr schnell vollziehen. Dabei wird sich der Umsatz schließlich entweder auf einem niedrigen Level einpendeln oder gänzlich auf Null zurückgehen (Kotler et al. 2014 S. 264). Die Gründe für den Rückgang der Verkaufszahlen können vielseitig sein. In anderen Branchen sind sie häufig auf technologischen Fortschritt zurückzuführen wie es z. B. beim Wechsel von Discman zum MP3-Player der Fall war. Im Gaststättengewerbe hingegen können eher verstärkter Wettbewerb oder veränderte Kundenbedürfnisse solche Gründe sein. Die oft damit einhergehende sinkende Reputation kann Kunden vermehrt davon abhalten, das eigene Angebot nachzufragen. Umso wichtiger ist es also, permanent Umsätze, Marktanteile und Gewinnaussichten zu beobachten, um dadurch den Zeitpunkt des Eintrittes sowie das Ausmaß des Abschwunges einschätzen zu können.

Mit externer Hilfe zum Neuanfang?

Ein Grund für sinkenden Erfolg eines Betriebes ist meistens nicht nur der, dass dieser über die Zeit an Attraktivität verloren haben mag, z. B. weil bessere Wettbewerber auf den Markt gekommen sind. Oft sind interne

Ursachen und Missstände ausschlaggebend für solch einen Rückgang. Denn das langjährige Betreiben eines Betriebes führt in vielen Fällen zu einer negativen Routine oder gar einer »Betriebsblindheit«. Dadurch gelingt es einem Gastronomen nur schwer, Fehler im Betrieb so kritisch zu hinterfragen und zu erkennen, wie es eigentlich nötig wäre. Begünstigt wird dieser Umstand auch dadurch, da die meisten Menschen Veränderungen grundsätzlich eher abneigend gegenüber stehen (Schaetzing 2010 S. 547). Dagegen kann die Hilfe von externen Beratern ein probates Mittel sein.

Durch den Blick von außen auf die womöglich über die Jahre hinweg ineffizient gewordenen Arbeitsprozesse und eines eventuell überholten Angebotes können externe Beobachter zum Beispiel durch einen Mystery Guest Check in der Regel deutlich schärfer analysieren und vorherrschende Fehler aufzeigen. Dadurch kann eine Grundlage für eine Kehrtwende in erfolgreichere Zeiten gelegt werden.

Trotz der entstehenden Kosten, die durch solch ein Hinzuziehen externer Hilfe entstehen, lohnt sich in der Regel solch eine Konsultation.

Den Betrieb verkaufen, bevor es zu spät ist

Wie es schon die Theorie des Produktlebenszyklusses zeigt, veralten die meisten Produkte nach der Zeit und müssen ersetzt werden. Dabei liegt die Gefahr für einen Betrieb darin, dass dies bereits der Fall ist, bevor es den gänzlichen Zyklus durchlaufen hat. Auch bedingt durch den Umstand, dass der Aufbau eines Betriebes viel Zeit und Geld in Anspruch nimmt und der Inhaber den maximalen Nutzen aus seinem Unternehmen ziehen will, ist es für alle Teilhaber wenig wünschenswert, den Betrieb einzustellen, solange noch Gewinnpotenzial vorhanden ist. Ist dies jedoch nicht mehr der Fall, ist es wichtiger die Unternehmung zu beenden, bevor weitere Zeit, Ressourcen und finanzielle Mittel in den Betrieb gesteckt und verschwendet werden (Kotler et al. 2014 S. 265).

Solche Schritte können dadurch notwendig werden, wenn beispielsweise ein Konzept am Markt keine Akzeptanz mehr vorfinden kann, die Voraussetzungen des Standortes deutlich schlechter geworden sind oder der Betrieb über die Zeit aus baulicher, technischer oder auch ästhetischer Sicht als überholt und unmodern gilt (Gruner 2008 S. 215).

5 vor 12 – Reißleine ziehen und den Wandel einleiten

In den vorangegangenen Phasen hat sich der Betrieb bereits kontinuierlich weiterentwickelt und dabei immer wieder Neuerungen und Anpassungen eingebracht, um attraktiv und interessant zu bleiben. Am Punkt der Degeneration angelangt geht es jedoch zumeist darum, den radikalen Schritt – weg vom Abschwung, hin zur Neuerfindung des Betriebes – einzuleiten. Dafür sind die genannten kleinen Anpassungen nun nicht mehr ausreichend: Viel mehr bedarf es in dieser Situation, zumindest in einem Großteil der Fälle, eines radikalen Umbruches des Betriebes. Dazu müssen in der Regel grundlegende Veränderungen und Organisationsprinzipen »über Bord geworfen« werden. Solch ein Strukturwandel bietet vielen Gaststättenbetrieben eine echte Chance, um von überholten und ineffektiven Prozessen loszukommen. Dies stützt auch die These, wonach fortschrittliche Unternehmer auf die Herausforderungen des Wettbewerbes mit radikalen Änderungen der Geschäftsstrategie reagieren. Auf diese Weise kann es gelingen, auch weiterhin konkurrenzfähig zu bleiben (Schaetzing 2010 S. 591f).

Als Grundvoraussetzung für dieses radikale Umkrempeln sollte das Ziel gelten, »höhere Gästezufriedenheit mit wirtschaftlich und flexibel gestalteten Dienstleistungsprozessen« zu erreichen (Schaetzing 2010 S. 593). Dabei fungieren Qualität, Service, Innovation und gesteigerte Gästezufriedenheit als Säulen und stehen folglich über kurzfristigen Erfolgen auf der Kostenseite. Das für den Gast wahrgenommene Dienstleistungserlebnis steht also im Vordergrund, wobei bisweilen bisherige hierarchische Strukturen (z. B. Mitarbeiter lernen, sich selbst zu führen und selbstständig zu entscheiden) in den Hintergrund geraten können. Unabdingbar ist es außerdem, die bisherigen Regeln und Richtlinien zu erkennen und diese auch aufgeben zu können. Eine wichtige Rolle spielen hierbei sicherlich technische Neuerungen und Hilfsmittel, die häufig große Erleichterungen und Umstrukturierungen möglich machen.

Solch eine innerbetriebliche Überarbeitung kann in der Praxis durch Handhelds im Servicebereich (zur Erhöhung der Gästezufriedenheit), neuer elektronischer Warenbestellsysteme (zur Erhöhung der Zufriedenheit der Lieferanten und Verbesserung interner Prozesse) oder auch durch flexible Arbeitszeitsysteme eingeführt werden (Schaetzing 2010 S. 597). Die vier eben genannten Säulen können demnach durch die genannten Beispiele erzielt werden.

FAZIT UND AUSBLICK

Abschließend lässt sich festhalten, dass sich die klassische (Individual-) Gastronomie unverändert großen Herausforderungen ausgesetzt sieht. Gleichwohl liegen nach Ansicht der Autoren hierin die Chancen für den Wirt, sich gekonnt vom Wettbewerb abzuheben. Dies verdeutlicht auch die wachsende Kluft zwischen Gastronomiebetrieben mit klarem Markenprofil und Betrieben ohne eindeutige Positionierung. Dabei können die Fokussierung auf das Wesentliche, das Schärfen von Alleinstellungsmerkmalen sowie eine konsequente Ausrichtung auf Qualität in allen Bereichen, nicht nur beim Service und dem Speiseangebot, die Grundlagen für Erfolg darstellen.

Auf Kostenseite lassen sich folgende Ergebnisse festhalten:
Sofern es bei der Neugestaltung eines Betriebes gelingt, schon frühzeitig sinnvoll und mit Bedacht zu investieren, Kostenfallen zu vermeiden und realistisch bzw. vorsichtig zu budgetieren, ist zumindest in finanzieller Hinsicht der gelungene Start in die gastronomische Unternehmung gewährleistet.

Aufgrund des immensen Personalkostenfaktors und der generell hohen Bedeutung der Mitarbeiter für den Erfolg des Betriebes, sei auf das Personal ein besonders großes Augenmerk gerichtet. Eine der Kernaussagen der Experten war es, dass das Sparen beim Personal der falsche Lösungsansatz ist. Auch wenn die Kostenseite kurzfristig entlastet scheint: langfristig sind die Kosten durch Fluktuation und unzufriedene Mitarbeiter höher, nicht nur da der Umsatz langfristig leiden wird. Sowohl ein angenehmes Betriebsklima als auch motivierte und ambitionierte Mitarbeiter

bieten hingegen die Grundlage für eine erfolgreiche Umsatzgenerierung sowie für einen verantwortungsbewussten Umgang mit den Betriebsmitteln und den Gästen. Durch Wertschätzung, Förderung und faire Entlohnung der Mitarbeiter gelingt es meistens jedem Betrieb schnell, sich gegenüber den Wettbewerbern Vorteile zu verschaffen. Zusätzliche Incentives wie Schulungen, gemeinsame Fortbildungsreisen, Gutscheine oder ähnliche Bonusleistungen können außerdem motivierend und loyalisierend auf die Mitarbeiter wirken sowie Kompetenz und Umsatz fördern. Loyalität gegenüber dem Arbeitgeber kann ferner Diebstahl und Fluktuation verringern.

Unter Berücksichtigung der hohen Mitarbeiterkosten ist es außerdem ratsam, die in der Gastronomie häufig auftretenden Leerzeiten auf ein Minimum zu reduzieren. Maßnahmen hierfür sind beispielsweise die zusätzliche Einführung eines Frühstücksangebotes, der Verkauf eines »Vorabendtisches« für eine mehrfache Tischbelegung sowie angepasste Öffnungszeiten.

Auch hilft es vielen Gastronomen, ihr bestehendes Angebot auszudünnen und dieses durch ein kleineres und einprägsameres zu ersetzen. Auf diese Weise können nicht nur der Wareneinsatz reduziert und das Profil gestärkt werden. Ferner werden so Prozesse vereinfacht, die Produktivität erhöht und die Verhandlungsbasis beim Einkauf gestärkt. Die gezielte Übernahme von Prozessschritten durch den Gast kann außerdem positiv dazu beitragen, die Mitarbeiter sowie die Führung zu entlasten, Kosten zu senken und Abläufe zu vereinfachen.

Insbesondere in Zeiten des Arbeitskräftemangels bieten moderne Konzepte, wie beispielsweise die zentrale Vorproduktion, gute Ansätze für eine besser kalkulierbare und effektivere Produktion, ohne dabei Einbußen bei der Qualität nach sich zu ziehen. Gastronomen sollten hierbei für sich selbst entscheiden, in welcher Form eine derartige Vereinfachung wünschenswert ist.

Hinzu kommt, dass besonders kleine Individualbetriebe die Vorteile einiger systemgastronomischer Kennzeichen, wie z. B. Effizienz oder Kontrolle, vermehrt in ihre Prozesse integrieren sollten. Die Erfolge von Full-Service-Betrieben wie L'Osteria, Vapiano oder Hans im Glück zeigen, dass die Verbindung von systemgastronomischen Elementen mit klassischem Bedienkonzept erfolgsversprechende Auswirkungen hat. Aber auch Fast-Casual Konzepte wie Dean & David oder Myindigo nehmen den etablierten Unternehmen wie Burger King oder Pizza Hut Marktanteile ab. Auffallend bei diesen Betrieben ist auch, dass der Einsatz sowie die ständige Kontrolle der betrieblichen Kennzahlen fester Bestandteil des täglichen Betriebsablaufes sind und somit eine permanente Kontrolle über die Zahlenwerte und eventuelle Abweichungen gewährleistet werden kann.

Auf Umsatzseite lässt sich feststellen, dass der Speisekarte die Bedeutung zukommen sollte, die ihr als das Verkaufsinstrument des Betriebes gebührt. Gerade hier bietet sich vielen Gastronomen die Chance, durch etwas Akribie und »Liebe zum Detail« ein umsatzförderndes Mittel zu kreieren, welches sich sichtbar von der Konkurrenz unterscheidet. Was die jeweilige Preissetzung betrifft empfiehlt es sich, auf preispsychologische Merkmale zu achten sowie die kalkulierten Preise mit den Marktpreisen zu vergleichen und entsprechend anzupassen.

Unabdingbar ist es außerdem, stets innovativ zu sein, Trends auf wettbewerbsintensiven Märkten wie Berlin, London, New York oder Hongkong zu beobachten und diese auch rechtzeitig in das Angebot zu integrieren. Hierzu gehört es auch, auf neue Verzehrgewohnheiten zu achten. Wer die aktuellen Trends wie schnelle Snacks, vegane Speisen, Lieferservice, To-go-Mahlzeiten oder Regionalität stets mißachtet, wird langfristig Probleme bekommen, Umsatz zu generieren.

AUTOREN

Axel Gruner

Prof. Dr. Axel Gruner, gelernter Koch, staatl. gepr. Hotelbetriebswirt und Dipl.-Betriebswirt hat seit November 2004 eine Professur für Hospitality Management an der Hochschule München, Fakultät für Tourismus inne.

Er verfügt über langjährige operative Erfahrung in der internationalen Hotellerie (u.a. Maritim Golf- & Sporthotel, Timmendorfer Strand; Hotel Europe, Killarney (Irland); Hyatt Regency Grand Cayman (British West Indies); Brenners Parkhotel, Baden-Baden; Hotel Océano, Teneriffa (Spanien) sowie als Unternehmensberater, Coach, Trainer, Dozent und Aufsichtsratsvorsitzender des Rhön Park Hotel Resorts. Mit seinem Unternehmen [tourism consulting & training] hat er sich auf die Begleitung von Erneuerungs- bzw. Innovationsprozessen erlebnisorientierter Dienstleistungen spezialisiert.

Axel Gruner ist u.a. (Mit-)Herausgeber und Autor der Bücher »Management-Lexikon Hotellerie & Gastronomie« (2008), »Management-Ausbildung in der Hotellerie« (2010), »ErfolgReich in der Privathotellerie« (2012), »Hotelmanagement« (2013), »Erlebnisse schaffen in Hotellerie & Gastronomie« (2014) und »Nachhaltigkeit als Erfolgsfaktor in Hotellerie & Gastronomie« (2015).

Das betriebswirtschaftliche Studium absolvierte er an der Universität für Wirtschaft und Politik Hamburg sowie der Universidad de Alicante (Spanien). Die Promotion zum Dr. rer. soc. oec. erfolgte in Kooperation mit der Steigenberger Hotels AG sowie der Choice Hotels Germany GmbH am Zentrum für Tourismus und Dienstleistungswirtschaft der Leopold-Franzens-Universität Innsbruck (Österreich) mit einer umfassenden Arbeit über die Markenloyalität in der Hotellerie.

Burkhard von Freyberg

Prof. Dr. Burkhard von Freyberg, gelernter Hotelfachmann, Dipl.-Kaufmann ist geschäftsführender Gesellschafter des auf die Individualhotellerie spezialisierten Beratungsunternehmens Zarges von Freyberg Hotel Consulting. In dieser Funktion ist er sowohl in der Projektierung von neuen Hotelvorhaben als auch in Optimierungsprozessen in namhaften Hotelbetrieben im deutschsprachigen Raum involviert. Seit März 2009 hat er eine Professur für Hospitality Management an der Fakultät für Tourismus der Hochschule München inne. Vor der Gründung des eigenen Unternehmens war er mitunter mehrere Jahre bei der Treugast Solutions Group als Seniorberater tätig. Burkhard von Freyberg studierte Betriebswirtschaft an der Ludwig-Maximilians-Universität (München), Universität

Regensburg und an der Harvard University (Boston). Davor absolvierte er eine Hotelfachlehre im Hotel »Bayerischer Hof« in München und arbeitete im elterlichen Gastronomiebetrieb. Er ist u.a. Herausgeber der Bücher »Hospitality Development« (2014; 2. Auflage), »Hospitality Controlling« (2014; 2. Auflage) und »Hospitality Consulting« (2012) sowie Autor der Bücher »ErfolgReich in der Privathotellerie« (2012), »Erlebnisse schaffen in Hotellerie und Gastronomie« (2014) und »Nachhaltigkeit als Erfolgsfaktor in Hotellerie und Gastronomie« (2015).

Moritz Euchner
Die Welt der Hotellerie entdeckte Moritz Euchner auf seiner Weltreise, bei der er seine Faszination für berühmte Hotels, Bars und Restaurants aus unmittelbarer Nähe kennenlernen konnte.
Erste Eindrücke der Gastronomie und Hotellerie gewann er durch Eventcaterings, die er für »Käfer« in ganz Europa durchführte sowie durch ein Praktikum im 5-Sterne-Hotel »Hôtel Des Trois Couronnes« in Vevey am Genfer See.
Es folgte eine Ausbildung zum Restaurantfachmann im 5-Sterne-Hotel »Bayerischer Hof« in München. Durch Tätigkeiten bei der Kette »Le Pain Quotidien« und der »Goldenen Bar« im Museum Haus der Kunst, bei denen er jeweils auch die Eröffnung mitgestaltete, erlangte er Einblicke in die System- und Individualgastronomie. Anschließend absolvierte er ein Studium an der Hochschule München im Studiengang Tourismusmanagement. Währenddessen war er zudem als Foodscout und Prozessmanager beim Münchner Start-Up »Foodiesquare« tätig.

DANK AN DIE EXPERTEN

Für dieses Buch haben sich freundlicherweise herausragende Experten zur Verfügung gestellt, die in persönlichen Gesprächen, per Telefon oder durch schriftliche Beantwortung der Fragen per E-Mail im Zeitraum Juli und August 2015 konsultiert wurden. Zentrale Aussagen aus diesen Interviews finden sich in den vorangegangenen Kapiteln als Praxistipps. Bei der Auswahl wurden Gastronomen gewählt, die durch besondere Erfolge auf sich aufmerksam machen konnten. Es wurde dabei auf eine breite Fächerung der jeweiligen Betriebsarten geachtet.

Die Autoren danken den folgenden Interviewpartnern:
Eugen Block, Block Gruppe, Hamburg; Matthias Münz, Der Verrückte Eismacher, München; Philipp Schmitz, Du Chateau, Nürnberg; Klaus St. Rainer und Leonie von Carnap, Goldene Bar, München; Klaus Maran, Gretl am See/Seehotel Ambach, Kaltern am See; Rolf Hiltl, Hiltl AG, Zürich; Klaus Peter Kofler, Kofler & Kompanie, Berlin; Maximilian Jakob und Andreas Salger, Kull & Weinzierl GmbH, München; Klaus Rader, L'Osteria, u.a. Berlin; Haya Molcho, Neni, u.a. Wien; Tim Raue, u.a. Restaurant Tim Raue, Berlin; Maximilian von Saurma, Ojo de Agua, Frankfurt; Jochen Kreppel, Upper Eat Side, München.

Block Gruppe, Hamburg
Die Block Gruppe mit ihren drei AGs und einer Reihe von GmbHs ist spezialisiert auf die Bereiche Systemgastronomie, Hotellerie und Lebensmittelproduktion. Die fast 50-jährige Erfolgsgeschichte geht auf das erste Block House Steakrestaurant in Hamburg-Winterhude zurück. Aus den Erfahrungen mit dem Restaurantbetrieb, der Leidenschaft für die Gastronomie und dem hohen Qualitätsanspruch entstand nach und nach die heutige Unternehmensgruppe. Inzwischen gibt es 44 Block House-Restaurants europaweit, besucht von jährlich mehr als 6 Millionen Gästen. Jim Block, die Better-Burger-Restaurantkette, wurde 1973 gegründet und unterhält derzeit 10 Standorte: 8 in Hamburg, 1 in Berlin und 1 Hannover. Die Block House Fleischerei GmbH und die Block Menü GmbH sind nach dem International Food Standard zertifizierte Produktionsbetriebe und versorgen die Block Gruppe und externe Kunden aus der Gastronomie und Hotellerie. Die Produkte der Marke Block House – vom Steakpfeffer bis zum American Dressing – werden über die Block Foods AG vertrieben und erfreuen sich im Lebensmitteleinzelhandel einer großen, jährlich wachsenden Beliebtheit. Das Grand Elysée Hamburg ist ein

5-Sterne-Superior-Privathotel mit 511 Zimmern und Suiten, 30 Veranstaltungsräumen, einem Festsaal für bis zu 1.000 Personen sowie vielfältigen Restaurants und Bars. Das BLOCKBRÄU ist das junge Brauhaus an den traditionsreichen St. Pauli Landungsbrücken. In bester Lage am Hamburger Hafen, an dem jährlich mehrere Millionen Menschen zu Besuch sind, hat Eugen Block ein hanseatisch-entspanntes Brauhaus geschaffen.
www.block-gruppe.de

Der Verrückte Eismacher, München
Matthias Münz ist von Kindheit an Eisliebhaber und hat in Italien das Handwerk gelernt. Nach Abschluss seines Studiums an der Hochschule München machte er sich 2012 mit seiner eigenen Eisdiele im Münchner Stadtteil Schwabing selbstständig. Von der Masse der Münchner Eisdielen unterscheidet sich der verrückte Eismacher vor allem durch seine ausgefallenen Kreationen wie sein Augustiner-Bier-Eis, Weißwurst-Eis oder Zimtrone (Zitrone + Zimt). Mit lustigen Aktionen wie dem »kostenlosen Schwangerschaftstest«, ein Essiggurke-Nutella-Eis, lockt er Passanten in seine Eisdiele und schafft Erlebnisse. So bunt wie seine Werbeaktionen und Rezepte ist auch die Eisdiele an sich. Motive aus »Alice im Wunderland« zieren die Wände.
www.facebook.com/dERvERRUECKTEeISMACHER

Du Chateau, Nürnberg
Seit 2010 leitete Philipp Schmitz im Du Chateau als Eigentümer und Küchenchef sein Team ganz nach der Vorstellung, durch Essen Erfahrungen zu sammeln, gespickt mit Geschichten, Emotionen, Aromen und Texturen. Er lässt sich von der Natur, Erinnerungen, neuen Aromen und anderen Köchen inspirieren. Für ihn ist die Geschichte hinter den Zutaten wichtig, die Wertschätzung für die qualitativen Leistungen der Produzenten und ihre handwerklich hochwertig hergestellten Produkte. Philipp Schmitz will seine Kreativität ausleben und seine Gäste mit dem Essen den Alltag vergessen lassen und die Sensibilität für den Moment schärfen.
www.duchateau.de | www.5sinne.kitchen

Goldene Bar, München
Eröffnet wurde die Bar 2010 im Münchner Haus der Kunst, wo Jahre zuvor hinter gipsverkleideten Wänden des historischen Bauwerks goldene Wandbilder und ein Backboard zum Vorschein kamen. Das Team um Barchef Klaus Stephan Rainer, langjähriger Bartender der Schumanns Bar, nahm sich des besonderen Ortes an und entwickelte das Konzept, welches das vielschichtige Publikum im Haus der Kunst gleichermaßen anspricht. Es gelang, mit Kaffeehauscharakter tagsüber und kleinen feinen Speisen auf der Terrasse Gäste zu gewinnen, genau wie mit innovativem Musikkonzept und den mitunter anspruchsvollsten Cocktails der

Isarmetropole. Die rasante Entwicklung der Goldenen Bar mündete 2012 bereits in die Verleihung der Auszeichnung »Mixologe des Jahres«, weitere Auszeichnungen zur besten Bar Deutschlands folgten.
www.goldenebar.de

Gretl am See/Seehotel Ambach, Kaltern / Südtirol
Am Westufer des Kalterer Sees liegt das von Architekt Othmar Barth entworfene Gretl am See. Bekannt als mondäner Treffpunkt bietet das Gretl am See ein Restaurant mit exzellenter mediterraner Küche sowie eine bekannte und jahrzehntelang erfolgreiche Surfschule mit Surf-Shop. Mit einer Terrasse, einem Steg, einer großen Wiese und einem Speisesaal im 1. Stock bietet das Gretl am See Voraussetzungen für Veranstaltungen aller Art. In direkter Nachbarschaft liegt das Seehotel Ambach in einem unbebauten Winkel am Ufer. Außen wie innen hat der Bau den Zeitgeist der Siebziger Jahre bewahrt. Einfach und leicht verbindet sich das originale Design mit heutigem Komfort. Es ist ein Haus für Gäste, die einfache Formen und pure Natur schätzen. 2014 wurde das Seehotel als historischer Gastbetrieb in Südtirol ausgezeichnet und damit erstmals ein Hotel prämiert, das auf gerade einmal 40 Jahre Geschichte zurückblickt.
www.gretlamsee.com | www.seehotel-ambach.com

Hiltl, Zürich
Hiltl ist laut Guinness World Records das älteste vegetarische Restaurant der Welt. 1898 in Zürich eröffnet, wird es heute in vierter Generation durch die Familie Hiltl geführt. Aus dem einstigen »Wurzelbunker« wurde ein hybrides Haus mit bedientem »À la Carte« Restaurant, großem Hiltl Buffet, Self, Take Away, Grab & Go, Bar-Lounge, Club, Kochatelier mit Akademie, Catering, Events, Seminar, Laden, Badis und Außenstellen.
Die langjährigen Gäste fühlen sich im »neuen Haus Hiltl« und in den diversen Außenstellen weiterhin wohl und werden vielleicht auch neue Bedürfnisse entdecken. Das neue breite Spektrum richtet sich aber auch vermehrt an eine neue, jüngere Kundschaft, die dank Café, Bar und Take Away einen neuen Zugang zum gesunden Genuss finden.
www.hiltl.ch

Kofler&Kompanie, Berlin
Als kulinarischer Wegweiser und einer der führenden Anbieter von Premium-Cateringdienstleistungen betreibt die Kofler & Kompanie GmbH exklusive Eventlocations, Restaurants, Cafés und Airport Lounges auf internationaler Ebene.
Gegründet wurde das Unternehmen 1991 von KP Kofler. Die Wurzeln des Premium-Caterers reichen allerdings bis ins Jahr 1823 zurück, wo die Stadtbäckerei Kofler in Bad Homburg als Hoflieferant des deutschen Kaisers tätig war.

Seit über zwei Jahrzehnten meistert das Unternehmen getreu dem Motto »Satisfying All Senses« die Konzeption und Durchführung exklusiver Caterings mit originellem Anspruch, die die Balance zwischen Fortschritt und Tradition versprechen. Mit Units in den fünf größten deutschen Städten sowie Standorten in England, Brasilien und Moskau, bietet der Food Entrepreneur komplette Lösungen im Bereich Event Catering, Gastronomie, Sports Hospitality, Legacy Business und Airport Lounges.
www.koflerkompanie.com

Kull & Weinzierl, München
Die Kull & Weinzierl Gruppe ist eines der führenden Gastronomie-Unternehmen in München. Zu dem Unternehmen, das 1996 vom Gastronomen Rudi Kull und dem Architekten Albert Weinzierl mit der Eröffnung des buffet Kull gegründet wurde, gehören Restaurants und Hotels in bester Innenstadtlage. Alle Objekte sind stark durch die Handschrift ihrer kreativen Inhaber geprägt. So zeichnen sich die Betriebe vor allem durch die gelungene Verschmelzung von Raum, Architektur und gastronomischem Konzept sowie eine hohe Servicequalität aus. International anerkannte Preise wie der »Leadersclub Award 2004« für das 2003 eröffnete Restaurant Brenner belegen das hohe Niveau der beliebten Locations. Im Jahr 2007 kam der Hamburger »Foodservice Preis«, Deutschlands wichtigste Gastronomie-Auszeichnung, dazu; im Jahre 2016 gewannen sie den Special Award Hotelier des Jahres der AHGZ. Neben dem Boutique-Hotel CORTIINA mit angeschlossenem Boardinghouse und 75 Zimmern gehört seit September 2009 auch das LOUIS Hotel mit 72 Zimmern und dem japanischen Restaurant & Bar EMIKO direkt am Münchener Viktualienmarkt zur Kull & Weinzierl Gruppe. Mit der Eröffnung der BAR GIORNALE im August 2011 in den Räumen des legendären Café Extrablatt in München-Schwabing wurde das Portfolio um eine weitere Einrichtung ergänzt.
www.kull-kg.de

L'Osteria
Die erste aller L'Osterien wurde 1999 von Klaus Rader und Friedemann Findeis in Nürnberg eröffnet. Seitdem hat sich das Rezept bewährt. Italienisches Ambiente und ein auf Pizza in einheitlicher (Über-) Größe von 45 cm, Pasta, Salate, Antipasti und Desserts, standardisiertes Angebot überzeugt die Gäste und lässt das Unternehmen und seine Franchisenehmer (seit 2009) bis Augsburg, Frankfurt, Hamburg, München, Rosenheim, Regensburg, Ulm und viele andere Städte expandieren. Dabei ist L'Osteria auch in Österreich, der Schweiz und England angekommen – z. B. in Linz, Graz, Salzburg, Wien, Biel und Bristol. Die Individualität der einzelnen Betriebe ist vor allem durch die Immobilie und der daraus resultierenden Größe gegeben. L'Osteria hat die Idee der traditionellen italienischen

Osteria – ein Ort, an dem man sich begegnet, gut isst, trinkt und Gespräche teilt, sich unterhält – gut umgesetzt und erfreut sich seit der Eröffnung der ersten L'Osteria einem wachsenden Gästestrom.
www.losteria.de

Neni
Einst waren jüdische Lokale selbstverständlicher Bestandteil der kulinarischen Landschaft in Wien, Berlin oder Paris. Seit einigen Jahren finden eben diese nun wieder Einzug in den europäischen Städten. Nicht ganz unbeteiligt daran war Haya Molcho, die – mit ihren Söhnen – neben dem Tel Aviv Beach auch die Neni Restaurants betreibt.
Mit insgesamt zwei Lokalen bereichert sie Wien, aber die Philosophie ihrer Küche geht weit über den österreichischen Tellerrand hinaus. Mit Zürich und Berlin erobert sie nun in Zusammenarbeit mit den 25h Hotels den ganzen deutschsprachigen Raum.
Durch die vielen Reisen bringt Haya immer wieder neue Einflüsse in ihre orientalische Weltküche mit ein. So entsteht ein kulinarisches Mosaik aus persischen, russischen, arabischen, marokkanischen, türkischen, spanischen, deutschen und österreichischen Einflüssen, bei dem das Essen auch vom Teilen und gemeinsamen Erleben der Gerichte lebt.
www.neni.at

Ojo de Agua, Frankfurt
Das Vorbild des 2013 eröffneten Frankfurter Ojo de Agua – Wine & Beef Kontor ist das Züricher Restaurant Ojo de Agua Weinkontor des Schweizer Dieter Meier, Multiunternehmer und Künstler der Band Yello. Der Name Ojo de Agua, spanisch »Auge des Wassers«, bezieht sich auf die Wasserlöcher, an denen die Rinder in der argentinischen Pampa trinken. Die Betreiber und Lizenznehmer des 40-Plätze-Lokals, Moritz Graf zu Stolberg und Max Graf von Saurma, bieten in argentinischer Atmosphäre einen einzigartigen Wein- und Fleischgenuss. Das Fleisch und die Bio-Weine stammen von der argentinischen Ranch beziehungsweise vom Weingut Dieter Meiers. Der hatte sich in den 1990er Jahren seinen Traum erfüllt und im argentinischen Mendoza ein Weingut mit 380 Hektar Rebfläche erworben und in die Rinderzucht investiert.
www.ojodeagua.de

Restaurant Tim Raue, Berlin
Im Juli 2010 hat sich Tim Raue gemeinsam mit seiner Frau Marie-Anne selbstständig gemacht und das Restaurant Tim Raue eröffnet. Nur drei Monate nach der Eröffnung im September 2010 erhielt er für seine asiatisch inspirierte Küche den ersten Stern des Guide Michelin. Der Gault Millau bewertete das Restaurant ein gutes Jahr später, im November 2011, erstmals mit 19 Punkten. Im November 2012 folgte dann der

zweite Michelin Stern. Neben dem »Sra Bua« im »Adlon« und dem »La Soupe Populaire« in der Bötzow-Brauerei läuft seit Januar 2015 mit dem »STUDIO tim raue« an der Rheinsberger Straße in Berlin Mitte das vierte Restaurant unter seinem Namen. Inhaber sind andere, Raue arbeitet mit Beratervertrag. Gleiches gilt für die Brasserie Colette im Münchener Glockenbachviertel. Hinter dem Herd steht er nach wie vor nur im eigenen Restaurant, dem »Restaurant Tim Raue« an der Rudi-Dutschke-Straße.
www.tim-raue.com

Upper Eat Side, München
In einem kleinen Ecklokal in München-Giesing kochen Jogi Kreppel, sein Servicechef Max Süber und sein Chefkoch Thomas Strobl die »neue« Bayerische Küche. Die Kombination aus regionalen Spitzenprodukten, kreativem Anspruch und einer gewissen Einfachheit sorgt seit Eröffnung des Restaurants für viel Aufsehen.
Das Grundkonzept sind kleine Gerichte zu 6,00 € bis 9,00 €, alles handwerklich zubereitet und von auf der Website aufgelisteten regionalen Produzenten wie dem Fischer vom Starnberger See oder dem Milchbauern aus Münsing. Gekocht wird, was der Markt hergibt und was der Küche zu einem Produkt einfällt, wobei hier immer das ganze Tier verarbeitet wird. Im Frühjahr und Sommer gibt es außerdem Selbstgepflücktes, im Herbst und Winter Eingemachtes.
www.upper-eat-side.de

QUELLENVERZEICHNIS

Bücher

Cousins, John/Foskett, David/Gillespie, Cailein [2002]: Food and beverage management. 2. Auflage. Harlow: Prentice Hall.

Dittmer, Paul/Griffin, Gerald G. [1999]: Principles of food, beverage, and labor cost controls for hotels and restaurants. 6. Auflage. New York: John Wiley.

Fischl, Bernd/Fischer, Michael [2012]: Erfolgreich in der Gastronomie: [Existenzgründung und Businessplan in der Gastronomie]: München: Vahlen.

Gordon, Robert T./Brezinski, Mark H. [1999]: The Complete Restaurant Management Guide. Armonk, N.Y: Sharpe Professional.

Gruner, Axel [Hrsg.]/Berg, Waldemar/Buer, Christian/Gardini, Marco A./ Maxeiner, Mario [2008]: Management-Lexikon: Hotellerie & Gastronomie. Frankfurt am Main: Deutscher Fachverlag.

Gruner, Axel/von Freyberg, Burkhard/Phebey, Katharina [2014]: Erlebnisse schaffen in Hotellerie & Gastronomie. Stuttgart: Matthaes.

Gugg, Eberhard/Hank-Haase, Gisela [1999]: Die Gastronomie als Profitcenter des Hotels: Wie können defizitär arbeitende Hotel- und Gastronomiebetriebe zu Profitcentern werden?. Gastgewerbliche Schriftenreihe Nr. 85 Bonn: INTERHOGA GmbH (Hrsg).

Gugg, Eberhard/Hank-Haase, Gisela [2004]: Kosten im Griff? Effizientes Kostenmanagement im Gastgewerbe. Gastgewerbliche Schriftenreihe Nr. 96 Bonn: INTERHOGA GmbH (Hrsg).

Hänssler, Karl Heinz (Hrsg.) [2008]: Management in der Hotellerie und Gastronomie: betriebswirtschaftliche Grundlagen. 7. Auflage. München: Oldenbourg.

Hein, Andreas [2003]: Willst du die totale Pleite? Die zehn Wege zur erfolgreichen Gastronomie. München/Rohrdorf: Heinrich Hein Verlag.

Henschel, Karla U./Gruner, Axel/von Freyberg, Burkhard [2013]: Hotelmanagement. 4. Auflage. München: Oldenbourg Wissenschaftsverlag GmbH.

INTERHOGA [1999]: Leitfaden für Existenzgründer im Gastgewerbe: Planungs- und Entscheidungshilfen für den erfolgreichen Start. 6. Auflage. Gastgewerbliche Schriftenreihe Nr. 42 Bonn: INTERHOGA GmbH (Hrsg).

Jäkel, Tobias/Ploner, Jean-Georges [2010]: Auf der Suche nach Erfolgsrezepten: Persönlichkeiten – Konzepte – Erfolge. Stuttgart: Matthaes.

Kammerer, Helmut [2010]: Optimierung & Existenzsicherung im Gastgewerbe. 2. Auflage. Stuttgart: Matthaes.

Kotler, Philip/Armstrong, Gary/Saunders, John/Wong, Veronica [2006]: Grundlagen des Marketing. 4.Auflage. München: Pearson Studium.

Kotler, Philip/Bowen, John T./Makens, James C. [2014]: Marketing for hospitality and tourism. 6. Auflage. Boston: Pearson.

Kühnel, Gerhard/Luxenburger, Bernd [2003]: Mitarbeiter gewinnen, motivieren und halten: Eine Vielzahl bewährter Beispiele aus der Praxis des Gastgewerbes. Gastgewerbliche Schriftenreihe Nr. 93 Bonn: INTERHOGA GmbH (Hrsg).

Meffert, Heribert/Burmann, Christoph/Kirchgeorg, Manfred [2012]: Marketing: Grundlagen marktorientierter Unternehmensführung; Konzepte – Instrumente – Praxisbeispiele. 11. Auflage. Wiesbaden: Gabler.

Muller, Christopher C. [2013]: The Leader Of Managers; Leading in a Multi-Unit, Multi-Site & Multi-Concept World. Boston: Heuristic Academic Press.

Peters, Thomas J./Waterman, Robert H. [1986]: Auf der Suche nach Spitzenleistungen: Was man von den bestgeführten US-Unternehmen lernen kann. Landsberg am Lech: Verlag Moderne Industrie.

Porter, Michael E. [2014]: Wettbewerbsvorteile: Spitzenleistungen erreichen und behaupten = (Competitive Advantage). 12. Auflage. Frankfurt am Main: Campus-Verlag.

Ritzer, George [2006]: Die McDonaldisierung der Gesellschaft. 4. Auflage. Konstanz: UVK-Verlag.

Schaetzing, Edgar E. [2010]: Management in Hotellerie und Gastronomie. 9. Auflage. Stuttgart: Matthaes.

Schaetzing, Edgar E. [1983]: Qualitätsorientierte Marketingpraxis in Hotellerie und Gastronomie. Stuttgart: Matthaes.

Schoolmann, Gerhard/Stolpmann, Markus [2007]: Wie verkaufe ich dem Gast mehr? Aktiv zu höherem Umsatz in Restaurant und Hotel. Heidelberg: Redline Wirtschaft.

Schumacher, Franziska [2010]: Der clevere Gastronom. 4. Auflage. Stuttgart: Matthaes.

Trinkl, Christoph [2006]: Gewinn steigern! Weniger Aufwand - mehr Ertrag. Stuttgart: Matthaes.

von Freyberg, Burkhard/Gruner, Axel/Hübschmann, Manuel [2015]: Nachhaltigkeit als Erfolgsfaktor in Hotellerie & Gastronomie. Stuttgart: Matthaes.

von Freyberg, Burkhard/Gruner, Axel/Lang, Marina [2013]: ErfolgReich in der Privathotellerie. Oldeburg: DE Greuter.

von Freyberg, Burkhard/ Zeugfang, Sabrina [2014]: Solutions Hotelmanagement. Stuttgart: Matthaes.

Wolf, Kurt [2009]: Gastgewerbliche Betriebslehre: das Lehr- und Nachschlagewerk; Gründung, Personal, Leistungen, Marketing, Finanzen. 2. Aufl. Stuttgart: Matthaes.

Wissenschaftliche Beiträge (Online /Offline) und Studien

Deutscher Hotel- und Gaststättenverband (DEHOGA) [2014]: DEHOGA Konjunkturumfrage Sommer 2014 – Ausblick Winter 2014/15 [report] S. 2ff. Unter: *www.dehoga-bundesverband.de/fileadmin/Startseite/04_Zahlen___Fakten/07_Zahlenspiegel___Branchenberichte/Branchenbericht/DEHOGA-Branchenbericht_Sommer_2014_final.pdf*

Deutscher Hotel- und Gaststättenverband (DEHOGA) [2015]: DEHOGA Konjunkturumfrage Frühjahr 2015 [report] S. 2ff. Unter: *www.dehoga-bundesverband.de/fileadmin/Startseite/04_Zahlen___Fakten/07_Zahlenspiegel___Branchenberichte/Branchenbericht/DEHOGA-Branchenbericht_Fruehjahr_2015.pdf*

Gruner, Axel [2015]: Hotel Operations Management II, Restaurant- und Catering Management – Gastronomie als Profitcenter. Vorlesungsunterlagen im Sommersemester 2015 für das 5. Semester: Hochschule München – Fakultät für Tourismus

Gruner, Axel/von Freyberg, Burkhard [2013]: Restaurant- und Bankettmanagement, Studienheft 10/2013 – IST Studieninstitut: München

Hinkin, Timothy R./Tracey, Bruce J. [2008]: Contextual Factors and Cost Profiles

Associated with Employee Turnover. Cornell Hospitality Quarterly 49 (1) S. 12–27.

Janßen, Birte/Krützfeldt, Wenke/Langner, Jens/Staffa, Volker [2015]: Statista Branchenreport 2015 Gastronomie. Hamburg: Statista GmbH. Unter: *http://de.statista.com/statistik/studie/id/43/dokument/branchenreport-gastronomie/*

Kmenta, Roman [2015]: »Reize setzen« In: a3 ECO – Das Unternehmermagazin, Nr. 03-04/2015. Aufgerufen am: 02.09.2015, unter *http://a3verlag.com/fileadmin/a3verlag/Heftarchiv/a3eco/2015_03/index.html#28. Mödling: a3-Wirtschaftsverlag* S. 29

Kobjoll, Nicole [2011]: In: o.V. »Per Kennzahlen den Kurs halten«; Food Service Wirtschaftsfachzeitschrift, Ausgabe 03/2011 (11.03.2011). Frankfurt am Main: Deutscher Fachverlag S. 118–122

Krätz, Josef [2011]: In: o.V. »Per Kennzahlen den Kurs halten«; Food Service Wirtschaftsfachzeitschrift, Ausgabe 03/2011 (11.03.2011). Frankfurt am Main: Deutscher Fachverlag S. 118–122

Maack, Klaus/Haves, Jakob/Homann, Birte/Schmid, Katrin/Hadwiger, Felix [2013]: Die Zukunft des Gastgewerbes – Beschäftigungsperspektiven im deutschen Gastgewerbe. Düsseldorf: Hans-Böckler-Stiftung. Aufgerufen am: 02.09.2015, unter: *www.boeckler.de/pdf/p_edition_hbs_188* S. 2-154

o.V. [2015]: Gastronomie – Statista Dossier. Hamburg: Statista GmbH. Unter: *http://de.statista.com/statistik/studie/id/6990/dokument/gastronomie-statista-dossier/*

von Freyberg, Burkhard [2015]: Hotel Operations Management II (Gastronomie). Vorlesungsunterlagen im Sommersemester 2015 für das 5. Semester: Hochschule München – Fakultät für Tourismus

Printartikel der »Allgemeine Hotel- und Gastronomie-Zeitung« (AHGZ)

Camphausen, Hartmut [2013]: »Schrittweise Kosten senken«. In: AHGZ-Druckausgabe Nr. 2013/27 vom 6. Juli 2013. Stuttgart: Matthaes Verlag S. 19

Diez, Isabel [2014]: »Betriebsklima und Jobsicherheit sind Azubis wichtig«. In: AHGZ-Druckausgabe Nr. 2014/26 vom 27. Juni 2014. Stuttgart: Matthaes Verlag, o. S.

Eck, Bernhard [2014]: »Der Waschraum als Visitenkarte«. In: AHGZ-Druckausgabe Nr. 2014/4 vom 25. Januar 2014. Stuttgart: Matthaes Verlag, S. 14

Eck, Bernhard [2015]: »30 Prozent weniger sind drin«. In: AHGZ-Druckausgabe Nr. 2015/26 vom 27. Juni 2015. Stuttgart: Matthaes Verlag S. 7

Eck, Bernhard [2] [2015]: »Fünf Fragen an: Philipp Schmitz«. In: AHGZ-Druckausgabe Nr. 2015/26 vom 27. Juni 2015. Stuttgart: Matthaes Verlag S. 6

Eck, Bernhard [3] [2015]: »Werkzeug zur Abfall-Analyse«. In: AHGZ-Druckausgabe Nr. 2015/26 vom 27. Juni 2015. Stuttgart: Matthaes Verlag S. 7

Fuchs, Wolfgang/Balch, Natalie Audrey/Besemer, Simone/Caceres, Karla/Kaiser, Bettina/Schwadorf, Heike [2013]: A la carte: Die Mühe lohnt sich. In: AHGZ-Druckausgabe Nr. 2013/9 vom 2. März 2013. Stuttgart: Matthaes Verlag S. 21

Fuchs, Wolfgang/Besemer, Simone [2013]: Bei der Speisekarte zählt der Inhalt. In: AHGZ-Druckausgabe Nr. 2013/15 vom 13. April 2013. Stuttgart: Matthaes Verlag S. 15

Fuchs, Wolfgang/Kaiser, Bettina [2013]: »A la Carte: Alles formvollendet«. In: AHGZ-Druckausgabe Nr. 2013/20 vom 18. Mai 2013. Stuttgart: Matthaes Verlag S. 13

Heigert, Helmut [2015]: »Qualität statt Zufallsküche«. In: AHGZ-Druckausgabe Nr. 2015/27, Verlagsbeilage Juli 2015. Stuttgart: Matthaes Verlag S. 7

Lambracht, Thilo [2015]: »Wenn Essen in der Tonne landet«. In: AHGZ-Druckausgabe Nr. 2015/26, Stuttgart: Matthaes Verlag S. 9

Lambracht, Thilo [2013]: »Die großen Feste zahlen sich aus«. In: AHGZ-Druckausgabe Nr. 2013/45 vom 9. November 2013. Stuttgart: Matthaes Verlag S. 14

Leibfried, Alexandra [2013]: »Viele kleine Beiträge führen zum Ziel«. In: AHGZ-Druckausgabe Nr. 2013/2 vom 12. Januar 2013. Stuttgart: Matthaes Verlag, S. 8

Leibfried, Alexandra [2015]: »Restaurants schließen – das Mindestlohngesetz und seine Konsequenzen«. In: AHGZ-Druckausgabe Nr. 2015/24 vom 13. Juni 2015. Stuttgart: Matthaes Verlag S. 1

Marconi, Carla [2010]: »Motivation und Kommunikation: So bleibt der Mitarbeiter treu«. In: AHGZ-Druckausgabe Nr. 2010/25 vom 19. Juni 2010. Stuttgart: Matthaes Verlag S. 1

Mewes, Petra [2015]: »Eine Technik mit vielen Vorteilen«. In: AHGZ-Druckausgabe Nr. 2015/34 vom 22. August 2015. Stuttgart: Matthaes Verlag S. 13

Schneider, Martin [2013]: »Wo sich der Ruf des Hauses entscheidet«. In: AHGZ-Druckausgabe Nr. 2013/19 vom 11. Mai 2013. Stuttgart: Matthaes Verlag, S. 12

Schumacher, Franziska [2015]: »Clevere Speisekarten steigern Umsatz und Gewinn«. In: AHGZ-Druckausgabe Nr. 2015/30 vom 25. Juli 2015. Stuttgart: Matthaes Verlag S. 8

Westermann, Rolf [2014]: »Aus Neu wird Alt«. In: AHGZ-Druckausgabe Nr. 2014/15 vom 12. April 2014. Stuttgart: Matthaes Verlag S. 1

Webseiten (Berichte)

Online-Artikel der AHGZ

Agricola, Annegret-Claudine [2015]: »Ein Caféhaus halbiert seinen Stromverbrauch«. Unter: *www.ahgz.de/unternehmen/ein-cafehaus-halbiert-seinen-stromverbrauch,200012219405.html* vom 13. Februar 2015. Aufgerufen am: 27.07.2015

Aichele, Christoph [2014]: »10 Gründe, warum der Job Spaß macht«. Unter: *www.ahgz.de/jobs-und-karriere/10-gruende-warum-der-job-spass-macht,200012210961.html* vom 4. April 2014. Aufgerufen am: 28.08.2015

Aichele, Christoph [2015]: »Personaler fischen zunehmend in sozialen Netzen«. Unter: *www.ahgz.de/jobs-und-karriere/personaler-fischen-zunehmend-in-sozialen-netzen,200012224311.html* vom 14. August 2015. Aufgerufen am: 17.08.2015

Aichele, Christoph [2] [2015]: »Viele Unternehmen ohne Gegenkonzept«. Unter: *www.ahgz.de/jobs-und-karriere/viele-unternehmen-ohne-gegenkonzept,200012223935.html* vom 31. Juli 2015. Aufgerufen am 17.08.2015

Behre, Marina [2013]: »Immer die Schwellenpreise beachten«. Unter: *www.ahgz.de/unternehmen/-immer-die-schwellenpreise-beachten,200012204107.html* vom 29. Mai 2013. Aufgerufen am 18.08.2015

Diez, Isabel [2015]: »Café-Rettung mit Crowdfunding geglückt«. Unter: *www.ahgz.de/unternehmen/cafe-rettung-mit-crowdfunding-geglueckt,200012224132.html* vom 11. August 2015. Aufgerufen am 28.07.2015

Kwidzinski, Raphaela [2015]: »Kleine Speisekarten sind angesagt«. Unter: *www.ahgz.de/marktdaten/kleine-speisekarten-sind-angesagt,200012224186.html* vom 12. August 2015. Aufgerufen am: 18.08.2015

Kwidzinski, Raphaela [1] [2015]: »Wie Sterneköche Innovationen hervorbringen«. Unter: *www.ahgz.de/marktdaten/wie-sternekoeche-innovationen-hervorbringen,200012218689.html* vom 20. Januar 2015. Aufgerufen am: 18.9.2015

Kwidzinski, Raphaela [2] [2015]: »Urban Uttenweiler wird HGK-Vorstandsvorsitzender«. Unter: *www.ahgz.de/personalien/urban-uttenweiler-wird-hgk-vorstands-vorsitzender,200012223918.html* vom 30. Juli 2015. Aufgerufen am 04.08.2015

Kwidzinski, Raphaela [3] [2015]: »Machen Sie sich preispsychologische Effekte zunutze«. Unter: *www.ahgz.de/unternehmen/machen-sie-sich-preispsychologische-effekte-zunutze,200012223257.html* vom 14. Juli 2015. Aufgerufen am: 18.08.2015

Reinhardt, Stefanie [2014]: »Marriott wirbt mit Foto-Kampagne um Mitarbeiter«. Unter: *www.ahgz.de/jobs-und-karriere/marriott-wirbt-mit-foto-kampagne-um-mitarbeiter,200012218120.html* vom 18. Dezember 2014. Aufgerufen am: 11.08.2015

Weitere Webseiten:

Bar Herzog (München): *www.facebook.com/herzog.muenchen?fref=ts*. Aufgerufen am: 29.07.2015

Block Menü GmbH: *www.block-menue.de/de/unternehmen/geschichte.html*. Aufgerufen am: 24.08.2015

Bonnorange AöR: *www.bonnorange.de/fileadmin/Dateien/PDF/Faltblatt-Hotels-und-Gastronomie-Web.pdf*. Aufgerufen am: 26.07.2015

Bundesministerium für Arbeit und Soziales (BMAS): *www.der-mindestlohn-wirkt.de/ml/DE/Ihre-Fragen/Allgemeine-Fragen-zum-Mindestlohn/faq-zum-mindestlohn-info.html*. Aufgerufen am: 12.08.2015

Bundesministerium für Arbeit und Soziales (BMAS): *www.der-mindestlohn-wirkt.de/ml/DE/Service/Meldungen/2015/neue-mindestlohn-verordnung.html*. Aufgerufen am: 12.08.2015

Bundesministerium für Wirtschaft und Energie: *www.foerderdatenbank.de*. Aufgerufen am: 15.07.2015

DEHOGA (Deutscher Hotel- und Gaststättenverband e.V.): *www.dehoga-bundesverband.de/branchenthemen/mindestlohn/*. Aufgerufen am: 12.08.2015

DEHOGA (Deutscher Hotel- und Gaststättenverband e.V.): *www.dehoga-bundesverband.de/fileadmin/Startseite/05_Themen/Lebensmittelabfaelle/Checkliste_Zu_gut_fu__r_die_Tonne.pdf*. Aufgerufen am: 09.09.2015

DEHOGA (Deutscher Hotel- und Gaststättenverband e.V.): *www.dehoga-bundesverband.de/fileadmin/Startseite/DEHOGA_zu_Nachbesserungen_beim_Mindestlohn_150701.pdf*. Aufgerufen am: 12.08.2015

DEHOGA (Deutscher Hotel- und Gaststättenverband e.V.): *www.dehoga-bundesverband.de/zahlen-fakten/ausbildungszahlen/*. Aufgerufen am: 08.08.2015

DEHOGA (Deutscher Hotel- und Gaststättenverband e.V.): *www.dehoga-bundesverband.de/zahlen-fakten/betriebsarten/*. Aufgerufen am 28.06.2015

DEHOGA Baden-Württemberg e. V.: *www.dehogabw.de/beraten/rechtsberatung/check-service/checks-details/stromtarif-check.html*. Aufgerufen am: 23.07.2015

DEHOGA Baden-Württemberg e. V.: *www.dehogabw.de/fileadmin/Mediendatenbank_DE/Mediendatenbank_BW/07_INFORMIEREN/Aktuelle_Themen/MiLo/Mindestlohn_Umfrageergebnisse_2015.pdf*. Aufgerufen am: 12.08.2015

DEHOGA Energiekampagne Gastgewerbe: *www.energiekampagne-gastgewerbe.de/*. Aufgerufen am: 23.07.15

DEHOGA Energiekampagne Gastgewerbe: *www.energiekampagne-gastgewerbe.de/images/stories/PDF/ES_Tipp/Energiespartipp_LED-Rhren.pdf*. Aufgerufen am: 12.08.2015

DEHOGA Energiekampagne Gastgewerbe: *www.energiekampagne-gastgewerbe.de/images/stories/PDF/ES_Tipp/Energiespartipp_Fruehjahrsputz.pdf*. Aufgerufen am: 23.07.2015

DEHOGA Energiekampagne Gastgewerbe: *www.energiekampagne-gastgewerbe.de/images/stories/PDF/ES_Tipp/Energiespartipp_Heizkrper_Thermostate.pdf*. Aufgerufen am: 20.07.2015

DEHOGA Energiekampagne Gastgewerbe: *www.energiekampagne-gastgewerbe.de/images/stories/PDF/ES_Tipp/Energiespartipp_Warmwasser.pdf*. Aufgerufen am: 23.07.2015

Deutscher Fachverlag GmbH: *www.cafe-future.net/gastro/branchennews/pages/Berlin--Herzhaft-gefuellte-Germknoedel-machen-haeppie_29538.html*. Aufgerufen am: 28.07.2015

Deutscher Fachverlag GmbH: *www.cafe-future.net/news/pages/showNewsletter.php?id=33389*. Aufgerufen am: 30.08.2015

Domino Gastgewerbe GmbH: *http://blog.abseits.de/2006/09/weingut-on-tour.html*. Aufgerufen am: 01.09.2015

HGK Direkt GmbH: www.hgkdirekt.de/cms/wir-ber-uns/index.html#vorteile. Aufgerufen am: 17.08.2015

Hiltl AG: *http://shop.hiltl.ch/ch/hiltl-cd.html*. Aufgerufen am: 26.08.2015

Hiltl AG: *http://shop.hiltl.ch/ch/merchandise.html*. Aufgerufen am: 26.08.2015

Orderbird AG: *http://blog.orderbird.com/mindestlohn-gastronomie-deutschland*. Aufgerufen am: 31.08.2015

Onlineumfragen.com GmbH: *www.onlineumfragen.com*. Aufgerufen am: 14.09.2015

Pierre Nierhaus Consulting GmbH: *www.nierhaus.com*. Aufgerufen am: 02.09.2015

Ploner Hospitality Consulting GmbH: *www.ploner-partner.de/leistungen*. Aufgerufen am: 02.09.2015

Restaurant Broeding (München): *www.broeding.de/de/restaurant/wer-wir-sind/*. Aufgerufen am: 01.09.2015

Restaurant Restlos Glücklich (Berlin): *www.restlos-gluecklich.berlin*. Aufgerufen am: 01.09.2015

Spisehuset Rub&Stub (Kopenhagen): *www.spisrubogstub.dk/konzept/*. Aufgerufen am: 01.09.2015

Süddeutsche Zeitung Digitale Medien GmbH: *www.sueddeutsche.de/muenchen/gastronomie-wirte-muessen-mehr-fuer-freischankflaechen-zahlen-1.2541611*. Aufgerufen am: 29.07.2015

Südwest Presse Online-Dienste GmbH: *www.swp.de/ulm/nachrichten/wirtschaft/Horror-in-der-Ausbildung;art4325,3313953*. Aufgerufen am: 10.08.2015

The Clove Club Restaurant (London): *www.thecloveclubtickets.com*. Aufgerufen am: 27.08.2015

Unilever Deutschland GmbH: *www.unileverfoodsolutions.de/unsere-services/kosten-management/wareneinsatz-gastronomie*. Aufgerufen am: 04.08.2015

United Against Waste e.V.: *www.united-against-waste.de/de/index.php/fakten/koeche-berichten/6-die-sous-vide-als-attraktive-alternative*. Aufgerufen am 08.08.2015

United Against Waste e.V.: *www.united-against-waste.de/de/index.php/loesungen*. Aufgerufen am: 08.08.2015

Zukunftsinstitut GmbH: *www.zukunftsinstitut.de/artikel/food-report-2016/*. Aufgerufen am: 02.09.2015

Statistische Berichte und Erhebungen

ab-in-den-urlaub.de. n. d. Höhe der Gebühren für die Außengastronomie in City-Lage nach Bundesland im Juli 2011 (in Euro je 20 qm pro Monat). Statista. Aufgerufen am 29. Juli 2015. Verfügbar unter *http://de.statista.com/statistik/daten/studie/201867/umfrage/gebuehren-fuer-die-aussengastronomie-in-city-lage-nach-bundesland/*

Bundesagentur für Arbeit. n. d. Anzahl der sozialversicherungspflichtig Beschäftigten in der Gastronomie in Deutschland von 2012 bis 2014. Statista. Aufgerufen am: 12. August 2015. Verfügbar unter *http://de.statista.com/statistik/daten/studie/274430/umfrage/beschaeftigte-in-der-branche-gastronomie-in-deutschland/*.

BdS. n. d. Ranking der umsatzstärksten systemgastronomischen Marken in Deutschland von 2012 bis 2014 (in Millionen Euro). Statista. Aufgerufen am: 14. August 2015. Verfügbar unter *http://de.statista.com/statistik/daten/studie/202558/umfrage/ranking-der-systemgastronomischen-marken-2010-nach-umsatz/*.

DEHOGA. n. d. Anzahl der Ausbildungsverträge im Gastgewerbe von 2012 bis 2014 nach Berufen. Statista. Aufgerufen am: 14. August 2015. Verfügbar unter *http://de.statista.com/statistik/daten/studie/29924/umfrage/anzahl-aller-ausbildungsverhaeltnisse-im-gastgewerbe/*.

DEHOGA. n. d. Umsatzentwicklung im Gaststättengewerbe insgesamt und der Systemgastronomie* von 2003 bis 2014. Statista. Aufgerufen am: 29. Juli 2015. Verfügbar unter *http://de.statista.com/statistik/daten/studie/233809/umfrage/umsatzentwicklung-im-gaststaettengewerbe-und-der-systemgastronomie/*).

DEHOGA. n. d. Umsatzverteilung in der Systemgastronomie* im Jahr 2014 nach Segmenten. Statista. Aufgerufen am: 14. August 2015. Verfügbar unter *http://de.statista.com/statistik/daten/studie/233828/umfrage/umsatzverteilung-in-der-systemgastronomie-nach-teilmaerkten/*.

DEHOGA. [2014]: DEHOGA Branchenbericht Sommer 2014. Aufgerufen am: 14. August 2015. Verfügbar unter *www.dehoga-bundesverband.de/fileadmin/Startseite/04_Zahlen___Fakten/07_Zahlenspiegel___Branchenberichte/Branchenbericht/DEHOGA-Branchenbericht_Sommer_2014_final.pdf*

DEHOGA. n. d. In welchem Bereich in der Gastronomie haben Sie Schwierigkeiten, geeignete Arbeitskräfte zu finden? (Umfrage 2010). Statista. Aufgerufen am: 10. August 2015. Verfügbar unter *http://de.statista.com/statistik/daten/studie/167477/umfrage/gastronomie-bereiche-mit-schwierigkeiten-in-der-personalbesetzung-sommer-2010/*.

DEHOGA. n. d. Umsatz im deutschen Gastgewerbe von 2010 bis 2013 nach Betriebsart (in Milliarden Euro). Statista. Aufgerufen am: 15. Juni 2015. Verfügbar unter *http://de.statista.com/statistik/daten/studie/188128/umfrage/umsatz-im-gastgewerbe-nach-betriebsart/.*

DIHK. n. d. Wie reagieren Sie zukünftig auf Fachkräfteengpässe in Ihrem Unternehmen?*. Statista. Aufgerufen am: 10. August 2015. Verfügbar unter *http://de.statista.com/statistik/daten/studie/378811/umfrage/umfrage-zur-reaktion-auf-fachkraefteengpaesse-im-gastgewerbe-in-deutschland/.*

Finanzgruppe Deutscher Sparkassen- und Giroverband. n. d. Online-Marketing-aktivitäten im deutschen Gastgewerbe nach Branche im Jahr 2010. Statista. Aufgerufen am: 29. Juli 2015. Verfügbar unter *http://de.statista.com/statistik/daten/studie/208963/umfrage/online-marketing-aktivitaeten-im-deutschen-gastgewerbe/*

Metro-Gruppe. n. d. Motivationsfaktoren der Unternehmensgründer im Hotel- und Gastronomiebereich im Jahr 2014. Statista. Aufgerufen am: 28. Juli 2015. Verfügbar unter *http://de.statista.com/statistik/daten/studie/328584/umfrage/motivationsfaktoren-fuer-eine-unternehmensgruendung-im-gastgewerbe*

n. d. Ranking der Branchen mit den höchsten Werbeausgaben in Above-the-line Medien in Deutschland im Jahr 2013 (in Millionen Euro). Statista. Aufgerufen am: 10. August 2015. Verfügbar unter *http://de.statista.com/statistik/daten/studie/75226 umfrage/ branchen-mit-den-hoechsten-werbeausgaben-in-above-the-line-medien/*

pepperbill. n. d. Was nervt Dich beim Restaurantbesuch am meisten?. Statista. Aufgerufen am: 11. August 2015. Verfügbar unter *http://de.statista.com/statistik/daten/studie/323042/umfrage/was-restaurantbesucher-nerv/).*

pepperbill. n. d Worauf vertraust Du am ehesten bei der Auswahl eines Restaurants?. Statista. Aufgerufen am: 25. August 2015. Verfügbar unter *http://de.statista.com/statistik/daten/studie/323032/umfrage/kriterien-bei-auswahl-eines-restaurants/.*

Statista. n. d. Prognostizierte Umsatzentwicklung in der Gastronomie in Deutschland in den Jahren von 2007 bis 2018 (in Milliarden Euro). Statista. Aufgerufen am: 12. August 2015. Verfügbar unter *http://de.statista.com/statistik/daten/studie/248617/umfrage/prognose-zum-umsatz-in-der-gastronomie-in-deutschland/.*

Statistisches Bundesamt. n. d. Anzahl der Erwerbstätigen im Gastgewerbe in Deutschland von 1991 bis 2014 (in 1.000). Statista. Aufgerufen am: 13. August 2015. Verfügbar unter *http://de.statista.com/statistik/daten/studie/189884/umfrage/erwerbstaetige-im-gastgewerbe-in-deutschland/.*

Statistisches Bundesamt. n. d. Anzahl der umsatzsteuerpflichtigen Unternehmen im Gastronomiegewerbe von 2011 bis 2013 nach Betriebsart. Statista. Aufgerufen am: 12. Juni 2015. Verfügbar unter *http://de.statista.com/statistik/daten/studie/29892/umfrage/anzahl-der-unternehmen-im-gaststaettengewerbe/.)*

Statistisches Bundesamt. n. d. Durchschnittliche Arbeitskosten je geleistete Stunde in Deutschland insgesamt und in ausgewählten Branchen im Jahr 2008. Statista. Aufgerufen am: 10. August 2015. Verfügbar unter *http://de.statista.com/statistik/daten/studie/162028/umfrage/arbeitskosten-in-deutschland-2008/.*

Statistisches Bundesamt. n. d. Höhe des durchschnittlichen Bruttojahresverdienstes von Vollzeit-Arbeitnehmern der Branche »Gastronomie« in den Jahren 2007 bis 2014 (in Euro). Statista. Aufgerufen am: 10. August 2015. Verfügbar unter *http://de.statista.com/statistik/daten/studie/166714/umfrage/bruttojahresverdienst-in-der-branche-gastronomie-seit-2007/.*

ABKÜRZUNGSVERZEICHNIS

ALG	Arbeitslosengeld
BWA	Betriebswirtschaftliche Auswertung
Et al.	Et alii, und andere
F./ff.	Folgende Seite/Seiten
GE	Geldeinheit
Hl	Hektoliter
Kap.	Kapitel
KVR	Kreisverwaltungsreferat
LSG	Lufthansa Service Gesellschaft
N.d.	Nicht datiert
o.V.	ohne Verfasser
V.Ö.	Veröffentlichung

BILDNACHWEIS

Titelbild Umschlag: Carmen Palma – human in time | S. 4 © Hans im Glück Franchise GmbH | S. 8 © Upper Eat Side | S. 18 © Alescha Birkenholz | S. 18 © Markthalle Neun | S. 19 © Hiltl AG | S. 45 © fotolia (fotogestoeber) | S. 59 alle © Bar Herzog | S. 60 © 25hours Hotel Company GmbH | S. 61 © Rhönschaf-Hotel, Jürgen Krenzer | S. 66 © EROLGURIAN PHOTOGRAPHY | S. 67 © FR L'Osteria GmbH | S. 73 © Gretl am See | S. 73 © Upper Eat Side | S. 80 & 81 © Philipp Schmitz | S. 82 © Arnoud Clijncke | S. 82 © Pernille Gregersen | S. 83 & 87 © Bar Herzog | S. 91 beide © Talentgarden | S. 94 beide © Kull & Weinzierl GmbH | S. 97 © fotolia (fotofund) | S. 98 © Upper Eat Side | S. 99 © Hiltl AG | S. 107 © fotolia (gstockstudio) | S. 110 © Bar Zephyr | S. 110 © Bar Zephyr | S. 112 © Upper Eat Side | S. 118 © fotolia (prostooleh) | S. 119 © fotolia (siraphol) | S. 139 © Kull & Weinzierl GmbH | S. 140 © Amanda Nikolic | S. 140 © Amanda Nikolic | S. 142 © Carmen Palma – human in time | S. 157 alle © Kull & Weinzierl GmbH | S. 159 beide © Gut Sonnenhausen GmbH & Co KG | S. 167 © Nils Hasenau | S. 169 © Wolfgang Stahr | S. 169 © Nils Hasenau | S. 171 © Matthias Schilling | S. 174 © Hiltl AG | S. 180 © NENI Gastronomie GmbH | S. 180 © Upper Eat Side | S. 181 © Gut Sonnenhausen GmbH & Co KG | S. 181 © Upper Eat Side | S. 183 © Kull & Weinzierl GmbH